应用语言学定量研究方法
与实例解析

曹贤文 / 著

图书在版编目(CIP)数据

应用语言学定量研究方法与实例解析/曹贤文著.
—北京:商务印书馆,2023
语言学及应用语言学研究生系列教材
ISBN 978－7－100－22566－3

Ⅰ.①应… Ⅱ.①曹… Ⅲ.①应用语言学—定量分析—研究生—教材 Ⅳ.①H08

中国国家版本馆CIP数据核字(2023)第102547号

权利保留,侵权必究。

应用语言学定量研究方法与实例解析
曹贤文 著

商 务 印 书 馆 出 版
(北京王府井大街36号 邮政编码100710)
商 务 印 书 馆 发 行
北 京 冠 中 印 刷 厂 印 刷
ISBN 978－7－100－22566－3

2023年11月第1版　　开本880×1230　1/32
2023年11月北京第1次印刷　印张11⅝
定价:66.00元

编写说明

国际中文教育是广义应用语言学的重要分支领域，从国内外相关研究来看，实证研究和定量分析方法一直是主流研究范式。如何理论联系实践，以经验事实为基础，采用科学规范的研究方法，对收集到的各种数据进行严谨细致的分析，以揭示国际中文学习规律及解决相关教学问题，是国际中文教育界师生和研究者共同关注的话题。

本书是以国际中文教育专业高年级本科生、研究生和国际中文教师为主要对象的一本入门教材，亦可供其他对应用语言学实证研究和定量分析方法感兴趣的初学者使用。全书主要从国际中文教育研究视角讨论应用语言学实证研究和定量分析方法，介绍的资源和方法尽量根据上手快、可共享、接地气等标准选材，努力做到学术性、实用性和简明性并存，帮助初学者即学即用。本书前半部分对定量分析方法的介绍，所有举例中的样本数都做了大幅缩减，需要请读者注意的是，这只是出于书稿篇幅和行文简洁的需要，在实际研究中需要满足一定的样本量要求，本书相关部分已有介绍。另外，本书解析的实例绝大部分都是笔者自己的或者跟学友一起做的研究，书中引用这些实例，并不意味着这些研究实例是最典型的，解析相关研究方法有无数合适的实例，主要是由于著作版权方面的限制，故大都采用笔者自己的研究作为案例进行解析，读者可根据书中相关分析和延伸阅读查找更多案例进一步体会与借鉴。

本书共分为八章。第一章，是关于应用语言学实证研究的基本概念和定量研究的程序、范式特点以及统计分析基础的讨论。第二章到

第五章，结合 SPSS 软件介绍应用语言学定量研究中常用的定量统计分析方法，例如，SPSS 数据处理和基本操作方法、描述性统计分析、参数估计与假设检验、方差分析、相关分析、回归分析、项目分析和因子分析等。第六章、第七章，是应用语言学定量分析时的五种常用实证研究方法介绍，并结合研究实例进行详细解析。包括问卷调查研究、实验研究、测试测量研究、基于学习者语料库研究、基于大规模数据库研究。第八章，讨论如何写作应用语言学实证研究论文，包括学术论文的特点、基本格式和写作技巧等。

  本书针对国际中文教育研究初学者提供比较系统的定量研究方法训练，鼓励在掌握学科基本研究方法的基础上，以批判性思维发现问题和研究问题，激发探索与研究的兴趣，提高国际中文教育研究和学术创新能力，为论文写作和未来职业发展打下学科研究方法论基础。由于笔者水平有限，错讹之处在所难免，恳请读者方家不吝批评指正。笔者电子邮箱：xcao@nju.edu.cn。

目录

第一章 应用语言学定量研究相关的基本概念
第一节 应用语言学实证研究方法概述 1
一 科学研究的定义和分类 1
二 应用语言学实证研究的基本概念 8
第二节 应用语言学定量研究程序和范式特点 24
一 应用语言学定量研究的基本程序 24
二 应用语言学定量研究范式和特点 34
第三节 定量研究中的统计分析基础 45
一 常用概念和统计符号 46
二 描述统计数据的两种变化趋势 50
三 统计分析的类型和显著性检验 56

第二章 SPSS 数据处理与描述性统计分析
第一节 SPSS 数据处理及其基本操作 60
一 SPSS 的主要窗口介绍 61
二 SPSS 数据文件的建立 66
三 SPSS 数据文件的整理 72
第二节 描述性统计分析 77
一 频率分析 77
二 描述分析 82

三　探索分析 85
第三章　均值比较、方差分析与非参数检验
　第一节　均值比较与 t 检验 91
　　　一　单样本 t 检验 92
　　　二　独立样本 t 检验 94
　　　三　配对样本 t 检验 98
　第二节　方差分析 103
　　　一　概述 103
　　　二　单因素方差分析 105
　　　三　多因素方差分析 111
　第三节　非参数检验 120
　　　一　单样本非参数检验 122
　　　二　独立样本非参数检验 127
　　　三　相关样本非参数检验 130
第四章　相关分析与回归分析
　第一节　相关分析 134
　　　一　概述 134
　　　二　两变量相关分析 139
　　　三　偏相关分析 141
　第二节　回归分析 144
　　　一　概述 144
　　　二　线性回归分析 148
第五章　项目分析与因子分析
　第一节　项目分析 159
　　　一　概述 159
　　　二　实例解析 165
　第二节　因子分析 171

  一　概述 172
  二　实例解析 176

第六章　问卷调查研究、实验研究与测试测量研究
 第一节　问卷调查研究 183
  一　概述 183
  二　问卷设计和调查实施 188
  三　实例解析 199
 第二节　实验研究 205
  一　概述 205
  二　实验研究的设计、效度和变量控制 211
  三　实例解析 221
 第三节　测试测量研究 224
  一　概述 225
  二　语言测试测量与国际中文教育和研究 234
  三　实例解析 252

第七章　基于学习者语料库研究与基于大规模数据库研究
 第一节　基于学习者语料库研究 257
  一　学习者语料库概述 257
  二　分析学习者语言的工具和方法 265
  三　实例解析 280
 第二节　基于大规模数据库研究 285
  一　基于数据库的应用语言学研究概述 285
  二　应用语言学中基于数据库的研究方法 300
  三　实例解析 313

第八章　应用语言学实证研究论文写作
 第一节　学术论文的特点和基本格式 323

一　学术论文的定义和特点 ………………………………… 323
　　二　学术论文的基本结构和格式 …………………………… 326
　第二节　应用语言学实证研究论文写作技巧和示例 …………… 330
　　一　论文题目、摘要和关键词写作技巧 …………………… 330
　　二　如何撰写引言和文献综述 ……………………………… 332
　　三　如何撰写正文 …………………………………………… 336
　　四　如何撰写结论或结语 …………………………………… 344

参考文献 …………………………………………………………… 347

第一章
应用语言学定量研究相关的基本概念

第一节　应用语言学实证研究方法概述

一、科学研究的定义和分类

（一）定义

1. 什么是科学研究？

科学研究简称研究，是指有组织地运用系统的研究方法对特定问题进行探究的过程，这个问题可能是自然现象，也可能是社会现象或精神现象。科学研究的基本任务是以系统的、实证的方法探索未知、获取知识。为了保证所获得的知识是真实可靠的，科学研究常常有意识地使用实验、调查、测量、观察等实证研究方法。应用语言学研究者把科学研究概括为"有组织地、系统地探究所提出问题的答案"（Hatch & Lazaraton，1991：1）。我们根据上述定义，将科学研究的基本模式描述如下：

图 1.1　科学研究的基本模式简图

2. 科学研究与常识。

常识是人们在长期的社会生活中所积累的经验和形成的认识。科学研究跟常识既有联系又有区别。一方面科学研究经常以日常经验为基础，另一方面科学研究与常识之间也存在重要差别。例如，根据日常经验，语言互动对于二语学习具有促进作用，但互动为什么以及怎样影响二语学习，仅凭常识不能得到很好的解决，需要采用科学方法进行研究，才能了解其中的原因并弄清影响互动的各种变量，如不同互动情景、不同任务难度、不同语言水平以及不同互动反馈方式等因素对二语学习的影响，这就是超越常识的科学研究。

一般来说，常识与科学知识的关联主要包含三层意思：（1）科学的历史起源或在发生学上不同程度依赖于常识；（2）常识与科学有某些共同或相近之处；（3）常识在科学理论的建构中作为科学的预设、方法和公理起作用。科学知识与常识在一些方面是程度之分，只有量的差异；而在另一些方面则为性质之别，有质的不同。二者的差异主要体现在以下五个方面：（1）科学知识是而且必须是可言传的，而常识有相当多的内容是不可言传的；（2）科学知识或作为知识体系的科学是批判的和反思的，而常识是非批判的和非反思的；（3）科学知识是非自然性的、通过科学思维而获得，而常识则是自然性的，缺乏必要的严格性、连贯性和客观性；（4）科学知识注重抽象的理解，而常识着眼于实际的使用；（5）科学知识是理论的、复杂的、非表象的知识，而常识是松散地联系起来的知识。

3. 科学研究的基本特征。

刘润清（1999：10）认为，科学研究是有组织地采用特定的方法，进行系统的、可重复验证的研究。《韦伯斯特新世界大辞典》（*Webster's New International Dictionary*）给"科学"下了这样的定义："科学是从确定研究对象的性质和规律这一目的出发，通过观察、调查和实验而得到的系统的知识。"科学研究作为人们借以获得知识的系统的、实证的、符合逻辑的具体方法,具有以下一些重要特征:(1)目的性。科学研究中总是有意识地寻求研究对象之间的关系,进行研究时需要有一个明确的目标或目的。(2)系统性。科学研究采用系统的方法,通过周密的调查与研究,检验各种观点和假设,对现象作出系统、深入的分析与解释。(3)实证性。科学研究的所有发现和结论需要在实验、观察和调查等实证研究的基础上,依据实际资料经过严密的逻辑推导,而不能只是个人主观或情绪性的判断。(4)可验证性。即可重复性,科学研究的结论必须经过实践的检验才能确证。从实证研究的角度来看,研究假设可以通过统计检验的方法来验证,客观的研究结论也可以采用相同的方法得到重复检验。(5)可操作性。科学研究具有一定程度的控制机制。科学研究需要设法恒定或排除某些无关的因素,以便着重观察与分析有关对象的关键特征及其影响因素,找出事物之间的客观关系。(6)普遍性。科学研究揭示的是客观现象之间规律性的联系,这种规律性的联系表现在它的普遍性上。(7)开放性。科学假设和科学发现需要经过实践或实验来验证,验证至少有成功和失败两种可能,因此,对科学研究的结果需要持开放态度。

(二)分类

科学研究可以采用多种方式分类,主要有四种分法,即按照研究目的、研究功能、研究性质和研究资料来源进行不同的分类。

1. 按照研究目的的分类。

(1)探索性研究(exploratory research)。探索性研究适用于新领域的初始研究,或者说当一项研究课题缺乏理论根据及前人的研究经验,而且对各变量之间的关系也不大清楚时,适合采用这一方法对所研究的现象或问题进行初步探索,获得初步印象和感性认识,为深入研究提供基础和方向。探索性研究的基本目的是提供一些资料,以帮助研究者认识和理解所面对的问题,其研究的样本量一般较小,设计简单,形式自由,原始数据多是定性的,研究结果也是试验性的、暂时性的,常作为进一步研究的基础。在应用语言学研究中,有时会在正式的调查研究之前,运用探索性研究来帮助研究者将问题定义得更准确些,或帮助确定相关的行动路线,以及细化研究的内容。

(2)描述性研究（descriptive research）。描述性研究是对研究的总体或某种现象的特征分布状况进行描述的一种研究类型。其任务是通过收集和分析资料,描述出研究对象的主要特征和规律。重点不在解释为什么会存在这样的分布状况,而是着重于客观事实的描述,特别是描述研究对象的分布规律等特征。描述性研究的样本数一般较大,通常采用按比例分层抽样的办法选择研究对象,并采用定量统计的方法对样本的分布规律进行分析,从而描述总体状况和分布特征。例如,二语教学研究中的大规模问卷调查研究,需要采用描述性统计方法处理资料数据,得出以数字为主的各种描述性统计结果,并将它们推论到总体的特征上。

(3)解释性研究（explanatory research）。解释性研究也称为因果性研究,其目的是获取有关起因和结果之间联系的证据。这种研究类型主要探索某种假设与条件因素之间的因果关系,揭示现象发生或变化的内在规律。它通常是从理论假设出发,通过实验或调查收集资料,以及对资料数据进行统计分析,来揭示变量之间的关系并检验假设,最后达到对事物或问题进行理论解释的目的。在分析方法上,解释性研究往往要求进行双变量或多变量的统计分析,例如,采用推断性统计中的回归分析方法,了解哪些变量是起因（独立变量或自变量）,哪些变量是结果（依存变量或因变量）,并确定起因变量与要预测的结果变量之间相互关系的性质。

2. 按照研究功能分类。

(1)基础研究。基础研究是指为获得关于现象和可观察事实的基本原理及新知识而进行的实验性和理论性研究,是认识客观事物的规律，获取新知识、新理论、新方法的研究活动，不以解决任何特定的应用或实际的问题为目的。基础研究关注的是理论问题，其成果常表现为一般的原则、理论或规律。例如，Larsen-Freeman & Cameron（2008）提出的动态复杂系统理论，该理论认为语言不是静态的、抽象的符号系统，而是一个动态变化的、复杂的适应系统，通过复杂系统中自组织的机制，对外部环境作出适应调整及对系统内的各个部分进行重组。动态系统理论试图从理论上对二语习得的复杂机制作出概括，至于二语习得过程中各子系统如何具体发生作用，还需要在这一理论基础上进行深入探索。

（2）应用研究。基础研究是为了获取关于现象和事实的基本原理知识，而不考虑其直接应用；应用研究在获得知识的过程中则具有特定的应用目的，它主要是针对某一特定的实际目的或目标进行研究。应用研究关注的是现实世界中的实际问题，是在基础研究成果的基础上，为了达到具体的、实际的目标，采取新的方法和途径所进行的研究，其研究结果一般只影响到有限的范围，并具有专门的性质，针对具体的领域、问题或情况。例如，根据互动理论，纠正性反馈对二语学习具有促进作用，那么在课堂师生互动中的纠正性反馈有哪些类型？不同类型的反馈对二语学习促进作用如何？哪些反馈最有利于二语学习者？第二语言的哪些方面从哪些反馈中受益最大？课堂教学如何对各种反馈进行选择和调节？对这些问题的回答，就是在互动理论基础上进行的应用研究。

此外，Seliger & Shohamy（1989）、刘润清（1999）认为，第二语言研究可以分为基础研究、应用研究和实用研究。大致地讲，研究理论模式的属于基础研究，而应用研究是探讨模式的应用，实用研究则是把理论研究和应用研究的成果运用到实践教学中去。例如，普遍语法在第二语言学习中的可及性理论属于基础研究，根据普遍语法理论研究第二语言习得顺序属于应用研究，根据上述理论和应用研究成果研发教材,解决教材和实际教学中语言点的排序问题属于实用研究。

3. 按照研究性质分类。

(1) 定量研究。定量研究也叫量化研究,主要通过收集用数值表示的资料或信息,对数据进行量化处理、检验和分析,从而获得有意义的结论的研究过程。典型的例子是,使用问卷进行的调查研究,并采用 SPSS 等软件进行统计分析。跟定性研究强调个体不同,定量研究把能够体现共同特征的变量作为研究的中心,通过给这些变量的范畴数据赋值得以量化计算,所有的定量研究都是通过对变量的测量和操控来分析变量之间的关系。由于其目的是对事物及其变化的量的属性作出回答,故称定量研究。

(2) 定性研究。定性研究也叫质化研究或质性研究,是根据社会现象或事物所具有的属性,从事物的内在规定性来研究事物的一种方法或角度。定性研究依赖于文本和图像资料,关注主体的意见、经验和感受,强调自然场景中的行为和变化,研究设计的各个方面不是严格规划好的,而是保持开放和流动,涉及的数据主要是开放式的、非数值型的数据,通常采用非统计方法进行分析。典型的例子是,采用叙事法对被调查人进行访谈录音,并将录音转写成文本,采用民族志研究、扎根理论研究等质化分析方法进行。

(3) 混合研究。尽管定性研究和定量研究是存在明显差异的两种不同研究范式,但这两种范式并不是互相排斥的,而是互相补充的。Brown (2004) 认为,更有建设性的方法应该是把定性和定量研究视为一种程度不同的连续统,而非两极化的二分法。应用语言学研究者 Dörnyei (2007) 提出综合运用定性和定量方法确立一种新的混合研究路径。混合研究涉及在数据收集或者分析层面综合运用不同的定性和定量研究方法,实施时,研究者既可以分阶段(按顺序),也可以同时(并行)收集定性和定量数据。典型的例子是,在量化型的问卷调查后继续对调查对象进行质化型的访谈,综合运用两种数据收集程序和分析方法进行混合研究。

我们参考 Creswell(2008)的研究,把上述三种研究中的资料收集及分析方法列表如下:

表1.1　定量研究、定性研究和混合研究中的资料收集及分析方法

定量研究	定性研究	混合研究
预设问题	自然呈现	预设法+呈现法
基于问题的研究工具	开放式问题	开放式问题+封闭式问题
行为数据、态度数据、观察数据、普查数据	访谈资料、观察资料、文献资料、音像资料	源于所有可能的多重数据形式
统计分析	文本和图像分析	统计和文本分析

4. 按照研究资料来源分类。

Brown(1988)认为,探究问题的基本方法有两种:(1)分析他人对某一问题做过哪些研究,这种方法通常叫作"间接性研究"或"文献研究"。文献研究是探究问题的一种基本形式,它可以研究某个问题已有研究是否已经作出了很好的回答,以避免在今后的研究中出现浪费时间和精力的"重复劳动"。(2)进行自己的基于数据的调查研究。这种研究方法涉及收集某些数据信息,然后从中得出结论,也叫作"第一手资料研究"或"实证研究"。

(1)文献研究。也称间接性研究(secondary research),是指研究资料主要来源于各种书籍、刊物或已有研究。这类研究的优点在于能了解和掌握相关领域的研究状况,并获取一些有价值的观点或研究成果。综述性文章是典型的文献研究,例如,施家炜《国内汉语第二语言习得研究二十年》(2006)一文就是一篇典型的文献研究成果。

(2)实证研究。也称原始性研究(primary research),研究的对象和资料主要来自经验观察、调查、实验、访谈等方法收集的数据。

实证研究法倡导将自然科学实证的精神贯彻于社会现象研究之中，主张从经验入手，采用程序化、操作化和定量分析的手段，使社会现象的研究达到精细化和准确化的水平。作为现代社会科学的主流研究范式，实证研究包括观察法、实验法、调查法、测量法、访谈法、个案法、基于数据库或语料库的方法等多种研究方法。

二、应用语言学实证研究的基本概念

（一）应用语言学的界定

"应用语言学"这个术语最早是由波兰语言学家博杜恩·德·库尔德内（J. Baudouin de Courtenay，1845—1929）于1870年提出的（Corder, 1983 : 1）。他主张区分纯粹语言学和应用语言学，应用语言学是用纯粹语言学的知识来解决其他科学领域的各种问题。这个倡议在最初几十年里没有引起广泛注意。"应用语言学"（applied linguistics）这一术语真正广泛使用是在20世纪40年代。1946年，美国密歇根大学成立了英语学院，弗里斯（C. Fries）、拉多（R. Lado）等语言学家创办了《语言学习》（*Language Learning*）刊物，当时该刊使用"应用语言学学刊"（*Journal of Applied Linguistics*）作为副标题。1964年在法国南希成立了国际应用语言学学会（Association Internationale de Linguistique Appliquée，缩写为AILA），并召开了第一届国际应用语言学会议，标志着应用语言学学科正式形成。

当时对应用语言学的理解比较简单——语言学在语言教学中的应用。因此，把二语/外语教学称为应用语言学是历史上形成的、约定俗成的。从20世纪80年代起，应用语言学开始系统地从语言教学和语言学习向外延伸到语言评估、语言政策和规划、语言职场使用、翻译、词典、多语制、语料库语言学、语言技术等。现在这些领域都已成为应用语言学的分支领域。另外，为了开展对语言教学和学习的研究，还必须依赖一些支撑学科，如心理学、教育学、社会学、人类学、政治学、计算机科学等。桂诗春（2010）认为只有把分支领域和支撑学科有机结合起来，应用语言学才能真正面向现实世界，解决实际问题。

Richards，Platt & Platt 编写的《朗文语言教学及应用语言学辞典》（2000）对应用语言学下了两个定义：（1）研究第二语言和外语的教和学的学科。（2）指联系实际问题来进行的语言和语言学研究，如词典学、翻译、言语病理学等。为了发展自己的关于语言及其应用的理论模式，应用语言学利用社会学、心理学、人类学、信息论以及语言学的知识，并将这些知识和理论应用于实践方面，如语言教学大纲设计、言语矫治、语言规划、文体学研究等。

通常认为定义（1）为狭义的应用语言学，定义（2）为广义的应用语言学。广义的应用语言学指的是把语言学的知识应用于解决其他科学领域的各种问题（桂诗春，1988），或者是研究语言在各个领域中实际应用的语言学分支，它研究语言如何能够得到最佳利用的问题（于根元主编，2003），是从语言应用角度研究语言的一门科学（郭熙主编，2020）。狭义的应用语言学具有特定的内涵，专指语言教学，特别是二语或外语教学。语言教学需要应用很多相关学科知识，首先是语言学各分支领域（语音、语法、词汇、语义等）的知识，也需要应用到一些与语言学相关的学科或交叉学科领域（心理语言学、社会语言学、计算语言学、神经语言学等）的知识。其实只要和外语教学有关的学问，都可以应用，并不限于语言学科。例如教育理论、教育测量、脑科学、统计学、多媒体技术、计算机科学，等等。而且应用的既可以是理论和思想（教育哲学），也可以是研究的成果以及具体的研究方法等（桂诗春，2000）。

一般来说，我国汉语学界较多从广义的角度来理解应用语言学（冯志伟，1999；于根元主编，2003；齐沪扬、陈昌来主编，2004；郭熙主编，2020），而外语教学界则较多从狭义的角度来理解应用语言学(桂诗春,1988;文秋芳等,2004)。冯志伟(1999)提出的应用语言学学科框架,以语言规划、语言教学和语言信息处理为三大支柱,涉及其他分支学科。齐沪扬、陈昌来主编(2004)则把应用语言学分为八个主要研究领域:语言教学、对外汉语教学、语言测试、中文信息处理、语言规划和语言调查、社会语言学、儿童语言学、地名学和人名学。桂诗春(1988)和文秋芳等(2004)都把应用语言学理解为第二语言教学。本书所指的应用语言学为狭义的应用语言学,并且主要聚焦于汉语作为第二语言研究领域进行讨论。

(二)实证研究方法

实证研究方法的哲学取向是实证主义,起源于自然科学研究。实证主义所推崇的基本原则是科学结论的客观性和普遍性,强调知识必须建立在观察和实验的经验事实上,通过经验观察的数据和实验研究的手段来揭示一般结论,并要求这种结论在同一条件下具有可验证性。根据以上原则,实证性研究方法可以概括为通过对研究对象大量的观察、实验和调查,获取客观资料,从个别到一般,归纳出事物的本质属性和发展规律的研究方法。自18世纪以来,社会科学通过向自然科学借鉴,在很多领域移植了这种方法和技术,如经济学、心理学、教育学、社会学、应用语言学等,并在这些学科中逐渐成为了占据主导地位的研究范式。

实证研究通常包括三个方面:(1)实证研究的目的通常要检验假设,即研究中首先设定一个或多个假设,假设的内容是预测两个或多个变量之间的联系或因果关系,然后加以验证。(2)实证研究运用严谨的、程序化的数据采集方法,如实验、调查、测试等。(3)实证研究,特别是其中的定量性实证研究要用到专门的统计学技术,不仅要进行一般常见的描述性统计分析,如频数、平均数、百分数、百分比等,还要做复杂的推断性统计分析,如方差分析、相关分析、回归分析等。实证研究有定量研究与定性研究之分,本书讨论的中心内容就是应用语言学实证研究方法中占主导地位的研究范式——定量研究。

(三) 理论假说、理论模型和分析框架

1. 理论假说。

假说是科学思维的一种基本形式,任何一种科学理论在未得到实验确证之前表现为假说。当人们在科学实践活动中发现某种新事物用原有的理论无法解释时,就提出假说对事物的存在或事物的因果性、规律性作出假定性解释。检验假说的真理性标准是不断发展的社会实践。如果一个假说经过社会实践检验被证实,便转化为科学理论。如果假说被实践局部推翻,就应该修改;全部推翻,就应当抛弃而另立新的假说。毫不夸张地说,假说是现代实证科学研究的基础和理论源泉,一切科学无不是经过假说而发展起来的。例如,德国物理学家马克斯·普朗克为解决黑体辐射谱而提出的"量子论"和阿尔伯特·爱因斯坦提出的相对论,都是科学发展史上非常知名的假说,极大地推动了现代科学的发展。

在实证主义研究范式的影响下,二语学习研究基本上是在一系列的理论假说和理论模型的基础上发展起来的。例如,Lado 提出的"对比分析假说",Selinker 提出的"中介语假说",Corder 等提出的"内在大纲和自然习得顺序假说",Eckman 提出的"标记差异假说",Keenan & Comrie 等提出的"可及性层级假说",Krashen 提出的"输入假说",Long 提出的"互动假说"和 Swain 提出的"输出假说",等等。这些假说提出后,为了对它们进行检验,产生了大量的实证研究。经过这些实证研究的检验,一方面,假说在一定程度上得到证实;另一方面,研究者们通过实证研究也发现了一些原有假说不能完全解释的现象和结果,于是便开始修正这些假说,或者在此基础上提出新的假说,从而推动科学研究往更高的形态和层次发展。

20 世纪 70 年代末 80 年代初,Krashen (1979、1982、1985) 提出的"输入假说"(input hypothesis)是对第二语言学习研究影响十分深远的理论假说之一。该假说由五个相互联系的子假说组成：习得与学习假说、监控假说、自然顺序假说、输入假说和情感过滤假说。根据"输入假说"，可理解输入（难度稍高于学习者目前的能力水平）是语言习得发生的必要条件。Krashen 认为，如果学习者暴露在可理解输入中，与此同时拥有"低情感过滤"（即二语学习者对学习有关的低程度焦虑和消极情绪），二语习得就会自动（即潜意识）发生。

Krashen 的"输入假说"提出以后，特别是针对其中的可理解输入（i+1）引发了大量研究。例如，Long（1980、1981）认为交际互动可以促进可理解输入，据此他进一步提出了被称为"互动假说"的最初版本。Long 认为，二语学习者可理解输入和第二语言发展源于母语者和非母语者努力解决沟通困难时的互动对话。另外，针对Krashen"习得与学习假说"中"无意识"习得与"有意识"学习的区分，Schmidt（1990）根据自己学习德语的经历，提出了"注意假说"的理论。他反对"无意识"之说，强调习得过程中"有意识"学习的重要作用，认为注意是输入转化为吸收（intake）的必要条件。如果学习者未能注意到某个语言特征，那么输入就像匆匆过客，不会对中介语系统产生任何影响。"输入假说"认为输入是语言吸收和内化的途径，语言输出只是语言习得的结果，这一观点受到了 Swain（1985、1995、2000）的质疑。Swain 认为虽然可理解输入对第二语言习得是必要的，但这远远不够，第二语言学习者不仅需要大量语言输入来建立第二语言系统，而且需要通过各种语言输出来检测对第二语言的各种假设。针对 Krashen"输入假说"的不足，Swain 提出了"输出假说"。"输出假说"认为可理解的输出有三大功能：注意/触发功能、假设检验功能和元语言功能。后来，Skehan（1998）又补充了输出的第四种功能：输出能促进目的语的自动化处理能力。由此可见，这些理论假说的提出和波浪式发展推动了二语习得理论不断走向深入，由假说促动的实证研究成果则对假说进行了检验，促进了假说本身的修正和发展，也加深了人们对相关语言学习现象和规律的认识。

2. 理论模型。

理论模型也叫理论模式。假说是在既缺少实验或实践证明，又缺乏准确理论支持的情况下作出的推断；而模型是在相关理论的支持下，以某种明晰的形式（如文字、符号、图表、数学公式、实物等）对研究对象某方面的本质属性所作的简约化、抽象化描述或形象化模拟。在二语学习领域，根据不同的语言学习观和理论范式，研究者提出了各种各样的二语学习模型。例如，着眼于认知处理与二语习得的关系，先后就有 Anderson（1983）提出的"思维适应性控制模型"、McLaughlin（1987）倡导的"信息加工模型"、Levelt（1989）提出的"言语产出模型"、MacWhinney（1987、2005）提出的"竞争模型"和"统一模型"等。着眼于社会因素与第二语言习得的关系，Lambert（1974）提出了"社会心理模型"、Schumann（1978）提出了"文化适应模型"、Giles & Byrne（1982）提出了"族群间模型"、Gardner（1985）提出了"社会教育模型"等。此外，还有 Pienemann（1984）的"多元发展模型"、Major（2001）的"个体与系统发生模型"和 Brown（2007）的"园艺模型"等。

跟理论假说一样，理论模型也随着实证研究的深入而不断得到修正、补充和完善，或者成为产生新模型的基础。例如，关于输入、互动和输出与第二语言习得的关系，Krashen 最初提出了语言监察模型，后来他又提出可理解输入的概念和"输入假说"，进一步完善了语言监察模型。在此基础上，Gass（1988）和 Van Patten（2004）结合认知加工理论，分别提出了输入输出整合模型和输入加工模型。在 Gass 的模型里，语言从输入到输出包含五个阶段：被感知的输入、被理解的输入、吸收、整合和输出；在 Van Patten 的模型里，包括从输入到吸收的输入处理，从吸收到系统发展的适应和重构，从系统发展到输出的存取和产出过程。后来，Gass & Mackey（2006）在输入输出整合模型的基础上，重新阐述了包含输入、互动、反馈和输出的二语习得理论框架，综合为"输入、互动和输出模型"。

3. 分析框架。

分析框架是为了分析和解决某个问题而提出的处理结构与流程。上文所述的二语学习理论假说和理论模型都比较注重从理论上阐释语言学习的机制，为了处理好实证研究所涉及的多种因素，更好地分析研究问题，便利研究操作，学者们还提出了许多分析框架。例如，学习者语言分析中的功能分析方法，包括两种范式：形式—功能分析、功能—形式分析。其中，形式—功能分析要求选择某个特定的形式进行分析，然后研究这一形式在学习者语言样本中所表达的具体意义。大致包括四个步骤：（1）选择要调查的语言形式；（2）收集包含该语言形式的样本并鉴别出该语言形式使用的所有场合；（3）鉴别由该形式实施的各种功能；（4）统计每一种功能的运用频率。通过这样的方法和框架进行分析，就可以看到在学习者语言的某个发展点上，由该语言形式所实现的占优势的功能是什么。

再如，二语多维表现分析。根据国外学者的研究（Wolfe-Quintero, Inagaki & Kim, 1998），测量学习者语言发展的综合表现通常包括三个维度——复杂性（complexity）、准确性（accuracy）和流利性（fluency），构成了 CAF 三维体分析（CAF analysis）的基本框架。20 世纪 90 年代以来，在该分析方法的基础上逐渐发展出一套针对学习者语言表现的测量指标，并形成了相对可靠实用的操作框架。

迄今为止，已有的二语学习实证研究大部分都是在某种理论假说、理论模型或分析框架的基础上所做的实验或调查，因此了解相关的理论假说、理论模型和分析框架是进行应用语言学实证研究的基础。

（四）研究假设

理论假说、理论模型和分析框架都具有较强的概括性，是开展实证研究的基础。在进行某项具体的实证研究时，往往还有更加具体的、详细的研究设计和研究假设。研究假设（research hypothesis）是研究者根据经验事实和科学理论，对所研究课题预先赋予的有待验证的暂时性答案，是对研究结果的预测。研究假设与研究内容有明显的逻辑关系，与变量的性质、变量选择有直接联系，通常是对研究课题所涉及主要变量之间相互关系的设想，它可以通过实证研究加以检验，因此假设可以重新表述为一些可操作的形式，而这些形式又可以在数据的基础上进行评估。

几乎所有的实证性研究都是围绕着研究假设进行的，因此，提出合适的研究假设是研究成功的基本条件。预先提出假设的研究称为有框架研究，没有明确提出假设的研究称为无框架研究。即使是无框架研究也并不意味着没有假设，而是没有把隐含的假设明确提出来罢了。研究者应根据研究的性质来决定是否需要正式提出假设，通常定量研究、验证性研究、涉及两个变量相互关系的研究要求明确提出研究假设，而定性研究、描述性研究、单一变量研究则不一定要预先提出研究假设，其假设往往隐含在研究过程之中或在研究过程中形成。

假设的类型很多，从不同的角度可对假设做不同的分类。根据研究假设内容的性质可以分为三类：（1）预测性假设，即对客观事物存在的某些情况，特别是差异情况作出推测和判断。（2）相关性假设，即对客观事物相互联系的性质、方向、密切程度作出推测判断。（3）因果性假设，即对客观事物之间因果关系的推测判断。按假设在表述变量关系所具有的倾向性可分为两类：（1）定向假设（directional hypothesis）。定向假设在陈述中示意假设结果的预期方向，指出变量之间差异的特点和倾向。如"学习动机强的学生学习成绩更好""男生的语言能力没有女生强"等。（2）非定向假设（nondirectional hypothesis）。非定向假设在陈述中不提示假设结果的预期方向，而是期望通过收集数据、检验结果来揭示变量间差异，常用零假设（null hypothesis）来表示。例如，当"母语有汉字背景与无汉字背景的留学生的汉语词汇听写成绩无差异"这个非定向假设被收集到的事实数据拒绝时，我们便可以从母语有汉字背景与无汉字背景两组留学生的实际听写成绩的高低判定其方向性，得出研究结果。

从实证研究统计分析角度来讲，最重要的假设是零假设。零假设又称为原假设、虚无假设或统计假设，是进行统计检验时预先建立的假设，用于推测某种未实证的、无倾向的关系的假设，在表述上大多采用 A 变量与 B 变量之间"无差异""不相关""没有影响"等形式来陈述变量之间的关系，如"在二语学习能力上，男生与女生无差异""语言学习策略与学习成绩不相关""互动反馈对语言学习没有影响"等。与零假设 H_0 相对的是备择假设 H_a，备择假设包括正向假设 H_1、负向假设 H_2 和无向假设 H_3。例如，H_0 为"学习者的教育水平与二语成绩没有关系"，则 H_1 为"学习者的教育水平与二语成绩有正向关系"，H_2 为"学习者的教育水平与二语成绩有负向关系"，H_3 为"学习者的教育水平与二语成绩有关系，但是正向还是负向关系尚未确定"。正向假设和负向假设都是定向假设，零假设和无向假设为非定向假设。

在实证研究中，直接用统计数据检验的是零假设，而不是备择假设。当有关统计量服从已知的某种概率分布时，零假设成立；当统计量的计算值落入否定域时，可知发生了小概率事件，应否定零假设。由于统计检验的目的是看 H_0 是否被数据拒绝而不成立，如果某零假设 H_0 被拒绝了，则可根据收集到的数据进一步确定哪一种备择假设成立，而不能直接用统计数据检验备择假设，因为我们是用样本来检验总体的特征，可以用特定样本来拒绝零假设，而若要证明备择假设，则需要不计其数的样本，现实当中不可行。

（五）研究变量

1. 变量和常量。

变量和常量是相对而言的。常量指在一项研究中所有个体都具有的相同特征或条件,是研究过程中的某个值始终保持不变的因素。变量指在质或量上可以变化的概念或属性,是随条件变化而变化的因素或因个体不同而存在差异的因素。在研究过程中变量的取值会随着条件的变化而变化。例如,我们要研究"三种不同的教学方法对英语母语学生汉语学习成绩的影响"。"英语母语学生"是一个常量,在研究过程中保持不变;"教学方法"和"汉语学习成绩"是两个变量,它们分别有一个以上的不同取值指标。在科学研究中,常量不是要研究的内容,研究要探讨的是变量之间的相互关系。一项研究往往会涉及许多变量及其相互关系,如果要把一项研究所涉及的所有变量都拿来研究,既不可能也没有必要,因此研究者必须事先确定要研究的主要变量,了解各种变量的性质,并厘清变量之间的关系。按变量间的关系划分,可以分为自变量(independent variable)、因变量(dependent variable)、无关变量(extraneous variable)、调节变量(moderator variable)、中介变量(intervening variable)等。

2. 自变量和因变量。

自变量又称独立变量或刺激变量,是引起或造成变化的原因,是研究者操纵的假定的原因变量。当两个变量存在某种联系,其中一个变量对另一个变量具有影响作用,我们称那个具有影响作用的变量为自变量。自变量的变化水平完全取决于研究者的操纵与设计。例如,研究词汇复现率与词汇学习效果的关系,词汇复现率的高低影响词汇学习效果,那么"词汇复现率"就是该项研究的自变量,是研究者要操纵的原因变量。

因变量又称依(存)变量或反应变量,是受到自变量影响的变量,是自变量作用于被试后产生的效应,它随着自变量的变化而变化,是研究者要测定的假定的结果变量。因变量的变化不受研究者的控制,它的变化由自变量的变化所产生。自变量和因变量是相互依存的,没有自变量就无所谓因变量,没有因变量也无所谓自变量。在因果模型中自变量好比是原因，因变量好比是结果。例如，我们想研究词汇复现率对词汇学习效果的影响，"词汇复现率"就是自变量，研究者可通过改变词汇复现的频率来操纵这个变量。而"词汇学习效果"则是因变量，它是"词汇复现率"作用于被试后产生的效应，是研究者要测量的结果变量。

3. 无关变量、调节变量和中介变量。

无关变量有时也叫控制变量（control variable），是指除了研究者操纵的自变量和需要测定的因变量之外，研究者不想研究但需要加以控制，否则会影响研究结果的其他一切变量。例如，研究两种不同的语言教学方法对学生汉语学习成绩的影响，在这里"语言教学方法"是自变量，"汉语学习成绩"是因变量。除此以外的其他各种因素，如教学时间、教学环境、学生的语言学能、汉语水平、学习动机等都会干扰自变量和因变量的对应关系，但都要作为无关变量来处理。当这些因素与自变量的作用混杂在一起时，往往导致人们难以判断最终的研究结果（因变量）是来自自变量，还是来自这些无关变量的影响。因此研究者需要有效控制这些无关变量，研究结果才会比较明确可靠。自变量、因变量和无关变量三者之间的关系可用下图解释：

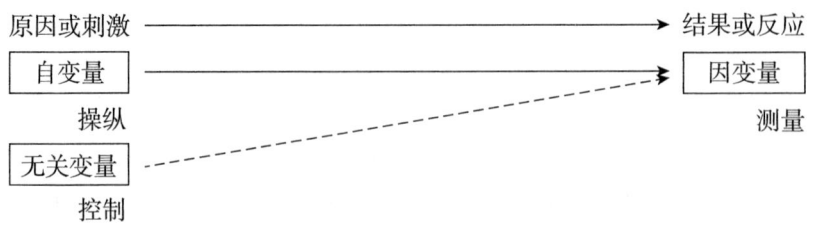

图 1.2　自变量、因变量和无关变量三者关系示意图

调节变量指能系统地改变一个自变量与一个因变量之间的关系形态和/或强度的变量。有时候，自变量与因变量之间的关系会受到另

一个变量的影响而发生改变,为了了解该变量是怎样影响或改变自变量和因变量之间关系的,我们就在实验中增加对这种变量的研究,这个第三变量就是调节变量。调节变量具有特殊的自变量的作用,也称为"次自变量"(secondary independent variable)。调节变量可以是定性的(如性别、种族、学校类型等),也可以是定量的(如年龄、受教育年限、刺激次数等),它影响自变量和因变量之间关系的方向或强弱。例如,探讨 A、B 两种教学方法对外国留学生汉语学习成绩的效果,结果发现:A 法对传承语学生比较有效;B 法对非传承语学生比较有效。在该研究中,教学方法是自变量,学生的学习成绩是因变量,但自变量和因变量的关系却受到第三个因素——是否具有传承语背景的影响,因此学生的传承语背景就是一个调节变量。当一个因素被作为自变量时,我们关心的是它与因变量的对应关系;当一个因素被视为调节变量时,我们关注的是它如何影响自变量和因变量的关系。在对研究进行设计时,需要将可能的、重要的调节变量纳入研究范围,这样在分析研究结果时才不至于产生偏差。

中介变量也称中间变量,是介于原因和结果之间,自身隐而不显,起媒介作用的变量。中介变量是不能直接观测和控制的变量,它的影响只能从研究的自变量和因变量的相互关系中推断出来。例如,研究学习动机与汉语学习成绩的关系,自变量为汉语学习动机,因变量为汉语学习成绩。结果是学习动机增强,学习成绩相对要好。如果继续追问:为什么学习动机增强会引起成绩提高?原因是什么?这就是在问中介变量是什么。可能的答案包括学生注意力的集中或投入学习时间的增加等。中介变量通常用来作为解释自变量和因变量之间关系的一个因素,理解中介变量对形成研究结论具有重要意义,因为推断中介变量可引出普遍性结论。学习动机本身是不会直接增加学习成绩分数的,但学习动机可引起学生集中注意力或投入更多时间来提高学习效果。认识到这一点,那么即使不采用增强学习动机的办法,只要采取各种能吸引学生注意力的手段,并愿意投入更多时间来学习便可以提高学习成绩。需要注意的是,中介变量在某一研究中存在但不能被控制和测量,如果可以被控制和测量,那就成为了自变量或者调节变量。此外,有的变量,如性别、年龄等,由于不受自变量的影响,自然不能成为中介变量,但许多时候都可以考虑为调节变量。本节所述各种研究变量的相互关系可以用下图说明:

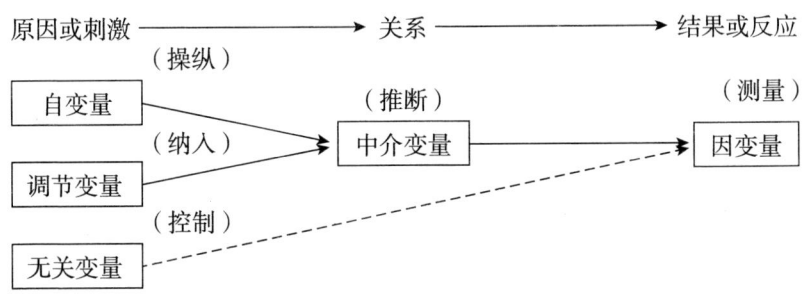

图1.3 研究变量相互关系示意图

(六)变量之间的逻辑关系

探求变量间的关系是应用语言学实证研究的重要目标,也是研究的基础工作。变量间的逻辑关系有许多种,例如,因果关系、相关关系、函数关系、回归关系等,其中因果关系与相关关系是最基本的两种关系。

1. 因果关系。

本章中的因果关系不是哲学意义上的因果关系,也不是自然科学领域那一类严格的因果关系,而是指应用语言学实证研究中的自变量和因变量之间表现为原因与结果的关系。应用语言学实证研究中的因果关系大致有如下类型:

(1)简单因果关系。简单因果关系可以表述为:如果X,那么Y。X为自变量,Y为因变量。可举学习时间与二语水平之间的关系为例表示如下：

$$\text{学习时间（X）} \longrightarrow \text{二语水平（Y）}$$

（2）间接因果关系。间接因果关系可以表述为：如果 X，那么 Z，进而 Y。X 为自变量，Z 为中介变量，Y 为因变量。可举学习兴趣增强（X）引起注意力集中（Z）进而提高二语成绩（Y）三者之间的关系为例表示如下：

$$\text{学习兴趣（X）} \longrightarrow \text{注意力（Z）} \longrightarrow \text{二语成绩（Y）}$$

（3）带条件的因果关系。带条件的因果关系可以表述为：如果 X，而且 Z_1、Z_2、……，那么 Y。X 为自变量，Z_1、Z_2 等为调节变量或者控制变量，Y 为因变量。例如，在学习动机增强（调节变量 Z_1），语言学能、投入时间等（控制变量 Z_2、Z_3）条件不变的情况下，教学方法（X）与二语成绩（Y）之间的关系可表示如下：

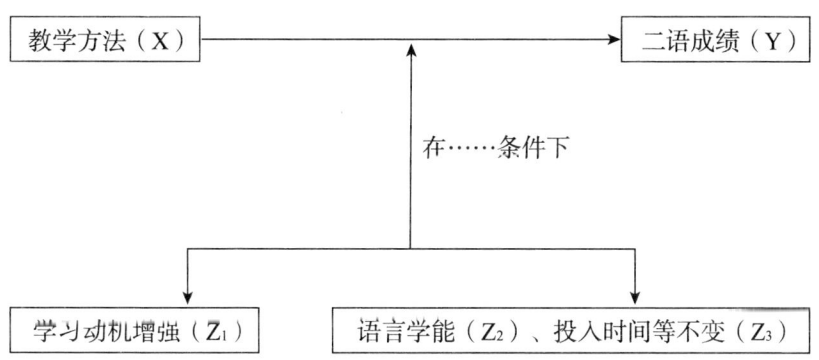

图 1.4 带条件的因果关系示意图

（4）更为复杂的直接或间接因果关系。用文字说明非常复杂，参见图 1.5：

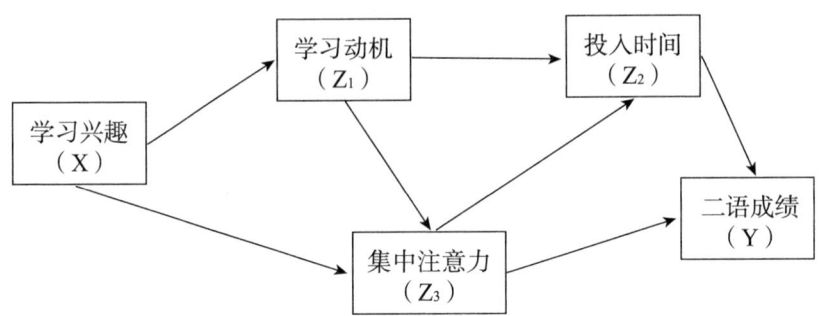

图 1.5　复杂的直接或间接因果关系示意图

2. 相关关系。

相关关系指两种或两种以上的变量间存在着相互依存关系，但在数量上没有确定的对应关系。需要注意的是，相关关系与因果关系是不同的，因果关系一般是单向的，"因"影响"果"；但相关关系是双向的，并非明确谁是因谁是果。相关关系表现为不同的类型和形态，从变量之间相互关系的方向来看，分为正相关和负相关。在当自变量 X 的值增加时，因变量 Y 的值也相应地增加，这样的相关关系就是正相关。当自变量 X 的值增加时，因变量 Y 的值相应地减少，这种关系就是负相关。从变量之间相互关系的表现形式来看，可分为线性相关与非线性相关。即当 X 值变动时，Y 值相应呈现大致均等的变动（增加或减少），表现在图形上，其观察点分布于狭长的带形区域之内，并近似地表现为直线形式，这样的关系通称为线性关系。当 X 值变动时，Y 值相应呈现不均等变动（增加或减少），表现在图形上，其观察点的分布近似地表现为各种不同的曲线形式，这种相关关系通称为非线性相关。常见的几种相关关系可用图形表示（图1.6）：

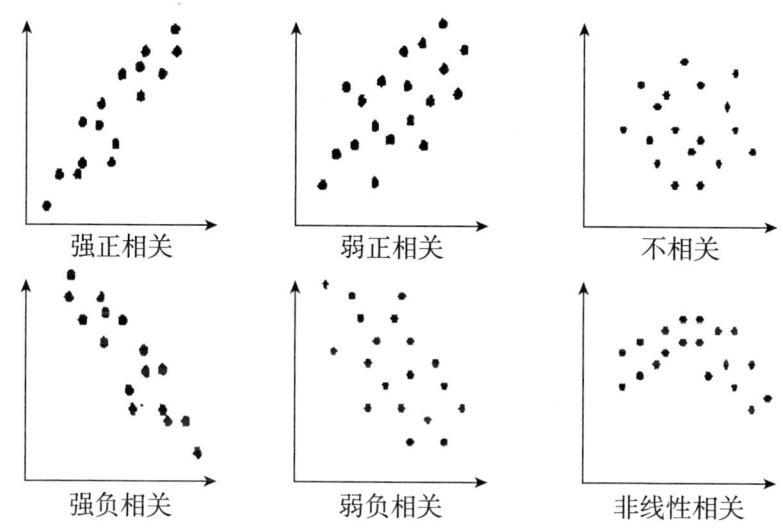

图 1.6　六种常见的相关关系散点图

（七）研究数据

数据是实证研究的基本素材，实证研究方法本身对数据具有很强的依赖性。现今的实证研究成果主要集中在数据比较容易获得的一些领域。在缺乏数据的研究领域，人们采用实地研究法，通过实地研究积累数据，当数据达到一定程度才有可能进行实证研究。本书聚焦于实证研究（即第一手资料的研究），重视原始数据的收集、分析并从中得出结论，因此"数据"是本书的核心关键词。一般来说，应用语言学实证研究的数据主要有三种：（1）量化数据，最普遍的表达方式是数字，例如，语言学习潜能测试的分数，有效教学活动评价的分值等。（2）质化数据，通常涉及口头及文字数据的记录，例如，访谈数据，访谈录音通常会转写为文字形式并进行注释（或标注）和分类。（3）语言数据，涉及语言学习者产出的不同长度的语言样本以服务于语言分析的目的，例如，学习者完成第二语言任务的口语录音或书面语作文等。

第二节　应用语言学定量研究程序和范式特点

一、应用语言学定量研究的基本程序

科学研究是"有组织地、系统地探究问题答案的过程",要使研究进行得科学、规范、有效,必须讲究研究的步骤和方法。应用语言学定量研究的基本过程大体包括五个主要阶段:选题、研究方案设计、数据收集、数据整理与分析、撰写研究报告/论文。

（一）选题

选题即研究课题的选择与确定,是科学研究的第一步。爱因斯坦说:"提出一个问题往往比解决一个问题更重要。因为解决问题也许仅仅是一个数学上或实验上的技能而已,而提出新问题、新的可能性,从新的角度看待旧的问题,却需要创造性的想象力,而且标志着科学的真正进步。"研究课题的选择与确定是一个循序渐进的创造性认识过程。

1. 产生初始的研究意念。

提出研究课题,往往是在研读有关领域的文章或著作中有所感悟,或者在实践工作中感到困惑,受到启发,产生联想,从而形成一个初步的研究意念。要发现有价值的研究问题,一要关注理论,二要关注实践。关注理论,就是要求我们关注已有理论的不足,关注理论的最新进展,关注理论界的各种思潮,关注不同理论之间的交锋或论争;关注实践,就是要留心第二语言教学实践中出现的新情况、新问题。如何产生一个好的研究灵感,可以参考下述方法:

(1) 借鉴国际上第二语言教学理论、假说、模型,特别是从本专业国内外核心学术期刊中发现当前的学术热点问题,结合自身实际开展实证研究。

(2) 将哲学、心理学、教育学、社会学、传播学、计算机科学等

相关学科的新思想、新理论、新方法运用到应用语言学领域,解决应用语言学实践中的问题。

(3)从各种文献数据库中研读国内外学术研究成果,发现现有第二语言教学理论、模式、方法、技术等方面存在的缺陷或空白,针对国际中文教育中存在的问题,开展调查研究,提出对策。

(4)增强对国际中文教育实践和现实问题的观察,通过自己的观察,反思教育、教学或学习的经验,进一步加工提炼,形成个性化模式方法,上升到理论高度进行分析。也可以是其他学者的观察,还包括重要学术会议所关注的问题、网上或微信群中组织的专题讨论等,例如,耶鲁大学梁宁辉老师把美国初中级汉语教学微信群组织举办的专题讨论或讲座及整理的内容存放在网站(https://campuspress.yale.edu/exchange/)上,其中不乏犀利的见解和紧密联系教学实践的研究课题。

(5)从近年国家社会科学基金项目、教育部人文社会科学研究规划基金项目、国家语委科研项目、教育部中外语言交流合作中心项目等课题指南和立项目获得启发,或者在文献资料阅读、学术报告、主编座谈会等中发现值得研究的问题。

科学研究的初始想法往往是研究者的一个粗浅和局限的认识。它是否具有创新性?在这个方向上其他人是否曾做过研究、做过哪些研究?如何把模糊的初始意念深化为清晰的研究课题?首先要对打算研究的课题所涉及的对象和范围进行大略的调查与思考,了解该问题目前受关注的程度,更重要的是通过查阅相关研究的文献资料了解该问题的研究现状。

2. 查阅文献资料,了解研究现状。

广泛查阅国内外同类课题的研究资料,全面梳理相关研究成果及其所运用的研究方法和仍未解决的问题。通过了解哪些人进行了哪些研究、如何研究、取得什么成果、还存在什么问题或不足,发现研究问题和研究方向。文献资料的介质分为纸张型、缩微型、电子型、音像型等四种类型，按出版形式划分主要包括图书、期刊、研究报告、会议文献、标准文献、学位论文、政府出版物、科技档案等多种类型。对于应用语言学实证研究来说，最重要的是查找与研究问题相关的论文、著作以及工具书、互联网资源等方面的资料，查阅时要注意有效利用现代化的检索工具。

（1）研究论文的查阅。

最常用的检索工具是中国知网（CNKI）资源库，其中包括"中国期刊全文数据库""中国博士学位论文全文数据库""中国优秀硕士学位论文全文数据库""中国重要会议论文全文数据库"等，通过关键词的检索，可以查阅与所研究课题相关的大量论文资料。对于国外研究论文的查阅，最全面系统的是科睿唯安（Clarivate Analytics）开发的信息服务平台 Web of Science，该平台包含 10 个子库，其中的 SCIE（Science Citation Index Expanded）、SSCI（Social Sciences Citation Index）和 A&HCI（Arts & Humanities Citation Index）3 个期刊引文子数据库为学界熟知，包含自然科学、社会科学、艺术及人文科学等多学科领域的超过 1.2 万种核心期刊资源。就应用语言学研究来说，像"Wiley Online Library-Wiley 出版社全文电子期刊图书""Cambridge Journals Online 剑桥学术期刊""OUP-Oxford University Press 牛津大学出版社学术期刊""De Gruyter 语言学文学电子期刊库""ERIC 教育资源信息中心数据库""ProQuest 学位论文数据库"等都是很好的数据系统。

需要注意的是查阅文献时，一方面我们应该详尽地占有文献资料，不过有时相关资料太多，而时间和精力有限，因此需要选择性地阅读。应该重点阅读那些发表在核心期刊上的文章。例如，CSSCI 国际中文教育领域的核心期刊：《世界汉语教学》《语言教学与研究》《语言文字应用》《汉语学习》《华文教学与研究》等；CSSCI 外语教学领域的核心期刊：《外语教学与研究》《外国语》《现代外语》《外语界》等；SSCI 国际二语教学研究的核心期刊：*Language Learning*、*Modern Language Journal*、*Second Language Research*、*TESOL Quarterly*、*Foreign Language Annals*、*SSLA*（*Studies of Second Language Acquisition*）、*Applied Linguistics* 等，这些刊物都是本领域的权威学术期刊，刊载的论文基本代表了最新、最前沿的研究成果。

（2）学术著作和工具书的查阅。

可以利用大学图书馆或者中国国家图书馆等机构的书目检索系统查阅相关文献，也可以利用馆际查阅服务系统查阅，例如，国内的"中国高校人文社会科学文献中心"（简称 CASHL），国外的"联机计算机图书馆中心的联合编目库和联机书目数据库牛津大学出版社"（Worldcat）等。也可以到本专业权威出版机构的网站上查询，例如，国际中文教育专业方面的可查商务印书馆、北京语言大学出版社、北京大学出版社等，外语教学专业方面的可查外语教学与研究出版社、上海外语教育出版社等，国外的可查剑桥大学出版社（Cambridge University Press）、牛津大学出版社（Oxford University Press）、卢德里奇出版公司（Routledge）、布莱克威尔出版公司（Blackwell）等。还可以到知名的购书网站等上面查询。

（3）互联网资源的查阅。

我们生活在互联网时代，需要学会善用互联网资源，例如，使用谷歌（Google）和百度（Baidu）等搜索引擎将会极大地便利我们的研究。不过，如果只给出一个单词进行搜索，将会发现数以千计甚至万计的匹配网页。因此，使用一些技巧缩小检索范围非常重要。可以参考以下三种方法：(1)多用几个关键词进行检索；(2)在几个检索词前都冠以加号（+），这样可以限定搜索结果中必须包含这些词汇；(3)用双引号把需要查找的一个词组括起来，这样只有完全匹配该词组（包括空格）的网页才是要搜索的网页（谷歌支持这样的搜索规则）。例如，检索带引号的"应用语言学实证研究"这个词组，那么谷歌搜索引擎只搜索包含"应用语言学实证研究"这个确切词组的网页。

查阅的文献要与所选研究问题联系比较紧密,阅读文献时还应注意文章所引用的参考文献出处,这样就便于追根溯源,更加系统地了解所研究的问题。通过对相关文献的查阅,了解现有的研究成果,不但能加深对相关研究问题的理论和方法的认识、得到启迪、发现有研究价值的内容,还能避免无谓的重复研究。

3. 根据主客观条件确定研究课题。

只有充分掌握国内外研究动态和进展,在已有研究的基础上去做具有创新性的工作,才能事半功倍。在掌握与所研究问题相关的已有文献资料后,要一边阅读这些资料一边结合问题进行深入思考,特别注意发现研究文献中忽视的一些问题、研究方法存在的瑕疵、研究结果中相互矛盾之处以及存在的空白研究领域或者需要进一步验证之处等。要善于从文献研究中发现和提炼课题,在阅读文献过程中要重点关注论文的引言和讨论部分,作者通常在这两个部分总结某一领域存在的尚未解决的问题,提出下一步要研究的内容或课题,这对读者寻找课题很有帮助。在选择和确定课题时,通常要考虑三个基本原则:

(1) 价值性原则。就是所选课题须具有研究价值,没有研究价值的课题是无意义的。价值包括理论价值和实用价值,一般来说,符合、满足社会和学科理论与实践发展需要的选题就是有价值的课题。好的选题既有理论意义,又有实际应用价值,既能适应二语教学理论的发展需要,又能解决教学实践问题。

(2) 创新性原则。即课题是现有研究没有解决或没有完全解决的问题,或是对现有研究已解决的问题提出新的解决办法。其研究结果应该是现有研究未曾获得过的,可以是理论上的新发现、新结论或新见解,也可以是新方法、新技术、新的验证成果。

(3) 可行性原则。在选择研究问题时要考虑现实可能性,必须从研究者的主、客观条件出发，选择能够顺利开展的题目。一方面要考虑研究所需的人力、物力、财力等客观条件是否允许，能否收集到所需的资料和数据；另一方面要考虑研究者本身是否具备相关的知识基础、技术能力和足够的时间、精力进行该项研究。因此，所选的研究问题应该是明确具体、难易度比较合适的题目。对一般研究者，特别是新手研究者而言，最好避免做大的选题，应选取一个焦点清晰、范围具体、角度新颖的题目"小题大做"，进行多层次、多角度的深入研究。

4. 选题时应注意的一些问题。

（1）科学研究最重要的是创新性，所研究课题一定要有新意，尽量避免已被很多人研究过，且缺乏突破点的问题。例如，留学生汉语偏误分析、留学生汉语学习策略研究等，近年来出现了大量此类论文，除了分析材料或调查对象稍有不同以外，产生了大量重复性研究，因此，选择此类研究课题时，要注意避免产生"内卷"型研究。除了所选课题要有新意以外，创新性还可以体现在以下三个方面：一是材料新，即研究中使用的是学界没有发现过或对于所研究主题没有使用过的材料。二是方法新，即研究使用了新的方法，包括新创造的方法、首次从其他领域引进到本领域的方法或者分析问题所采取的新视角等。三是观点新，即能够提出新的思想，得出新的结论，更新人们的观念，给人以启迪。

（2）作为新手研究者的一个简单开始，可以从本领域国际外文核心期刊中找到一篇以国外二语教学为研究对象的新近文献，然后借鉴其方法，收集国际中文教学研究方面的数据，重新撰写一篇新论文，此即为"旧瓶装新酒"。这样的借鉴和模仿是一种很好的训练，科研和写作能力的提高是通过不断练习而得到提升的。

（3）一般来说，所研究的课题应为某个具体的问题，尽量避免研究"宏大"的课题，切忌"大而无当，浮泛不实"。这并不是说宏大课题不值得研究,而是要从大处着眼,从小处着手,实际的研究课题能"以小见大"最佳。

(4)应用语言学理论的基础性问题虽然很重要,但研究的难度也很大,对于学养深厚的资深学者比较合适,而对于刚进入研究行列的年轻学生和学者来说,可以密切关注这一类问题及其研究进展,但不要急于选择这类题目进行研究。

5. 要有"问题意识"。

在科学研究中,问题意识非常重要。胡适曾说过"做学问要在不疑处有疑,待人要在有疑处不疑"。问题意识的实质就是善于在经验事实和现有理论之间敏锐地发现真问题,并善于把国际中文教学实践中的问题转化为研究课题。

(二)研究方案设计

随着所掌握资料的增多和思考的深入,起先朦胧的想法逐渐变得集中、清晰和明确起来,形成了如何进一步研究该问题的初步思路,这样研究课题就基本确定了。研究课题确定以后,下一步工作就是设计具体的研究方案。良好的设计是研究顺利进行的先决条件,是使研究取得预期结果的重要保证。在设计研究方案前,应查阅一下是否有类似研究可供参考,如果有,那么别人的研究是如何设计的,如何提出研究假设,如何确定研究目标、研究内容、研究对象、研究方法和研究过程,比较一下自己的设想与别人研究的设计有何异同。"他山之石,可以攻玉",参考一下已有的类似研究的设计会给自己设计研究方案带来很多启发。

研究方案的主要内容是为如何开展研究制订的详细计划,一般来说,研究计划涉及以下内容:

1. 确定研究类型。首先应该明确是哪一种类型的研究:是以定量分析为主的实验、调查、测量类研究,还是以定性分析为主的个案或访谈类研究,又或者是定量分析与定性分析相结合的混合研究?不同的研究范式决定了研究方案设计的大方向。

2．提出研究假设。提出合适的研究假设是实证研究成功的基本条件，定量研究通常需要明确提出假设。假设应该用陈述句的形式，对变量之间的关系作出准确清晰、简洁明了的推测。

3．细化研究内容和目标。把要研究的问题细化成几个具体的问题，并根据这些问题设置具体的研究目标，研究目标要根据研究问题的需要设定，要有针对性、可操作性和可检测性。

4．确定研究变量。任何实证研究课题总会涉及很多因素，哪些因素是该课题需要研究的内容，需要把研究的关键变量挑选出来。只有确定好研究变量，才能提出明确的研究假设，界定具体的研究内容，研究假设实际上就是关于变量之间关系的假设。

5．确定研究对象。应用语言学定量研究通常需要选取代表性的样本，通过对样本的研究来反映总体的特征，揭示研究对象所具有的一般性规律，因此，选择合适的研究对象非常重要。如果研究条件允许，尽可能采用随机的方法选择研究对象和进行分组。即使研究条件不允许采用随机抽样的方法，选择的研究对象也应该具有较好的代表性，能够有效代表研究总体的情况，才能保证研究结果的可靠性。

6．发展研究工具。研究工具是收集定量研究所需数据的必要手段。如果是抽样范围广泛的大型研究，精简并便于填写的问卷十分重要；如果是实验研究，实验所需的设备、刺激材料、反应测量工具都要做好充分准备；如果是关于学习者心理特质的测量，需要有针对性强、信效度高的量表或测量问卷。

7．设计研究过程和数据收集的步骤。详细计划实验、调查、测量、观察或者访谈等研究过程可以分为哪几个阶段，每个阶段主要完成什么任务，在各个阶段由谁、在什么时候、收集什么样的数据以及如何收集这些数据。

8．确定数据的整理方式。数据的整理很重要，直接影响到数据的效度和后面的统计分析。数据整理通常包括校编、分类、编码、再校核等步骤。

9. 确定数据处理和分析的工具和方法。目前应用语言学实证研究的量化分析工具主要有 Excel、SPSS、SAS、R 等，一般来说，如果是简单的描述性统计，使用 Excel 就可以；如果涉及比较复杂的推断性统计，SPSS 更常用，使用较多；而 SAS 和 R 的统计分析功能更加强大。在确定统计分析工具时，还要计划好如何计算统计值、采用何种统计方法进行数据分析。

10. 对研究结果进行预测。预测研究结果是否可以解决本研究提出的问题，并初步考虑研究结果将可以带来的理论或实用价值。

总之，制订一个设计周密、方法合理、指标适宜、科学性强而又切实可行的实施方案将可以保证研究工作的目的性和计划性，是取得高水平研究成果的关键。研究设计要经团队成员反复论证，广泛听取专家或同行的意见，正式进行实证研究前最好要有试调查或预实验，以便根据情况进一步完善研究设计。

（三）数据收集

数据收集方式对数据质量有很大的影响，在实证研究中最好由研究者亲自收集数据以保证数据的质量。首先，就问卷调查、实验、测量等定量研究的数据收集而言，最好能由研究者亲自实施。不过，规模比较大的问卷调查，特别是当调查对象分布在不同地区甚至不同国家，研究者难以亲临每一个调查地点；或组别较多的实验研究，研究者无法同时亲自控制和操作这些实验，在这样的情况下，比较合适的做法是，对参与调查或实验的人员进行统一培训，以保证问卷调查和实验的数据收集要求、标准和程序达到一致。其次，即便是定性研究，无论是资料收集，还是研究报告的文本撰写，都是研究者个人因素参与的结果。在定性研究中，研究者资料收集的常用手段集中在访谈、观察以及实物收集等方面，然后对这些材料进行编码、分析、得出研究结论和撰写研究报告。这一过程包含了研究者的个人意志与选择，是在研究者高度参与和控制下完成的，因此，研究者亲自参与数据收集工作也是必不可少的。

在正式开始收集数据前，一般应进行小规模的试测。因为即使数据收集计划做得很充分，数据收集工具设计得很细致，都不可能尽善尽美，难免会有缺陷。通过试测，将可以考察数据收集计划与工具的可行性、可用性和完善性，以便在发现问题后，还来得及进行必要的调整与修改，并积累数据收集操作程序方面的经验。

（四）数据整理与分析

数据整理是对调查、实验、测量、观察、访谈等研究活动中所收集到的资料进行检验、归类编码和数字编码的过程，它是定量数据统计分析的基础。第一，要对原始数据进行审核和筛选，例如，调查、实验、测量是否按要求进行，调查、实验、测量的过程是否规范，对调查答案、实验效果、测量结果是否做了完整的记录，数据是否是被试的真实反应，等等，以求去粗取精、去伪存真，整理出真实且具有代表性的数据。第二，要根据一定的标准和研究目的，对数据进行分门别类的编排和编码。第三，按照已选定的统计软件的格式和要求输入数据。第四，数据分析，如果是定量研究，就要根据研究目标采用描述性统计、推断性统计等方法进行分析（详见后面相关章节）。

（五）撰写研究报告/论文

研究报告/论文是研究成果的集中体现，是把研究成果以恰当的形式传达给他人的重要途径，研究报告/论文撰写的质量直接影响到研究成果的价值和作用。从内容上看，主要是对研究成果的描述、解释和讨论；从形式上看，需要遵循一定的写作格式（详见第八章）。

（六）定量实证研究流程图

根据上述的研究步骤和环节，我们设计了一份定量实证研究流程简图（图1.7），以便于研究新手参考。

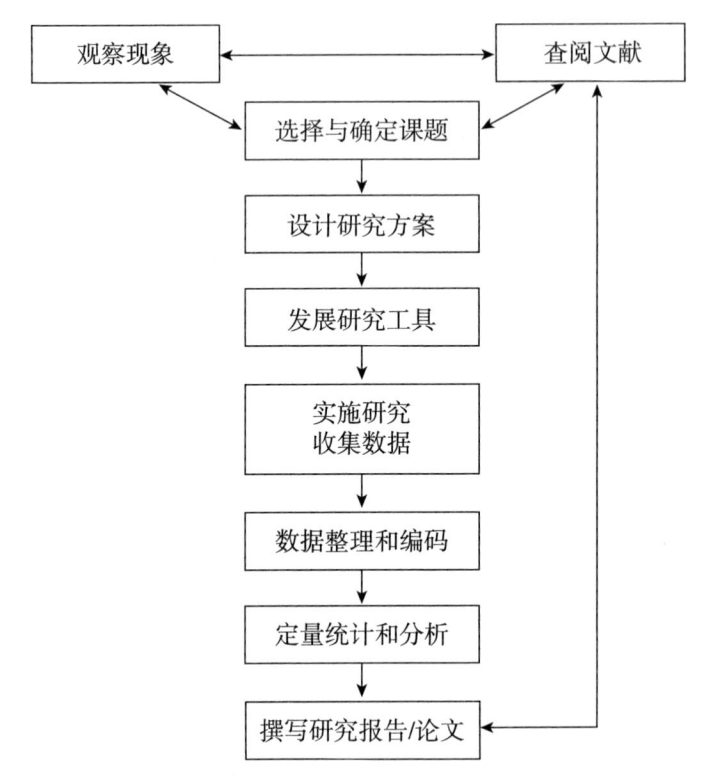

```
观察现象 ⟷ 查阅文献
    ↓         ↑
  选择与确定课题
    ↓
  设计研究方案
    ↓
  发展研究工具
    ↓
  实施研究
  收集数据
    ↓
  数据整理和编码
    ↓
  定量统计和分析
    ↓
  撰写研究报告/论文
```

图 1.7 定量实证研究流程简图

二、应用语言学定量研究范式和特点

桂诗春（1988：9—10）指出，"应用语言学必须和其他自然科学一样，采用科学实验的方法……必须使用现代化的统计和测量手段，进行量化分析"。陈章太、于根元（2003，总序第 4 页）认为，"实验法、调查法和计量法是应用语言学的基本方法。应用语言学的方法论主要是实证论，特别强调所使用的方法要受到实践的检验"。第一节在讨论科学研究的分类时，我们提出根据不同的标准可以划分出多种类型，例如，按照研究目的可以分为探索性研究、描述性研究和解释性研究，根据研究功能可以分为基础研究和应用研究，按照研究性质可以分为定量研究、定性研究和混合研究，根据研究资料来源可以分为文献研究和实证研究，等等，上述几种划分都是研究范式的分类，而不是操作性更强的研究方法分类。从应用语言学角度看，实证研究方法可以分为两个层面：研究范式和研究方法。从研究范式层面看，最重要的是定量研究、定性研究和混合研究三种；从更强的操作性研究方法层面看，包括问卷调查法、实验法、测试测量法、基于语料库/数据库的研究法、个案研究法、行动研究法、民族志研究法等。

（一）定量研究范式

量和质是客观存在的两种规定性，量的研究（定量研究）和质的研究（定性研究）构成了科学研究的两个取向，定量研究、定性研究和混合研究是现代社会科学研究几乎所有领域共同的研究路径或范式。从历史上看，定量研究受到了实证主义方法论的深刻影响。19世纪中叶，随着实证主义哲学的提出，学术界围绕着社会科学研究的方法论展开了激烈争论。孔德、穆勒等实证主义学者认为，自然界与人类社会之间存在连续性、一致性，社会科学研究者应该像研究自然现象那样，以中立的、不偏不倚的方式研究社会现象，从而发现与自然规律一样的、具有普适性的社会规律。主张实证主义方法论立场的社会科学研究者，强调以统计方法为取向，对社会现象进行定量研究，例如，美国著名学者奥格本有一句名言："如果没有测量，知识将是贫乏和难以令人满意的。"在主张定量研究范式的学者看来，在各种研究方法中，只有统计分析才是科学的方法，定量化是科学研究的最基本要求。随着20世纪20年代描述性统计分析方法的日益成熟，以及30年代推论性统计学的飞速发展，基于统计方法的定量研究范式逐渐成为心理学、教育学、经济学、社会学、应用语言学等社会科学研究的主导性范式。

在应用语言学领域，根据Lazaraton（2005）的研究，在1970—

1985年这一时期，定量研究文章的数量有了显著增长。Lazaraton调查了1991—2001年发表在四种重要的应用语言学刊物上的524篇文章，结果显示多达86%的研究文章是定量研究，定性研究和混合研究的文章分别只占13%和1%。因此，Lazaraton得出结论，应用语言学领域定量研究占据"主宰"地位。文秋芳、王立非（2004）通过对*TESOL Quarterly*1967—2000年发表的实证研究文章的统计分析，认为二语习得研究方法经历了两次大转变：第一次大转变发生在20世纪80年代中期，量化法进入了成熟期；第二次转变发生在20世纪90年代后期，质化法进入了成熟期。

定量研究侧重于对数据的数量分析和统计计算，在研究方法上采用封闭式问题或严格预设的实验方法收集数据，并强调使用无偏见的方法和数理统计工具来分析可量化的经验观察，以确定事物之间的关系，验证理论或假设。像实验和问卷调查等都是最常见的定量研究形式，其特点是用数字和量度而不是用语言文字来描述现象，对事物数量特征进行研究，具有标准化、精确化、逻辑推理严谨、易于抽象和概括等优点。

Dörnyei（2007）认为定量研究具有以下六个方面的特点：（1）运用数值。数字本身是没有什么意义的，我们需要准确界定数字所代表的范畴、变量及其数值，也就是说在特定范畴中"1"代表什么，"5"代表什么。（2）预设范畴。在进行实际研究之前，需要预设研究范畴及其数值。例如，在受试对调查问卷给出数值答案时，他们需要准确知道这些问题和数值代表什么。（3）变量。跟质化研究强调个体不同，量化研究把能够体现共同特征的变量作为研究中心，这些变量通过给范畴数据赋值得以量化计算，所有定量研究都是通过对变量的测量和操控来分析变量之间的关系。（4）统计分析。这是定量研究最明显的特征。（5）标准化的程序。定量研究通过在数据收集和分析的每个方面发展出一套系统的标准和程序，以便尽量减少个体的主观差异,确保不因调查者和调查对象的不同而影响其稳定性。(6)要求普遍性和普遍规律。数值、变量、标准化程序、统计分析和科学推理都是为了定量研究的最终目的——从特定现象中得出普遍性的规律。

自从成为社会科学研究的主流范式以后,定量研究方法也受到了主张定性研究的人文主义者的批评,他们认为用自然科学的方法来研究复杂的社会现象并不能完全使人满意,定量方法有将纷繁复杂、变动不居的社会现象简单化、数量化、凝固化的倾向,仅凭定量研究不足以解释复杂的社会现象,对社会现象进行研究还需要借助其他研究范式和工具,可选的研究范式之一就是定性研究方法。

(二)定性研究范式

与定量研究方法的主流地位相比,定性研究一直处于社会科学研究的边缘。定性研究发轫于19世纪,随着人类学、民俗学、社会学和心理学等学科的发展而发展起来。由于缺乏统一的方法论指导原则和操作规范,早期的定性研究主要凭主观经验和理论思辨来进行,主观随意性比较大,因此在定量研究主导的社会科学研究方法领域,长期不受重视,甚至受到排挤和打压。到了20世纪80年代,定性研究方法逐步成熟起来,不仅有了自己独有的概念、具体方法和理论,而且有了统一的规范和标准的操作程序。从方法论上说,定性研究更接近人文主义研究范式,它偏重于文本分析或叙事表达,注重收集文本信息,并从整体上进行理解和诠释,强调对被研究对象的理解、说明和诠释,常见的方法有行动研究法、观察法、访谈法、个案分析法以及民族志研究、扎根理论研究等。

高一虹、李莉春、吕珺(1999)曾对 *TESOL Quarterly*、*The Modern Language Journal*、*Applied Linguistics*、*International Review of Applied Linguistics* 四份应用语言学国际刊物所刊文章进行了统计分析,认为西方的研究呈现了一个由量化到质化的发展趋势。20世纪80年代后半期,质化与量化研究之间还存在较大差距,量化研究占绝对优势。进入 90 年代之后,这一差距逐渐缩小,至 90 年代中期,两者的比例已非常接近。也就是说从 90 年代开始,质化方法已成为可与量化方法平起平坐的主要研究范式。

定性研究是对事物构成和性质方面的研究,主要是叙述性的说明和解释,侧重且依赖于对事物的含义、特征、象征等的描述和理解,使用开放式问题、即时呈现的方式来收集文字或图像资料,通常用文字而不用数字或量度来描述被研究对象。定性研究设计呈现的特点是:研究设计的每一个方面不是严格规划好的,而是保持开放和流动,以便可以用一种弹性的方式对在调查过程中的新情况作出反应。甚至研究问题也是弹性的,以便可以在研究过程中根据需要加以发展和改变。

Dörnyei(2007)认为定性研究具有以下五个特点:(1)定性数据的本质。定性数据包括访谈录音、不同类型的文本(田野笔记、日记等)以及照片和音像资料等。在数据处理过程中,大多数数据都转化为文本形式,因为大多数质化数据的分析是基于文字的。(2)研究的情景条件。由于定性研究的目标是表述自然发生的社会现象,因此定性研究发生于自然场景,不试图操纵研究的环境。(3)内在意义。定性研究关注主体的意见、经验和感觉,研究的显性目标是探寻参与者在研究情景中的看法,主张只有实际参加者才能揭示意义并解释其经历和行为,因此,定性研究需要尝试从"内部"来观察社会现象。(4)小样本。进行得很好的定性研究需要花费很多精力,跟定量研究相比,定性研究通常选择小得多的样本。(5)解释性分析。定性研究基本上是解释性的,也就是说研究结果是研究者对数据主观解释的产品,研究者自己的价值观、个人历史以及性别、文化、阶层、年龄等个性特征都可以成为整体解释中的一部分。

哲学观和方法论上的不同取向,导致了定量研究与定性研究在实际应用中存在明显的差别。概括来说,主要体现在如下六个方面:

一是着眼点不同。定量研究着重事物量的方面，旨在确定研究对象的关系、影响和因果联系，更多地注意个别变量和因素及其相互关系，不关心整体的作用；定性研究着重事物质的方面，旨在理解社会现象，比较注重参与者的观点，着眼于从整体上理解、诠释和深度挖掘研究对象。

二是研究者的主观性成分不同。定量研究和定性研究都追求客观性，但是它们具有不同的主观性成分。定量研究以中性证据为依据，力求客观，但在假设的形成、对事实的选取以及对结果的解释和推论上，无法完全做到客观；定性研究注重从研究者本人内在的观点去了解所看到的世界，主要研究工具是研究者本人，没有研究者的积极参与，资料就不存在，因此主观成分比较多，研究过程也无法避免主观性。

三是研究设计不同。定量研究强调标准研究程序和预先设计，研究设计在研究开始前就已确定；定性研究中的计划则随着研究的进行而不断发展，并可加以调整和修改。

四是研究环境不同。定量研究常运用实验、问卷调查等方法，尽可能地控制变量；定性研究则在实地和自然环境中进行，力求了解事物在常态下的发展变化，并不控制外在变量。

五是测量工具不同。定量研究采用数字或测量指标而非文字来描述客观现象，主要通过数据来说明统计结果，测量工具相对独立于研究者之外；而定性研究主要是叙述性的说明，通常用文字而非数字或测量指标来描述研究对象，研究者本身就是测量工具。

六是理论建构不同。定量研究通常从既有的理论出发，提出新的理论假设，然后通过问卷、实验等工具收集经验证据来验证预想的模型、假设或理论，最终结果是支持或者反对假设；而定性研究则没有理论在先，它是一个创立理论的过程，通过访谈、个案等方法收集相关资料，侧重于对社会现象的深入挖掘和把握，从中概括出论题、论断或理论，定性研究的理论是"资料分析的结果"。

(三)混合研究范式

尽管定量研究和定性研究有不同的哲学基础、不同的研究目的、不同的研究程序和不同的主观性成分,但在实践上它们却是经常混杂在一起。20世纪八九十年代以来,越来越多的研究者认识到,定性研究与定量研究方法各有优劣,单纯的定性研究与定量研究都不能解决研究方法本身的问题。有关两种范式彼此合作和结合的呼声越来越高,一些研究者积极探讨两者在实践中结合的具体方式和途径,逐步形成了社会科学混合研究的路径或范式。混合研究的认识论基础是实用主义认识论,实用主义者关注实用——什么方法对解决问题有用。实用主义者认为与方法相比,问题才是最重要的,研究者要使用所有的方法来解决问题,研究者在着手研究时,可以在定性研究和定量研究中自由选择与他们的研究需要和目标最相符的研究方法、技术和步骤。混合研究法就是在数据收集和分析各个层面综合运用不同的定性和定量研究方法、开放式问题和封闭式问题、即时呈现和预设方法、定量数据和定性数据、定量分析和定性分析等都兼而有之。一个典型的例子是,在问卷调查后进一步对调查对象进行访谈,综合运用两种数据收集程序和分析方法进行混合研究。

我们将三种研究方法的主要特点和差异列表如下:

表1.2 三种研究范式的比较

研究类型	定量研究	定性研究	混合研究
哲学基础	实证主义	人本主义、建构主义	实用主义
研究范式	科学范式	自然范式	综合范式
逻辑过程	演绎推理	归纳推理	演绎和归纳推理
研究方法	封闭式问题、预设的方法 数值资料 实验法、测量法、问卷调查法等	开放式问题、即时呈现的方法 文本或图像资料 行动研究法、观察法、访谈法、个案法等	开放-封闭式问题、即时呈现-预设方法 定量-定性数据 综合运用各种研究方法

续表

研究类型	定量研究	定性研究	混合研究
研究者的操作	验证理论或者假设 确定研究变量并阐述在问题或假设中的关系 观察和测量数值化信息 使用统计程序 使用无偏见的方法	研究中带入个人价值观 确定研究者在研究中的位置 收集参与者的看法 解释数据 与参与者合作	为了整合研究中不同的资料而创设理论依据 既收集定量数据又收集定性数据 使用定量和定性研究的具体方法

无论是定量研究、定性研究还是混合研究，都是建立在经验事实的基础上。定量研究强调控制条件下的观察，定性研究强调自然情景条件下的观察，混合研究强调二者的结合，它们都是以经验事实为基础的实证研究范式。Denscombe（2003）认为，如果要严格区分定量研究与定性研究的话，两者的区别不在于研究的具体方法，而在于处理数据的手段。我们可以把定性研究与定量研究视为一个连续统一体的两端，可以有多种结合方式。这些结合方式包括：研究要素的不同组合、研究阶段的不同交替、同一项研究中的不同组合、多项研究中的不同组合等。在应用语言学实证研究中，我们应该有意识地推动定量与定性相结合的混合研究范式，根据研究目的和研究条件选用多元化研究方法，实现各种方法之间的相互检视、补充和整合。例如，在进行问卷调查时，在问卷制作阶段，采用质化观察和访谈方法确定问卷项目的内容及分类，在问卷正式调查回收后，采用量化统计方法对调查结果进行分析，量化分析结束以后，还可以采用质化的无结构访谈或者量化的结构访谈对被调查者做进一步研究。

（四）定量研究中的信度和效度

大量应用语言学实证研究涉及对语言学习和使用及各种影响因素的数据统计与定量分析，并且通常需要大量样本。定量分析包括两种主要统计方法：描述性统计和推断性统计（详见本章第三节）。定量研究的起源是致力于理解支配人类行为的普遍原则或规则的实证主义，实证主义采取客观现实主义立场，强调规范的客观性，排除主观性，排除研究者个人偏见或价值观，以及其他相关人员对研究结果的潜在影响。因此，在进行定量测量和分析时，研究者需要考虑两个重要的测量要素：信度和效度。信度指测量分数的一致性和稳定性，效度指由测量分数得出的推论或解释的准确性（伯克·约翰逊、拉里·克里斯滕森，2015：127）。信度是效度的必要非充分条件，如果要有效度，必须拥有信度，但拥有信度并不能保证一定拥有效度。在进行定量测量和分析时，信度和效度都是非常重要的属性，二者缺一不可。

1. 信度。

信度（reliability）指一组测量分数的一致性或稳定性，或某个测量工具摆脱测量误差的程度。如果某个测量工具提供了可信的分数，这意味着在不同情况下得到的分数都是相似的。例如，某个语言学能测试量表如果是可信的，这意味着使用这个量表对相同被试进行测量，每次获得的分数都是相同或十分相近的。应用语言学测量的信度水平可用信度系数（reliability coefficient）来表示。信度指标多以相关系数来表示，其数值位于 0—1 之间，信度系数为 0，表示没有可靠性，意味着完全由测量误差构成，测量分数没有意义；信度系数为 1，表示完全可靠，意味着测量没有任何测量误差。一般而言，如果某个测量的信度系数等于或大于 0.80，就可以认为该测量是可靠的。

信度指标大致可以分为三类：稳定系数，即不同时间测试的跨时间一致性；等值系数，即不同复本量具的跨形式一致性；内在一致性系数，即量表或次量表中不同测试题目的跨项目一致性。人们设计了各种方法来计算不同类型测量误差的范围，对测量信度进行实证检验的方式主要包括四种。

（1）再测信度（test-retest reliability）。再测信度也叫重测信度或测量稳定性（test stability），指在不同的时间点对相同被试先后调查两次，两次调查结果之间的差异程度。如果相同被试的两次测量所得分数高度相关，那么说明测量分数是可信的；反之，如果两次测量所得分数差异很大，两组数据相关性很低，那么说明测量分数不可信。评估再测信度需要仔细衡量两次测量的时长间隔所带来的随机影响，如果时间间隔太短，被试较容易回忆出测试的题目；如果测试时间间隔太长，则被试较容易受到个人变化的影响，因为随着时间的推移，被试自身也会发生变化。一般来说，两次测量的时间间隔应不少于一周。

（2）复本信度（parallel-forms reliability）。复本信度也叫等值性系数，指运用两份具有相同特征、内容等价的测量复本，对同一组被试进行测量，所取得的测量分数间的一致性程度。复本是同一个测量工具的两个等值版本，它们应在每个方面都几乎相同：包含相同的数量、类型、内容和难度的题目。评估复本信度是用两个复本对相同被试进行测试，再计算两组分数的相关系数，相关系数越大，说明两个复本间的变异越小，一致性越强，复本信度越高。复本测量和复本信度评估特别适用于二语纵向发展过程中的多次测量研究。

（3）内部一致性信度（internal consistency reliability）。内部一致性指测量工具的各个题目在测量某个构念上的一致性，主要反映的是测量工具内部题目之间的关系，考察各个题目是否测量了相同的内容或特质。某个测量工具中所有题目具有一致性，意味着它们都测量同一构念。如果题目完全一致，被试在一个题目中的得分情况应该与余下其他所有题目中得分一致。评估内部一致性的指标主要有两个：分半信度和α系数。①分半信度（split-half reliability），指将一个测量工具的题目平均分成两半，然后评估两部分分数的一致性。分半的方式通常是按照题目的奇数和偶数进行划分，尽量让两部分在格式和内容等方面保持对等。分半信度的计算，就是通过计算每位被试的两部分得分，然后运用斯皮尔曼-布朗公式（Spearman-Brown formula）

计算出相关系数。② α 系数（coefficient alpha），也叫克隆巴赫系数（Cronbach's alpha），它提供的信度估计可视为所有分半信度的平均值，通常用来量化被试在某个测量工具不同题目上得分之间的相互一致性程度。就应用语言学实证研究而言，一般最低限度的 α 系数应大于或等于 0.70。

（4）评分者信度（interscorer reliability）。评分者信度指实施测量或给测量评分的个体之间的可靠性程度，即两个或两个以上的评分者之间的一致性。评估评分者信度最简单的方法是随机抽取若干份答卷，让两个评分者进行独立评分，然后计算两个判分之间的相关性，所得出的相关系数就是评分者信度。如果评分前没有受过训练，通常评分者之间的一致性不高，不过，可以通过训练来提高评分者之间的一致性，对于应用语言学实证研究的评分者信度评估而言，这不但是可以接受的，通常也是必要的。

2. 效度。

效度（validity），即有效性，指基于测量分数而作出的解释、推断及行动的适切性，也就是测量工具或手段能够准确测出所测量事物的程度。测量结果与要考察的内容越吻合，效度就越高；反之，效度就越低。这种有效性取决于特定研究中研究工具的有效性和可靠性，以及数据统计分析和解释的有效性，因此，既重视评估测量工具的效度，也要考虑所要测量的内容并分析其性质与特征，检查测量内容与测量目的是否相符，从而判断测量结果反映所测量特质的程度。

效度分析（validation）是收集效度证据以支撑对分数的解释或推论的审查过程，这一过程最重要的是通过多种渠道收集证据。根据伯克·约翰逊、拉里·克里斯滕森（2015：134—138）和梅瑞迪斯·高尔等（2016：133—135）的研究，效度分析包括以下三种证据类型：

（1）基于测量内容的证据。与内容相关的测量信度是要证明测量项目的内容与要测量的构念相一致，因此需要研究测量的构念，审查测量题目内容，判断测量题目的内容能够反映所测量构念的程度，这些题目是否反映了要测量的构念，是否遗漏了任何重要的内容，是否列入了任何不相关的题目。

（2）基于内部结构的证据。几乎所有的测量工具都包含多个题目，这些题目及其彼此之间的关系就构成了该测量工具的内部结构。有的测量表是为测量单个构念设计的，有的测量表是为测量某个构念的若干组成部分或维度而设计的。对某个测量表的内部结构进行研究可以提供关于其结构效度的证据。因子分析（factor analysis）是常用来评估测量表内部结构效度的一种方法，它通过分析测量表题目之间的关系来判断测量是单维（所有题目都测量同一个构念），还是多维（测量表由针对不同构念的多组题目构成或由某个宽泛构念的不同组成部分构成）。

（3）基于与其他变量关系的证据。指把正在进行的焦点测量得分与其他测量所得分数进行对比，通过建立与其他测量分数之间的联系获得效度证据。例如，校标（criterion）是一种标准或基准，当正在进行的焦点测量得分与成熟稳定的校标之间呈现强相关时，就得到与校标关联的效度证据。如果焦点测量与校标测量同时进行，得到的是同时证据；如果在焦点测量之后某个时间点对相同被试实施校标测量，得出两组测量得分之间的相关性，得到的是预测证据。此外，通过分析焦点测量与同一构念的其他测量之间的相关关系，可以得到汇聚证据（convergent evidence）；通过分析焦点测量的分数与测量不同构念的分数的非相关性，可以得到区分证据（discriminant evidence）。

第三节 定量研究中的统计分析基础

应用语言学研究者 Dörnyei（2009：31）认为，科学方法在研究程序上有三个关键阶段：（1）观察一个现象或者确定一个问题；（2）产生一个假设;(3)通过标准化的程序收集和分析实证数据来检测假设。一旦假设被成功证实并通过重复研究得到验证,它就成为一种科学理论或者定律为人们所接受。因此科学的方法以一种"客观的"方法为探究问题提供了一种工具,这种客观的方法试图尽量减少研究者的偏见,以精确、可靠地描述世界。这种科学方法是跟数值和统计学紧密联系在一起的。19世纪末期,心理学等学科开始采用定量数据的收集和统计分析方法来进行心理测量,到了20世纪上半叶,差不多所有社会科学领域都开始使用定量研究方法。作为这一进步的结果,社会科学走向成熟并赢得了在个体和社会层面"科学地"研究人类社会现象的声誉。本节内容主要讨论为了将数理统计学的理论和方法应用于国际中文教学研究,需要掌握的统计学基本概念和统计分析的基础知识,以便能够对研究数据进行科学分析和处理。

一、常用概念和统计符号

(一)总体、样本和随机抽样

研究对象的全体为总体(population),组成总体的每一个考察对象为个体(individual),按照一定规则从总体中抽取的一部分个体为样本(sample)。

随机抽样(random sampling)是从总体抽取样本的一种方法,要求总体中的每一个体被抽到的机会均等。用随机抽样法得到的样本叫作随机样本。

样本容量(sample size),又称"样本数",是指样本中个体的数目。统计学上一般把样本容量小于30的样本称为小样本,大于等于30的称为大样本。一项研究应从总体中抽取多少样本合适?是不是样本容量越大越好?一般来说,样本容量太小,会影响样本的代表性,使抽样误差增大而降低推论的精确性;而样本容量过大,虽然减少了抽样误差,但可能增大过失误差,增大无谓的经费开支和精力。关于样本容量的选取标准，不同学者有不同的看法。例如，Sudman（1976）认为，样本的大小取决于总体的分布区域。一般来说，地区性研究的平均样本数在 500—1 000 之间；全国性研究的平均样本数在 1 500—2 500 之间。如果是重复已有的研究或进行类似研究，可参考他人的样本数。Borg & Gall（1983）认为，样本的大小取决于研究条件的优劣。如果测量工具的信度较低，研究中有较多的变量无法控制、总体的同质性（homogeneity）不强，或研究中须用分组比较的统计分析方法，就要采用较大的样本。Gay（1996）认为，样本的大小取决于不同的统计分析方法。对于描述性研究，样本数最少要占总体的 10%，如果总体本身较小，则样本数最少要达到 20%；对于相关性研究，样本至少在 30 人以上；对于严密控制的实验研究，每组受试至少在 15 人以上，30 人以上最为合适。在确定样本数时，除了要考虑选取的样本量是否足够以外，还要考虑样本选取时的抽样方法是否恰当，从样本中获得的数据是否精确等因素，样本应具有代表性，越有代表性的样本，据此推断样本总体的性质就越正确。

（二）参数、统计量和抽样误差

参数（parameter），又称总体参数，指反映总体数据特征、描述总体情况的统计数值，常用希腊字母表示。如总体平均数（μ）、总体方差（σ^2）、总体标准差（σ）、总体相关系数（ρ）（参见表 1.3）。总体参数是常数，可以从一次测量中获得，或者从总体的一系列测量中推论得到，但大多数情况下是未知数。

统计量（statistics）是描述样本情况的数值，是不依赖于任何未知参数的样本的函数，即是直接从样本数据中计算出的各种量数，常用英文字母表示。如样本平均数（$\bar{x}$）、样本方差（S^2）、样本标准差（S）、样本相关系数（r）（参见表 1.3）。统计量不是未知数，随样本的不同而取不同的值。

抽样误差（sampling error）指样本统计量与相应的总体参数之间

的差距。抽样误差是衡量抽样检测准确程度的指标。抽样误差越大，表明抽样样本对总体的代表性越小，抽样检测的结果越不可靠。反之，抽样误差越小，说明抽样样本对总体的代表性越大，抽样检测的结果越准确可靠。

表 1.3 表示参数和统计量的字母

	参数（总体）	统计量（样本）
群体大小	N	n
平均数	μ	$\bar{x}$
标准差	σ	S
方差	σ^2	S^2
相关系数	ρ	r

（三）离散变量和连续变量

离散变量（discrete variable）。由分离的、不可分割的范畴组成，在邻近范畴之间不能取别的值，其数值只能用自然数或整数单位计算的变量为离散变量，如被试人数、学校个数、学位水平等。

连续变量（continuous variable）。在任何两个观测值之间都存在无限多个可能值的变量，其数值是连续不断的，相邻两个数值可进行无限分割，即可取无限个数值。例如，身高、体重等为连续变量，其数值只能用测量或计量的方法取得。

（四）统计数据的类型和变量测量的尺度

1. 统计数据的类型。

（1）称名数据（nominal data），用于说明某事物与其他事物在属性上的不同或类别上的差异，但不说明差异大小。这些数据仅是类别符号而已，没有在量方面的实质性意义，一般不能对这类数据进行加、减、乘、除运算，如性别、国籍、母语背景等。

（2）顺序数据（ordinal data），指可以按事物的某一属性把它们按多少或大小，依顺序加以排列的变量数据。顺序变量数据之间虽有次序与等级关系，但这种数据之间不具有相等的单位，也不具有绝对的数量大小和零点，只能进行顺序递推运算，如名次、受教育程度等。

（3）等距数据（interval data），指变量间有相等的距离，除有量的大小外，还有相等的单位。等距数据的单位是相等的，但零点却是相对的，只能进行加、减运算，不能进行乘、除运算，如温度、智商、语言学能分值等。例如，A学生的智商是70，B学生的智商是140，我们不能说B学生的智力是A学生的两倍。

（4）比率数据（ratio data），既有量的大小、相等的单位，又有绝对零点的数据，可以进行加、减、乘、除的运算，如身高、体重、反应时间等。例如，A学生对某个词语的刺激反应时间是0.6秒，B学生对该词语的刺激反应时间是0.3秒，我们可以说，A学生对这个词语的刺激反应时间是B学生的两倍。

2. 变量的测量尺度。

根据上述四类变量数据的不同性质，在进行统计时，有四种相对应的测量尺度。例如，在SPSS中可使用测量属性对变量的测量尺度进行不同定义。

（1）定类尺度（nominal measurement），是对事物的类别或属性（称名数据）的一种测度，按照事物的某种属性对其进行分类或分组。其特点是定类尺度的值仅代表了事物的类别和属性，即能测度类别差异，不能比较各类之间的大小，所以各类之间没有顺序和等级。对定类尺度的变量只能计算频数和频率。在SPSS的变量测量类型中，用"名义"数据来表示定类尺度，输入的数据可以是数值型，也可以是字符型。使用定类变量对事物进行分类时，必须符合穷尽原则和互斥原则。

（2）定序尺度（ordinal measurement），是对事物之间的等级或顺序差别（顺序数据）的一种测度，可比较优劣或排序。其特点是定序变量只能测量类别之间的顺序，无法测出类别之间的准确差值，即测量数值不代表绝对的数量大小，所以其测量结果只能排序，不能进行运算。在SPSS的变量测量类型中，用"有序"数据来表示定序尺度。

（3）定距尺度（interval measurement），是对事物类别或次序之间间距（等距数据）的一种测度。定距尺度不仅能将事物区分为不同类型并进行排序，而且可以准确计算出类别之间的差距是多少。定距变量通常以自然或物理单位为计量尺度，测量结果往往表现为数值，计量结果可以进行加、减运算。在SPSS的变量测量类型中，用"标度"数据来表示定距尺度。

（4）定比尺度（scale measurement），是能够测算两个测度值之间比值（比率数据）的一种计量尺度，它的测量结果同定距变量一样表现为数值。定比变量是测量尺度的最高水平，它除了具有其他三种测量尺度的全部特点外，还具有可计算两个测度值之间比值的特点，因此可以进行加、减、乘、除运算。定距尺度和定比尺度常合称为间隔尺度，在SPSS的变量测量类型中，都用"标度"数据来表示。

二、描述统计数据的两种变化趋势

（一）集中趋势

集中趋势（central tendency）指一组数据向某一中心值靠拢的程度，它反映了一组数据中心点的位置所在，集中趋势测度就是寻找数据水平的代表值或中心值。表示数据集中趋势的指标有多个，如平均数（算术平均数、几何平均数）、中位数、众数等，使用最多的是算术平均数。

1. 平均数（mean），是统计学中最常用的统计量，用来表明数据中各观测值相对集中的中心位置。平均数包括算术平均数、加权平均数和几何平均数三种，在应用语言学研究中，一般只使用算术平均数。在统计分析中，常用平均数来描述数据的集中性，即指出数据相对集中的中心位置,以便用于同类性质数据间的相互比较。算术平均数(arithmetic mean)是指数据中各观测值的总和除以观测值个数所得的商,简称平均数或均数,记为 $\bar{x}$。

2. 中位数(median),指将一组数据按大小顺序排列起来,处于中间位置的那个数,记为 M_d。当数据呈偏态分布或频数分布类型不明,以及一端或两端无确定数值,这种数据用中位数作为代表值比用算术平均数更好。

3. 众数(mode),指一组数据中出现次数最多的那个数值或这些数据中次数最多一组的组中值,记为 M_o。

以上三种指标虽然反映的都是事物变化发展的一般水平和总体趋势,但要注意的是平均数作为一组数据的代表,它与这组数据中的每一个数都有关系,对这些数据所包含的信息反映最为充分,因此,更为可靠和稳定,应用最为广泛。而中位数和众数则不同,它们的可靠性较差,但也有不受极端数据影响的优点,若组中个别数据变动较大时,使用众数来表示这组数据的集中趋势效果更佳。

(二)离散趋势

离散趋势(tendency of dispersion)指一组数据背离分布中心值的特征,反映各变量值远离其中心值的程度,即观测值的变异程度。统计数据的频数分布有集中趋势和离散趋势两个主要特征,只有把两者结合起来,才能全面认识事物。例如,平均数相同的两组数据其离散程度可能不同。一组数据的分布可能比较集中,差异较小,则平均数的代表性较好。另一组数据可能比较分散,差异较大,则平均数的代表性就较差。例如:

A 组数据:3、4、5、6、7,平均数为 5

B 组数据:1、3、5、7、9,平均数为 5

这里的平均数 5 对于 A 组数据的代表性好,还是对于 B 组数据的代表性好?

由于 B 组数据的离散性比 A 组数据大,用平均数 5 来描述 A 组数据的代表性比描述 B 组数据的代表性更好。由此可见,用平均数作为样本的代表,其代表性的强弱受样本中各观测值变异程度的影响,仅用平均数对一组数据的特征做统计描述是不全面的,还需引入表示数据中观测值变异程度大小的统计量,只有通过变异程度的描述,才能更全面了解代表值的代表性如何。表示数据变异特征,即离散趋势的指标有多个,如极差、离均差、平均差、方差、标准差、标准误和变异系数等,使用最多的是方差与标准差。

1. 极差(range)。极差又称为全距,指一组数据观测值中的最大值与最小值之差。用公式表示为:

$$极差 = 最大观测值 - 最小观测值$$

极差是表示一组数据中各观测值变异程度大小最简便的统计量,极差越大,观测值的变异程度越大,数据分布越分散。极差的计算较简单,也容易理解,但是它只考虑了数据中的最大值和最小值,而忽略了全部观测值之间的差异。例如,两组数据的最大值和最小值可能相同,它们的极差相等,但是离散的程度可能相当不一致。由此可见,极差往往不能反映一组数据的实际离散程度,它所反映的仅仅是一组数据的最大离散值。

2. 离均差(deviation from the mean)。极差只利用了数据中最大值和最小值,不能准确表达数据中各个观测值的变异程度。为了准确地表示样本内各个观测值的变异程度,人们首先会考虑以平均数为标准,求出各个观测值与平均数的离差:$(x-\bar{x})$,即离均差。离均差能表示一组数据中每一个观测值偏离平均数的性质和程度,但由于离均差有正、有负,一组数据中的所有离均差相加之和为零,因而不能直接用离均差之和 $\Sigma(x-\bar{x})$ 来表示数据中所有观测值的总偏离程度。

3. 平均差(average deviation)。为了解决离均差有正、有负,离均差之和为零的问题,可先求离均差的绝对值,并将各离均差绝对值

第一章 应用语言学定量研究相关的基本概念

之和除以观测值个数 n，求得平均绝对离差，这种平均绝对离差一般简称为平均差，即一组数据中的各数据对平均数的离差绝对值的平均数。其计算公式为：

$$\frac{\Sigma|x-\bar{x}|}{n}$$

平均差越大，表示数据之间的变异程度越大，反之则变异程度越小。虽然平均差可以表示数据中各观测值的变异度，但由于平均差包含绝对值符号，不利于进一步做统计分析，使用不方便，故而在统计实践中不太常用。

4．方差（variance）。为了避免数值统计的正负问题，数学上有两种方法：取绝对值，取平方。因此，可以用离均差的平方和作为非负数的方式，成为描述数据离散度的另一个指标。用某组数据的离均差的平方和 $\Sigma(x-\bar{x})^2$ 除以数据的总个数 n，得到的值 $\Sigma(x-\bar{x})^2/n$，就是离均差平方和的平均数。为了使所得的统计量是相应总体参数的无偏估计（unbiased estimate）量，统计学证明，在求离均差平方和的平均数时，分母不用样本数 n，而用自由度 $n-1$，所以一般采用离均差的平方和 $\Sigma(x-\bar{x})^2$ 除以 $n-1$ 表示数据的变异程度，所得到的统计量称为均方（mean square），又称为方差。总体参数方差用 σ^2 表示，样本统计量方差用 S^2 表示，在应用语言学实证研究中，一般计算的是样本统计量方差。其计算公式为：

$$S^2 = \frac{\Sigma(x-\bar{x})^2}{n-1}$$

5．标准差（standard deviation）。虽然方差在实际应用中用得最广泛，但因其单位是原始数据单位的平方，所以不能用来直接指出某个数 x 与平均数之间的偏离究竟达到什么程度。为了使统计量的单位同观测值的单位相一致，通常将方差开平方，即得到标准差。总体参数标准差用 σ 表示，样本统计量标准差用 S 表示，在应用语言学实证研究中，一般计算的是样本统计量标准差。其计算公式为：

$$S = \sqrt{\frac{\Sigma(x-\bar{x})^2}{n-1}}$$

方差和标准差所反映的是一组数据对其平均值为代表的中心的某种偏离程度，如果一组数据的标准差（或方差）较小，那么表明其分布比较集中在平均值附近，反之则是比较分散的。标准差的大小，受数据中每个观测值的影响，如观测值间变异大，求得的标准差也大，反之则小。标准差的计算要比平均差方便，因此，标准差是描述数据离散趋势最常用的统计量。

6. 变异系数（coefficient of variation）。变异系数又称离散系数，是衡量数据变异程度的另一个统计量。标准差是表示所有数据离散性大小的一个绝对值，其度量单位与原数据的度量单位相同。当对单位不同的多组数据的变异度进行比较，或者对平均值相差悬殊的多组数据的变异度进行比较时，直接用标准差来进行比较就不合适。例如，一组数据的标准差是 10，平均值是 100；另一组数据的标准差是 30，平均值是 3 000。如果直接用标准差来进行比较，后一组数据的标准差是前一组数据标准差的 3 倍，似乎前一组数据的分布集中，而后一组数据的分布分散。但前一组数据用标准差来衡量的各数据的差异量是其平均值的 1/10；后一组数据用标准差来衡量的各数据差异是其平均值的 1/100，显然后一组数据的分布比前一组集中。可见在平均值相差悬殊的情况下用标准差与平均值的比值大小来衡量多组数据的分散程度更合理。统计上把标准差相对于平均值的大小的相对量，即标准差相对于平均值的百分比称为变异系数。其计算公式为：

$$C \cdot V = \frac{S}{\bar{x}} \times 100\%$$

变异系数的大小，同时受平均值和标准差两个统计量的影响，因此在利用变异系数表示数据的变异程度时，最好将平均值和标准差也

第一章 应用语言学定量研究相关的基本概念

同时列出。

（三）正态分布

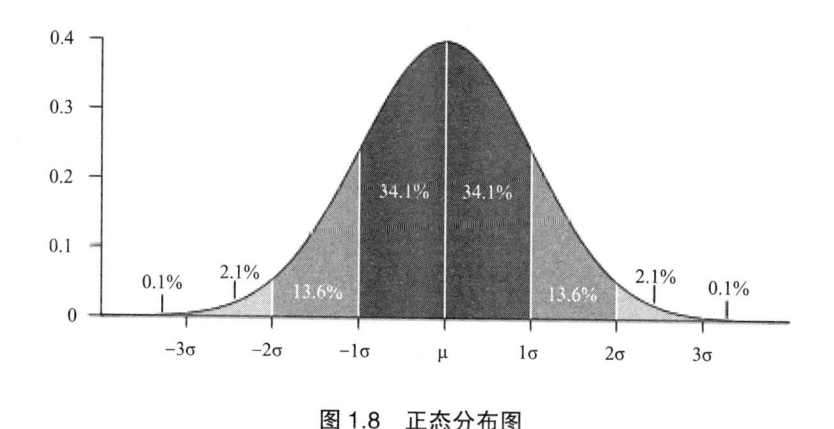

正态分布（normal distribution）又称常态分布，由于德国数学家高斯（Gauss）率先将其应用于天文学研究，故正态分布又叫高斯分布（Gaussian distribution）。正态分布是连续型随机变量分布中最重要也是最常见的一种分布。例如，在人数较多的群体中，测量身高、体重、智力水平、学习成绩等得到的数值，其分布都近似于正态分布。正态分布有如下四个特征：（1）集中性。正态曲线的高峰位于正中央，即平均值所在的位置。（2）对称性。正态曲线以平均值为中心，左右对称，曲线两端永远不与横轴相交。（3）均匀变动性。正态曲线由平均值所在处开始，分别向左右两侧逐渐均匀下降。（4）正态分布有两个参数，即平均数 μ 和标准差 σ，分布函数为 $N(\mu, \sigma)$。平均数 μ 决定正态曲线的中心位置，标准差 σ 决定正态曲线的陡峭或扁平程度。σ 越小，曲线越陡峭；σ 越大，曲线越扁平。参见图1.8。

图 1.8 正态分布图

图1.8中34.1%的深灰色部分是离平均数一个标准差的部分，平

均数左右各一个标准差的数据构成了一组正态分布数据中的 68%，而左右各两个标准差（图中深灰和中灰部分）的数据，构成了正态分布数据中的 95%，左右各三个标准差（图中深灰、中灰和浅灰部分），构成了正态分布数据中的 99.7%。因此，在数据服从正态分布的条件下，全距近似地等于 6 倍标准差，可用"全距 /6"来粗略估计标准差。

三、统计分析的类型和显著性检验

统计学就是描述、组织和解释数据或信息的一套工具与技术。在进行统计分析时，有两种基本的统计分析方法：描述性统计（descriptive statistics）和推断性统计（inferential statistics）。

（一）描述性统计

描述性统计指对已获得的数据进行整理、概括、显现其分布特征的统计方法，主要描绘事物的典型性、波动范围和相互关系等。在数据分析时，一般先要对数据进行描述性统计分析，通过描述测量样本的各种特征，以发现其数据的内在规律，再选择进一步分析的方法。描述性统计分析要对调查总体所有变量的有关数据做统计性描述，主要包括数据的频数分析、数据的集中趋势分析、数据的离散程度分析、数据的分布以及一些基本的统计图形等。

（二）推断性统计

推断性统计是依据抽样样本中得到的统计量推断总体特征的一种统计方法，即通过对样本数据的观察来概括它所代表的总体的规律性特征。具体来说就是根据样本所提供的信息，运用概率理论进行分析论证，在一定的可靠性程度上，对总体分布特征进行估计、推测。推断性统计一般分为参数统计（parametric statistics）和非参数统计（nonparametric statistics）两类检验方法。参数检验主要包括 t 检验（t-tests）、方差分析（analysis of variance）和回归分析（regression analysis）等；非参数检验包括卡方检验（Chi-square test）、曼－惠特尼 U 检验（Mann-Whitney U test）、维尔克松秩和检验（Wilcoxon rank sums）等。需要注意的是，描述性统计所描述的一般只是样本数据本身的分布特征，而推断性统计则是从一个较小的样本群体中了解的信息得出推断结论，即利用样本数据来推断总体特征的统计。根据概率论原理，只要采取正确的抽样方法，就能利用样本数据通过推断统计在一定程度上推断出总体的特征。

（三）显著性检验

显著性检验（significance testing）就是事先对总体的参数或总体分布形式作出一个假设，然后利用样本信息来判断这个假设（原假设）是否合理，即判断总体的真实情况与原假设是否有显著差异。显著性检验是针对总体所做的假设进行检验，其原理就是"小概率事件实际不可能性原理"来接受或否定假设。如果统计结果显示是一种小概率事件，就表明总体的真实情况与原假设之间的差异是真实存在的，即这种差异在统计学上是显著的。例如，显著性检验常用来检验实验组与对照组或两种不同处理的效应之间是否存在差异，以及这种差异是否显著。

通常把一个要检验的假设记作 H_0，称为原假设或零假设；与 H_0 对立的假设记作 H_1，称为备择假设。

在原假设为真时，决定放弃原假设，称为第一类错误，其出现的概率通常记作 α；

在原假设不真时，决定接受原假设，称为第二类错误，其出现的概率通常记作 β。

通常只限定犯第一类错误的最大概率 α，不考虑犯第二类错误的概率 β。这样的假设检验又称为显著性检验，概率 α 称为显著性水平（significance level）。显著性水平 α 是一个临界概率值，它表示在"统计假设检验"中，用样本数据推断总体时，犯拒绝"假设"错误的可能性大小。α 越小，犯拒绝"假设"的错误可能性越小。最常用的 α

值为 0.01、0.05、0.10 等。

α 值是预先设定的显著性检验水平，若用计算机统计软件进行假设检验，会见到 P 值。P 值是通过检验统计量计算得到的，P 值范围介于 0 到 1 之间。P 值越小，错误地否定原假设的概率就越小。进行任何分析之前，先确定 α 水平。常用值为 0.05，如果 $P > 0.05$，不能否定"差别由抽样误差引起"，则接受原假设 H_0；如果 $P < 0.05$ 或 $P < 0.01$，可以认为差别不由抽样误差引起，可以拒绝 H_0，则可以接受另一种可能性的备选假设 H_1。统计学上规定的 P 值意义见表 1.4。

表 1.4　P 值的意义

P 值	碰巧的概率	对无效假设的检验	统计意义
$P > 0.05$	碰巧出现的可能性大于 5%	不能否定无效假设	两组差别无显著意义
$P < 0.05$	碰巧出现的可能性小于 5%	可以否定无效假设	两组差别有显著意义
$P < 0.01$	碰巧出现的可能性小于 1%	可以否定无效假设	两者差别有非常显著意义

显著性检验可以选择单侧检验或者双侧检验，单侧检验适用于检验方向性的研究假设，不仅可判断差异，还可比较大小；双侧检验则适用于检验无方向性的研究假设，通常假设检验的目的是两个总体的参数是否相等，只需要判别两者的差异。

思考题

1. 按照研究目的、研究功能、研究性质和数据来源的不同，科学研究可以进行哪些分类？你对哪一类科学研究比较感兴趣，为什么？
2. 应用语言学实证研究中的变量包括哪些常见的类型？变量之

间有哪些常见的逻辑关系？请联系国际中文教育研究实践举例说明。
3. 什么是测量的信度和效度？检验信度的方式主要包括哪几种？
4. 定量研究中的统计数据和变量测量的尺度包括哪些类型？请分别举例加以说明。
5. 表示数据集中趋势和离散趋势的常用指标有哪些？各有什么作用？
6. 推断性统计与描述性统计有何不同？为什么推断性统计中通常要进行显著性检验？

延伸阅读

伯克·约翰逊、拉里·克里斯滕森（2015）《教育研究：定量、定性和混合方法》（第4版），马健生等译，重庆：重庆大学出版社。

胡荣（2021）《定量研究方法》，北京：北京大学出版社。

Dörnyei, Z. (2007) *Research Methods in Applied Linguistics: Quantitative, Qualitative and Mixed Methodologies.* Oxford: Oxford University Press.

第二章
SPSS 数据处理与描述性统计分析

第一节 SPSS 数据处理及其基本操作

定量统计分析要与大量的数据打交道，涉及繁杂的计算和图表绘制。现代的数据分析工作如果离开统计软件几乎无法正常开展，因此，掌握常用统计分析软件的实际操作，对于应用语言学定量分析是十分必要的。常见的统计软件有 R、SAS、SPSS、STATA、MATLAB、Excel 等。这些统计软件的功能和作用大同小异，各自有所侧重。其中 SPSS 因界面友好、功能强大、易学、易用，包含了几乎全部的重要统计分析方法，具备完善的数据定义、操作管理和开放的数据接口，以及灵活而美观的统计图表制作，是目前社会科学研究中使用最为广泛的统计软件。本书将结合统计理论，介绍利用 SPSS 软件对应用语言学实证研究中的定量数据进行统计分析的一些常用方法。

SPSS 统计软件系统最早是 1968 年由美国斯坦福大学的三位学生开发的一个软件包，基于这一系统，于 1975 年在芝加哥成立了 SPSS 公司。SPSS 原为英文 Statistical Package for the Social Sciences 的缩写，意为"社会科学统计软件包"。随着 SPSS 产品服务领域的扩大和服务深度的增加，SPSS 公司于 2000 年正式将原英文全称更改为 Statistical Product and Service Solutions（统计产品与服务解决方案）。后来，

第二章 SPSS 数据处理与描述性统计分析

IBM 公司收购了 SPSS 公司，SPSS 统计分析软件从 19.0 版本开始更名为 IBM SPSS。自 20 世纪 60 年代 SPSS 诞生以来，为适应各种操作系统平台和统计分析软件发展的要求，SPSS 经历了多次版本更新，各种版本的 SPSS for Windows 大同小异，本书选择 IBM SPSS Statistics 26（中文版）作为统计分析的工具进行介绍。

一、SPSS 的主要窗口介绍

SPSS 主要有五种窗口，分别为数据编辑窗口、结果输出窗口、结果编辑窗口、语法编辑窗口和脚本编辑窗口。

（一）数据编辑窗口

数据编辑窗口是 SPSS 软件中最常用的窗口，在数据编辑窗口中可以进行数据的录入、编辑以及变量属性的定义和编辑。数据编辑窗口分为两个视图：一个是用于显示和处理数据的数据视图（Data View），如图 2.1；另一个是用于变量定义和查看的变量视图（Variable View），如图 2.2。

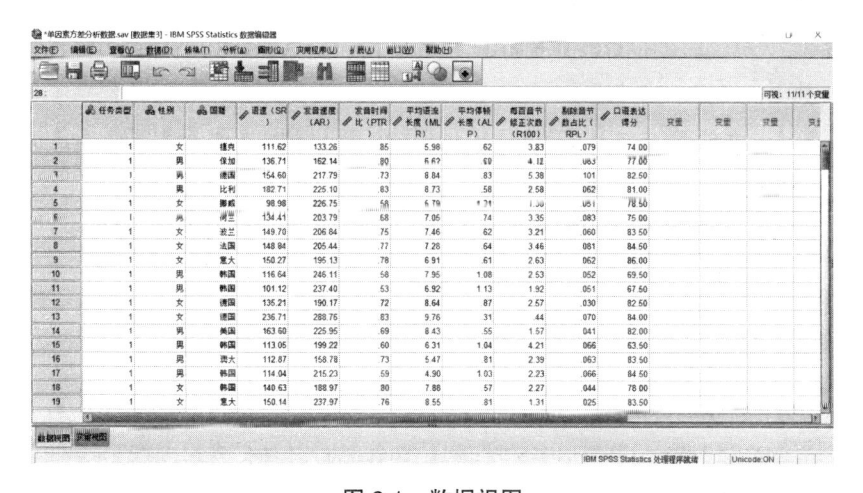

图 2.1 数据视图

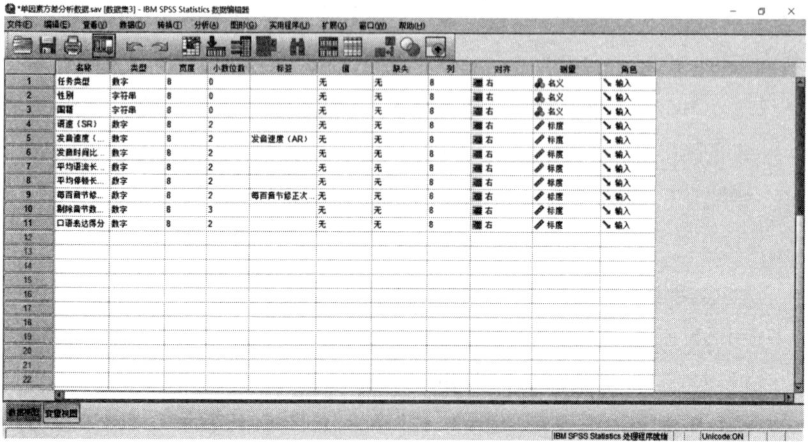

图 2.2 变量视图

数据编辑窗口主要由八个部分构成：标题栏、菜单栏、工具栏、编辑栏、变量名栏、观测序号、窗口切换标签、状态栏。

标题栏，显示数据编辑的数据文件名。一般情况下，SPSS 数据编辑窗口输入和编辑的数据应以 SPSS 默认数据文件的形式保存，在保存数据文件的同时也保存了变量的属性和变量值，SPSS 用于分析的数据文件扩展名为"*.sav"。

菜单栏，通过对这些菜单的选择，用户可以进行几乎所有的 SPSS 操作，菜单的详细操作步骤将在本书后面的章节中分别介绍。

工具栏，为了方便用户操作，SPSS 软件把菜单中常用的命令放到了工具栏里。当鼠标停留在某个工具栏按钮上时，会自动跳出一个文本框，提示当前按钮的功能。另外，如果用户对系统预设的工具栏设置不满意，也可以用【查看】→【工具栏】→【定制】命令对工具栏按钮进行定义。

编辑栏，位于工具栏下方正中，可以输入数据，以使它显示在内容区指定的方格里。

变量名栏，列出了数据文件中所包含变量的变量名。例如，图 2.1 中的"任务类型""性别""国籍"等。

观测序号，列出了数据文件中所有观测的个数及顺序，通常与样本容量的大小一致。例如，图 2.1 中的 1、2、3、4、5 等序号。

窗口切换标签，用于"数据视图"和"变量视图"的切换。数据视图窗口用于样本数据的查看、录入和修改。变量视图窗口用于变量属性定义的输入和修改，具体操作方法详见本节第二部分。

状态栏，用于说明显示 SPSS 当前的运行状态。SPSS 被打开时，将会显示"IBM SPSS Statistics 处理程序就绪"的提示信息。

（二）结果输出窗口

结果输出窗口用于显示和存放 SPSS 的操作日志与统计分析结果，如图 2.3。窗口左边是操作日志和导航窗口，用来显示输出结果的目录，可以通过单击目录来展开右边窗口中的统计分析结果。窗口右边是内容区，显示统计分析结果。SPSS 输出结果的默认保存格式为"*.spv"，也可将全部或选定部分结果导出为 Word、PDF、PPT、Html

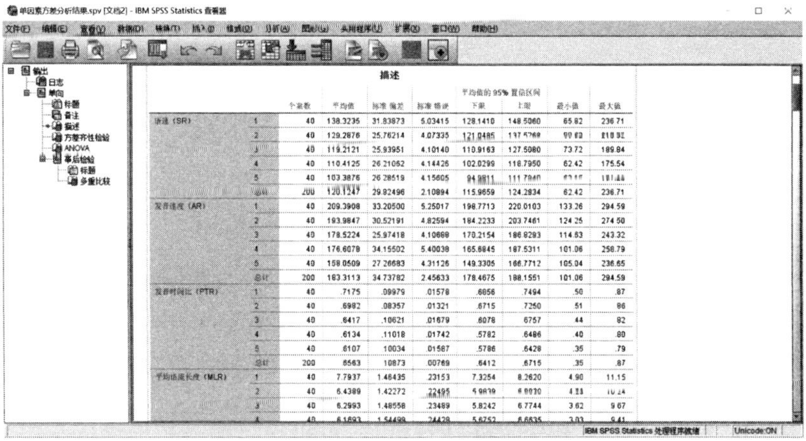

图 2.3 结果输出窗口

等多种格式的文件。

（三）其他几种编辑窗口

1. 结果编辑窗口。结果编辑窗口是编辑分析结果的窗口。在结果输出窗口中选择要编辑的内容，双击选择的对象或者单击右键选择"编辑内容"，就可以在原来的窗口中或者单独的窗口中（如图2.4）对选中的图表进行编辑。

		个案数	平均值	标准偏差	标准错误	平均值的95%置信区间		最小值	最大值
						下限	上限		
语速（SR）	1	40	138.3235	31.83873	5.03415	128.1410	148.5060	65.82	236.71
	2	40	129.2876	25.76214	4.07335	121.0485	137.5268	88.62	210.92
	3	40	119.2121	25.93951	4.10140	110.9163	127.5080	73.72	189.84
	4	40	110.4125	26.21062	4.14426	102.0299	118.7950	62.42	175.54
	5	40	103.3876	26.28519	4.15605	94.9811	111.7940	63.16	181.23
	总计	200	120.1247	29.82496	2.10894	115.9659	124.2834	62.42	236.71
发音速度（AR）	1	40	209.3908	33.20500	5.25017	198.7713	220.0103	133.26	294.59
	2	40	193.9847	30.52191	4.82594	184.2233	203.7461	124.25	274.50
	3	40	178.5224	25.97418	4.10688	170.2154	186.8293	114.63	243.32
	4	40	176.6078	34.15502	5.40038	165.6845	187.5311	101.06	258.79
	5	40	158.0509	27.26683	4.31126	149.3305	166.7712	105.04	236.65
	总计	200	183.3113	34.73782	2.45633	178.4675	188.1551	101.06	294.59
发音时间比（PTR）	1	40	.7175	.09979	.01578	.6856	.7494	.50	.87
	2	40	.6982	.08357	.01321	.6715	.7250	.51	.86
	3	40	.6417	.10621	.01679	.6078	.6757	.44	.82
	4	40	.6134	.11018	.01742	.5782	.6486	.40	.80
	5	40	.6107	.10034	.01587	.5786	.6428	.35	.79
	总计	200	.6563	.10873	.00769	.6412	.6715	.35	.87

图2.4 结果编辑窗口

2. 语法编辑窗口。SPSS除了提供菜单操作以外，还提供语法编程方式。在SPSS数据编辑窗口或结果输出窗口执行【文件】→【新建】→【语法】命令，就会出现语法编辑窗口（如图2.5）。该窗口是编写、调试和运行SPSS程序的窗口，可以通过编写新的语法程序，完成SPSS菜单窗口所不能完成的其他工作。

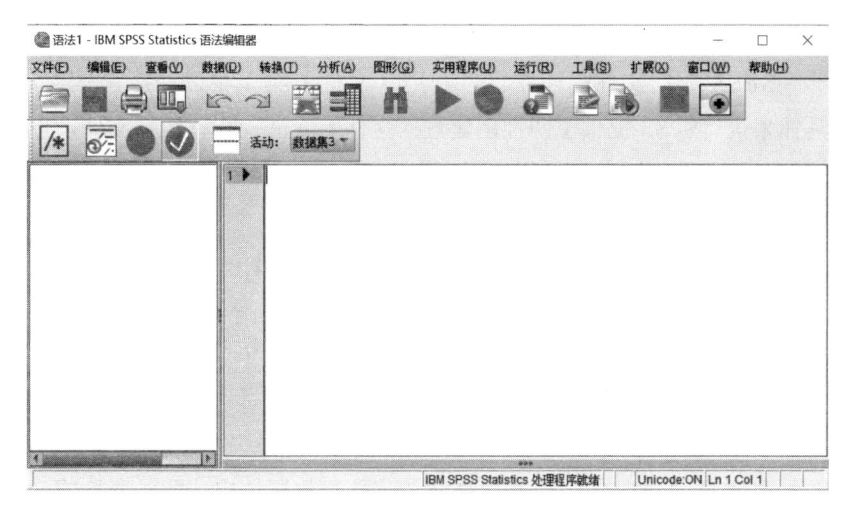

第二章　SPSS 数据处理与描述性统计分析

图 2.5　语法编辑窗口

3．脚本编辑窗口。在 SPSS 数据编辑窗口或结果输出窗口执行【文件】→【新建】→【脚本】命令，就会出现脚本编辑窗口（如图 2.6），在该窗口中可以用 Basic、Python 等语言编程，实现用户的特殊需要。

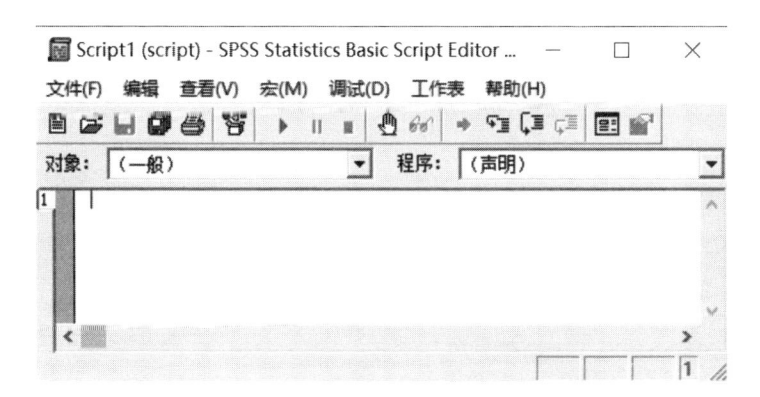

图 2.6　脚本编辑窗口

二、SPSS 数据文件的建立

SPSS 数据文件的建立可以利用【文件】菜单中的命令来实现。具体来说，SPSS 提供了四种创建数据文件的方法：新建数据文件，直接打开已有数据文件，使用数据库查询，从文本向导导入数据文件。

（一）新建数据文件

打开 SPSS 软件后，选择菜单栏中的【文件】→【新建】→【数据】命令，可以创建一个新的 SPSS 空数据文件。接着，用户可以进行变量定义和录入数据等后续工作。SPSS 可以同时打开多个数据文件，用户可以在多个文件中进行转换操作。

1. 数据的结构定义。

建立新的数据文件首先需要定义变量的数据结构，即对变量的名称、类型、宽度、小数位数、变量名标签、变量值标签、缺失值、列宽、对齐、测量类型、角色等属性进行定义。在创建数据文件后，单击数据编辑窗口左下方的【变量视图】标签，得到如图 2.7 所示的变量定义窗口，用户可以在该窗口中设定或修改变量的各种属性。

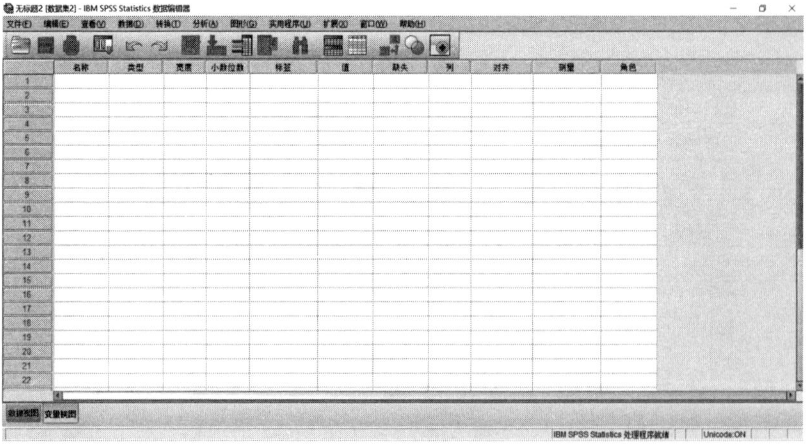

图 2.7　变量定义窗口

（1）名称。变量名（name）是变量存取的唯一标志。SPSS 数据文件中的每一列数据称为一个变量（variable），每一行数据称为一条个案或观测量（case），每个变量都应有一个变量名，在定义 SPSS 数据属性时应首先给出每列变量的变量名。变量命名规则如下：

① SPSS 变量名长度不能超过 64 个字符（32 个汉字）；

② 每个变量名必须是唯一的，不允许重复；

③ 变量名的首字母必须是字母或汉字，结尾不能是圆点、句号或下划线；

④ 变量名不能包含空格，不区分大小写；

⑤ 变量名不能与 SPSS 的保留字符相同，例如 all、not、or、by、to、with、eq 等；

⑥ 如果用户不指定变量名，SPSS 软件会以"VAR"开头来命名变量，后面跟 5 个数字，如 VAR00001、VAR00016 等。

（2）类型。变量类型是指每个变量取值的类型。左键单击"类型"栏后面的按钮，就会弹出对话框（如图 2.8），对话框中列出的数据类型共有 8 种，其中最基本的有 3 种：数字型、日期型和字符型。每种类型都有默认的列宽和小数位数，通常数值型变量的默认宽度为 8，小数位数为 2。

（3）宽度。宽度是指在数据窗口中变量列所占的单元格的宽度，一般无须调整，直接采用系统默认值即可。如果输入数据变量的实际宽度大于变量格式宽度，此时数据窗口中显示变量名的字符数不够，变量名将被截去尾部呈不完全显示，被截去的部分用"*"号代替。

（4）小数位数。如果变量的类型为数值型，可设置变量的小数位数，小数位数的系统默认值为两位，可通过"小数位数"栏右边的微调按钮调整，也可通过图 2.8 中的"小数位数"调整。

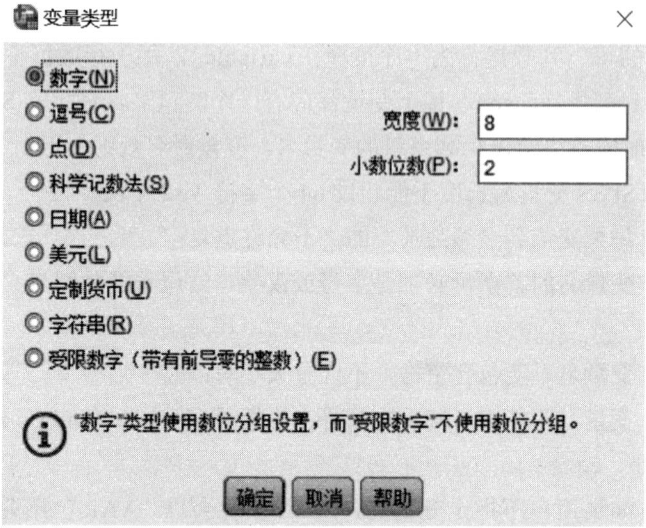

图 2.8 "变量类型"对话框

（5）标签。即变量名标签，是对变量名含义的进一步解释说明，它可以增强变量名的可视性和统计分析结果的可读性。由于变量名不宜太长，在处理大规模数据时，变量数目繁多，此时对每个变量的含义加以标注，可大大方便用户对每个变量的了解。变量名标签可用中文，总长度可达 120 个字符。

（6）值。即变量值标签，是对变量的可能取值的含义的进一步说明。变量值标签特别是对于用数值来表示非数值型变量时尤其有用。例如，我们定义一个变量"调查对象"，调查对象包括 CSL 教师、CSL 学生、ESL 教师、ESL 学生等多种类型。如果在"调查对象"变量列，直接输入这些字符比较麻烦；如果用 1、2、3、4 等数字分别代表上述不同类型的调查对象，在输入数据和统计处理时就容易得多，因此，通常通过变量值标签来定义变量。定义和修改变量值标签，可以双击要修改值的单元格，在弹出的对话框的【值】文本框中

第二章　SPSS 数据处理与描述性统计分析

输入变量值，在【标签】文本框中输入变量值标签，然后单击【添加】按钮将对应关系选入下边的白框中，参见图 2.9。同时，可以单击【更改】或【除去】按钮对已有的标签值进行修改或剔除。最后单击【确定】按钮返回主界面。

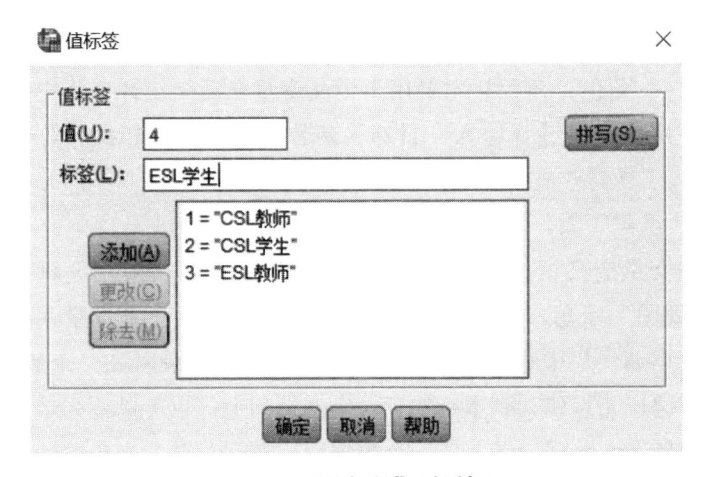

图 2.9　"值标签"对话框

（7）缺失。在统计分析中，收集到的数据可能会出现这样的情况：一是数据中出现明显的错误和不合理的情形；二是有些数据项的数据漏填了。这时可以通过定义缺失值的方式来更好地利用其他的有效数据。双击【缺失】栏，在弹出的对话框中可以选择三种缺失值定义方式。

（8）列。用于定义变量在数据窗口中显示的宽度，单击其向上或向下的箭头按钮可以选定列宽度。列宽度只影响数据编辑器中的值显示，更改列宽不会影响变量已定义的宽度，系统默认宽度等于 8。

（9）对齐。用于定义变量值显示的对齐方式，可以选择左对齐、右对齐和居中对齐，系统默认为右对齐。

（10）测量。主要用于定义变量数据的测量尺度，菜单里列出了"标度""有序"和"名义"三种测量尺度类型可供选择，这三种测量类型与本书第一章介绍的四种测量尺度的对应关系如下：

标度——间隔尺度（包括定距尺度和定比尺度）

有序——定序尺度

名义——定类尺度

（11）角色。角色栏主要用于定义变量在后续统计分析中的功能作用，用户可以选择输入、目标、两者、无、分区和拆分等类型的角色。

2. 数据录入。

在变量定义窗口中定义好所有变量以后，单击数据编辑窗口的"数据视图"标签，就可以在数据视图中输入数据。数据录入时，可以在数据编辑栏中输入数据，然后逐行录入，即录入完一个数据后，按 Tab 键，光点移动到本行的下一个变量列上；也可以逐列录入，即按照变量录入数据，录入完一个数据后，按回车键，光点移动到本列的下一行上。

除了直接录入以外，SPSS 还可以与 Excel 和 Word 表格中的数据互相直接粘贴到对方的数据表中，但要求数据表的表头结构相同。另外，SPSS 还有一项连续粘贴相同值的特殊功能，在需要连续录入相同变量值的时候，只需要先录入第一项，然后单击鼠标右键，在弹出的菜单中选择"复制"，再拖动鼠标选中所有要录入该相同值的单元格，然后单击鼠标右键，在弹出菜单中选择"粘贴"，这样所有选中的单元格都同时粘贴上该值，而无须逐个粘贴。

（二）从其他数据文件导入数据建立数据文件

上面介绍的是新建 SPSS 数据文件的一般方法。在实际应用中，也可以直接打开已有 SPSS 数据文件，或者把其他格式的数据文件导入转换到 SPSS 中，形成 SPSS 可以处理的数据。SPSS 能直接打

第二章 SPSS 数据处理与描述性统计分析

开和导入的数据文件类型很多，除了 SPSS 默认储存格式的"*.sav"和"*.spv"文件以外，还包括 Excel、CSV 数据、文本数据、SAS、Stata、dBase 等不同类型。本书只介绍用得比较多的 Excel 数据文件的直接打开方式。

1. 打开 SPSS 软件后，选择菜单栏中的【文件】→【打开】→【数据】命令，弹出【打开数据】对话框。在文件类型下拉列表中选择数据文件的类型（Excel），并选中需要打开的文件名，如图 2.10 所示。

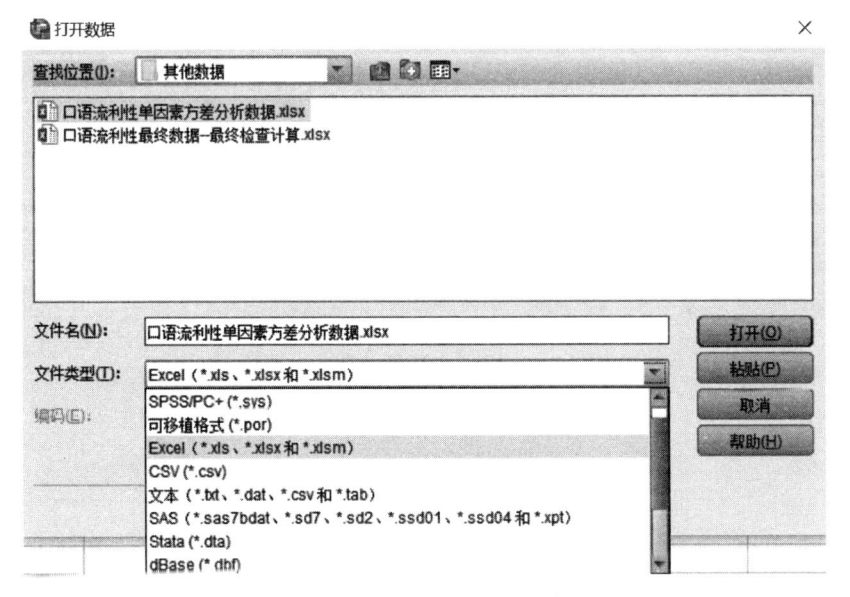

图 2.10 "打开数据"对话框

2. 选择要打开的 Excel 文件，单击"打开"按钮，调出打开 Excel 数据源对话框，设置读取文件工作表的范围，若只读取部分数据则更改读取范围，否则就用默认范围，如图 2.11 所示。数据读取以后，再点击【变量视图】标签，按照上文所述，根据需要修改变量的各种属性设置。

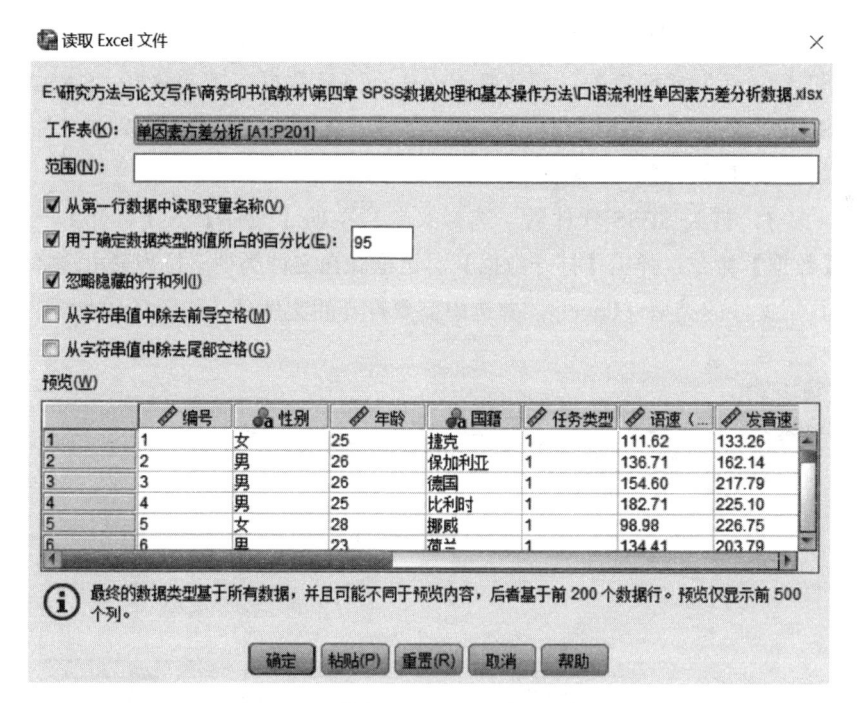

图 2.11 "读取 Excel 文件"对话框

三、SPSS 数据文件的整理

刚刚建立的数据文件中输入的是原始数据，为了更好地利用和分析，常常需要对原始数据进一步整理和加工，使之更加科学、系统和合理，这项工作称为数据文件的统计整理。在 SPSS 中，数据文件的整理功能主要通过执行主菜单中的"数据"和"转换"命令来实现。

（一）数据排序

对数据按照某一个或多个变量的大小排序将有利于对数据的总体浏览，基本操作如下：

1. 选择菜单栏中的【数据】→【个案排序】命令，弹出【个案排序】对话框，如图 2.12。

第二章 SPSS 数据处理与描述性统计分析

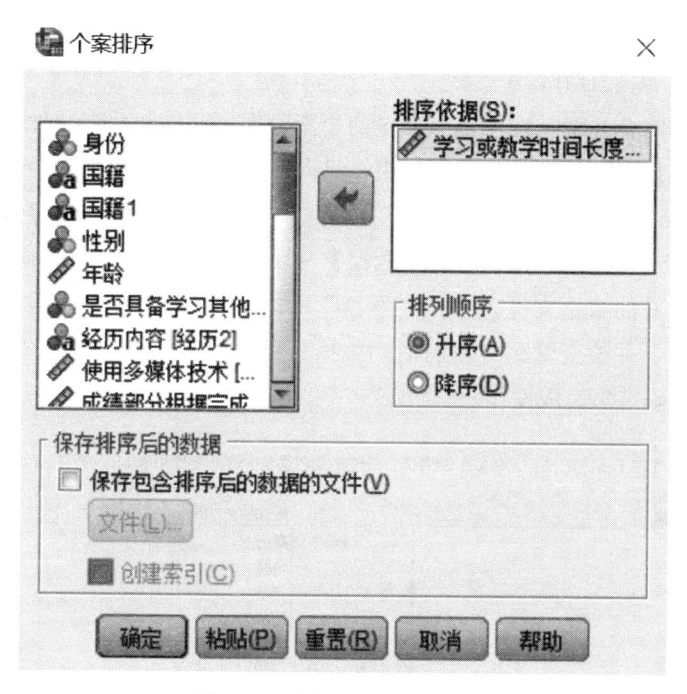

图 2.12 "个案排序"对话框

2. 在【个案排序】对话框左侧的候选变量列表框中选择排序变量，单击右向箭头按钮，将变量选择进入【排序依据】列表框中。

3. 根据需要，从【排列顺序】下面选择"升序"或"降序"，并单击"确定"完成操作，此时，SPSS 数据浏览窗口中观测量的顺序就会根据排序条件发生改变。

（二）数据文件的合并

数据文件的合并是把外部数据与当前数据合并成一个新的数据文件，有两种合并方式：一是纵向合并，即从打开的数据集或者外部数据文件中增加新的观测值到当前数据文件的已有变量中；一是横向合并，即从打开的数据集或者外部数据文件中增加新的变量及其观测值到当前数据文件中。

1. 纵向合并。

纵向合并就是增加已有变量的个案数据，即将新数据文件中的观测值合并到当前活动数据文件中，纵向合并要求两个数据文件的结构最好一致，要具有共同的关键变量。在SPSS中实现数据文件纵向合并的方法如下：选择菜单栏【数据】→【合并文件】→【添加个案】，选择合并的数据文件，单击"继续"，弹出"添加个案"对话框，选择需要合并的变量到"新的活动数据集中的变量"框中，如图2.13，单击"确定"完成操作。

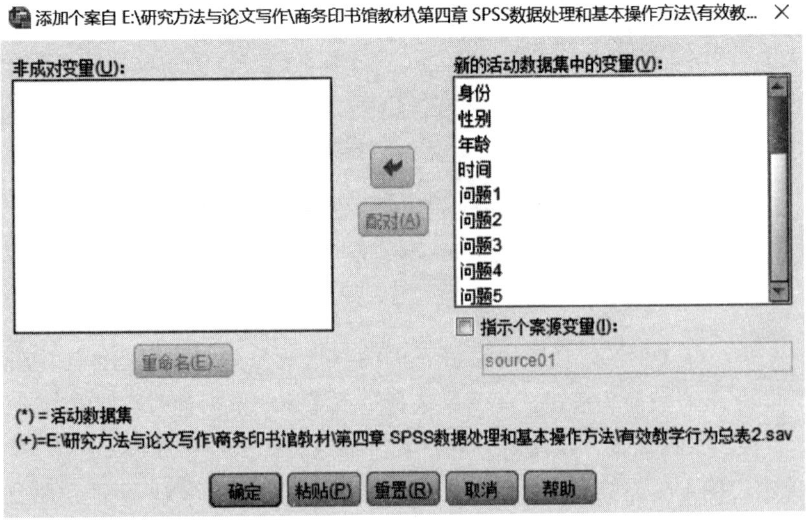

图2.13 "添加个案"对话框

2. 横向合并。

横向合并就是增加新的变量及其观测值，把两个或多个数据文件实现横向对接。例如，将被试的多次测试成绩数据进行合并，放在一个新的数据文件中。在SPSS中实现数据文件横向合并的方法如下：

选择菜单栏【数据】→【合并文件】→【添加变量】,选择合并的数据文件,单击"继续",弹出"添加变量"对话框,选择合并方法和需要增加的变量,单击"确定"就可完成操作。

(三)数据文件的拆分

在进行统计分析时,有时要对文件中的观测数据进行分组,然后进行分组统计分析,这时就需要根据分组的实际情况,对数据文件进行拆分。操作如下:选择菜单栏中的【数据】→【拆分文件】,打开"将数据集拆分为单独的文件"对话框,将拆分变量选入"按以下变量拆分个案"框,并填写输出文件目录和名称,如图2.14,单击"确定"完成操作。

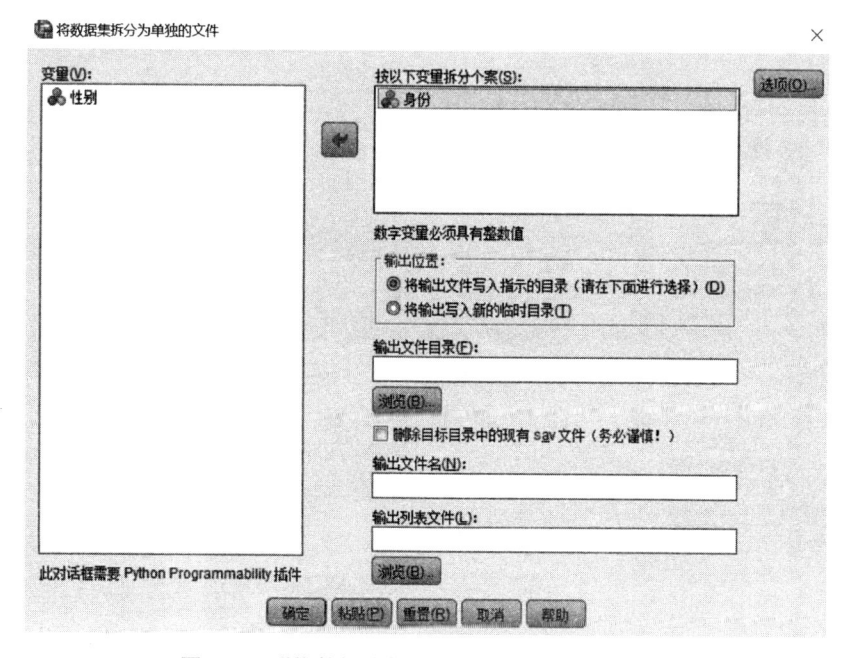

图2.14 "将数据集拆分为单独的文件"对话框

（四）变量的计算

在对数据文件中的数据进行统计分析时，为了更有效地处理数据和反映事物的本质，有时需要对数据文件中的变量加工产生新的变量。比如经常需要把几个变量加总或取加权平均数，SPSS 中可以通过【计算】菜单命令来产生这样的新变量。其步骤如下：选择菜单【转换】→【计算变量】，打开对话框，弹出如图 2.15 "计算变量"对话框；在"目标变量"框中输入目标变量名，如"Q1—Q5 加总"，从左边的变量列表窗口选择用于计算的变量，并选择中间的数学运算符号一起加入"数字表达式"中，点击"确定"，则可以在数据文件中看到一个新生成的变量及运算后的结果数据。

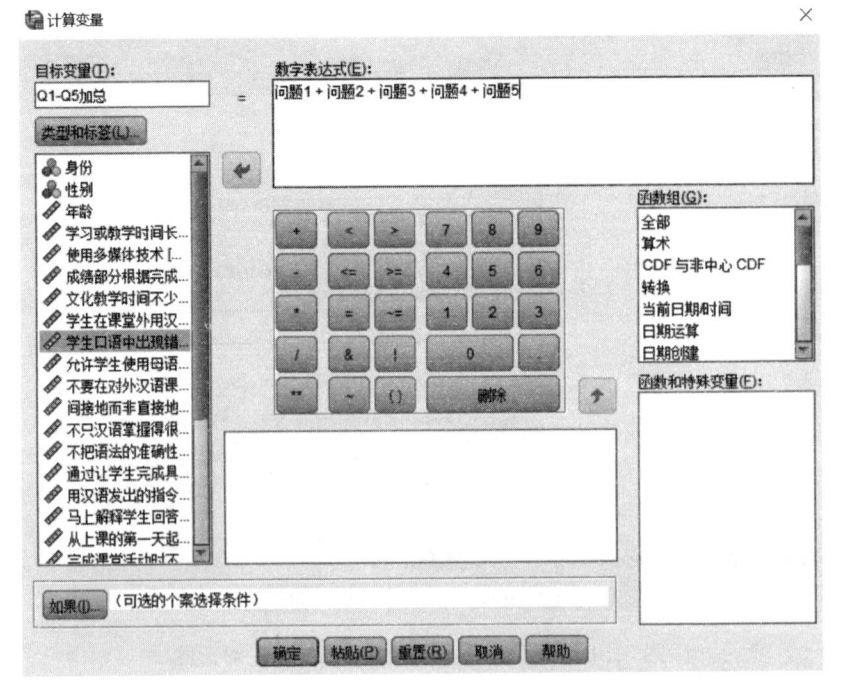

图 2.15 "计算变量"对话框

第二节 描述性统计分析

统计分析的目的是研究总体的数量特征。由于得到的数据往往只是从总体中随机抽取的样本的观察值,因此,只有通过对样本的研究,我们才能对总体的实际情况作出可能的推断。具体来说,在进行统计分析时,有两类基本的方法:描述性统计和推断性统计。描述性统计是统计分析的基础,做好这一步是进行推断性统计的先决条件。描述性统计通常用一些描述性统计量来进行分析,这些统计量主要包括三种:(1)集中趋势的特征值,包括算术平均数、加权平均数、几何平均数、众数、中位数等。其中平均数适用于正态分布和对称分布数据,中位数适用于所有分布类型的数据。(2)离散趋势的特征值,包括极差(全距)、平均差、方差、标准差、标准误、离散(变异)系数等。其中标准差、方差适用于正态分布数据,标准误则反映了样本平均数的波动程度。(3)分布特征值,包括偏态系数、峰度系数等,它们反映了数据偏离正态分布的程度。通过描述性统计分析可以让分析者了解数据的基本特征和整体分布形态,为进一步的统计推断和数据建模提供必要的基础。统计分析往往采用两种方式实现:(1)数值计算,即计算常用的基本统计量的值,通过数值来准确反映数据的基本统计特征。(2)图形绘制,即绘制常见的基本统计图形,通过图形来直观展现数据的分布特点。这两种方式通常混合使用。SPSS的许多模块均可完成描述性分析,专门为该目的而设计的几个模块集中在菜单栏"分析"下面的"描述统计"中。

一、频率分析

基本统计分析往往从频率分析开始。通过频率分析能够了解变量取值的状况,有效把握数据的分布特征。频率分析包括两项基本任务:(1)编制频率分布表。该表中包含频率、百分比(各频率占样本总数的百分比）、有效百分比（各频率占有效样本数的百分比）、累计百分比（各百分比逐级累加起来的结果）等数据。（2）绘制统计图。统计图能够直观地展示变量的取值状况，频率分析中提供的统计图形包括条形图、饼图、直方图等。

下面我们以表 2.1 中的 20 名留学生对汉语课堂有效教学行为的问卷调查数据为例，说明频率分析的步骤。

表 2.1　问卷调查数据

性别	年龄	总分
2	20	86
2	19	71
2	20	86
1	25	89
1	23	78
1	21	71
1	20	91
1	21	83
1		88
2	20	81
1	27	93
2	20	82
1	19	81
1	20	85
2	20	79
2	33	84
2	65	68
1	20	80
1	22	86
1	21	92

（一）频率分析设置

在 SPSS 中建立上述数据结构，选择菜单栏中的【分析】→【描

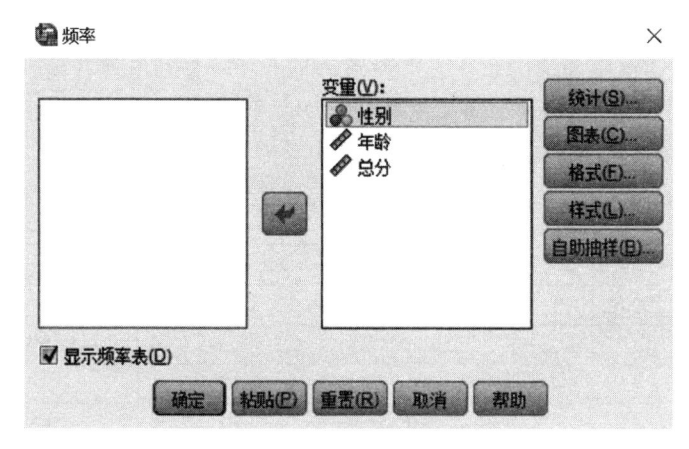

述统计】→【频率】,弹出【频率】对话框,如图 2.16。

图 2.16 "频率"对话框

在变量选择确定之后,根据需要,可以在同一窗口上进行下面几种操作:(1)单击"统计"以选择所选变量的各种描述统计值;(2)单击"图表"以获得条形图、饼图或直方图;(3)单击"格式"以显示变量的排序方式。通过上述操作,选择统计输出选项,点击"确定",得到频率分析结果。参见表 2.2—表 2.4。

(二)主要结果及分析

表 2.2 三个变量的统计

个案数		性别	年龄	总分
	有效	20	19	20
	缺失	0	1	0
平均值		1.40	24.00	82.70
中位数		1.00	20.00	83.50
标准差		0.503	10.493	6.914
最小值		1	19	68
最大值		2	65	93

表 2.2 是三个变量值的基本信息:有效的个案数、缺失值个数、平均值、中位数、标准差、最小值、最大值等。这些值是在"统计量"对话框中勾选的。此表中性别、年龄和总分都出现在同一表中,因为在"格式"设置框中选择了"比较变量"。

表 2.3 变量"年龄"的频率分布

		频率	百分比(%)	有效百分比(%)	累积百分比(%)
有效	19	2	10.0	10.5	10.5
	20	8	40.0	42.1	52.6
	21	3	15.0	15.8	68.4
	22	1	5.0	5.3	73.7
	23	1	5.0	5.3	78.9
	25	1	5.0	5.3	84.2
	27	1	5.0	5.3	89.5
	33	1	5.0	5.3	94.7
	65	1	5.0	5.3	100.0
	总计	19	95.0	100.0	
缺失	系统	1	5.0		
总计		20	100.0		

表 2.4 变量"总分"的频率分布

		频率	百分比(%)	有效百分比(%)	累积百分比(%)
有效	68	1	5.0	5.0	5.0
	71	2	10.0	10.0	15.0
	78	1	5.0	5.0	20.0
	79	1	5.0	5.0	25.0
	80	1	5.0	5.0	30.0
	81	2	10.0	10.0	40.0
	82	1	5.0	5.0	45.0
	83	1	5.0	5.0	50.0

第二章　SPSS 数据处理与描述性统计分析

续表

		频率	百分比（%）	有效百分比（%）	累积百分比（%）
有效	84	1	5.0	5.0	55.0
	85	1	5.0	5.0	60.0
	86	3	15.0	15.0	75.0
	88	1	5.0	5.0	80.0
	89	1	5.0	5.0	85.0
	91	1	5.0	5.0	90.0
	92	1	5.0	5.0	95.0
	93	1	5.0	5.0	100.0
	总计	20	100.0	100.0	

表 2.3 和表 2.4 分别是变量"年龄"与"性别"的频率分布表（因篇幅原因，变量"性别"的频率分布表省略），显示了每一个变量值的频率、百分比、有效百分比和累计百分比数值。从表中可以看出，年龄变量值 20 岁个案最多，总分变量值 86 分个案最多。

图 2.17—图 2.19 分别是三个变量的三种图表类型：饼图、条形图和直方图。这些图形直观地显示了各个变量频率分布的情况。

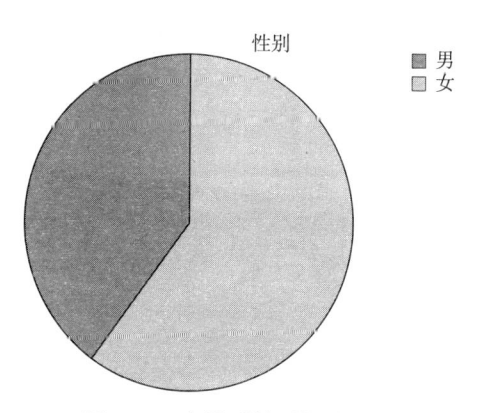

图 2.17　变量"性别"的饼图

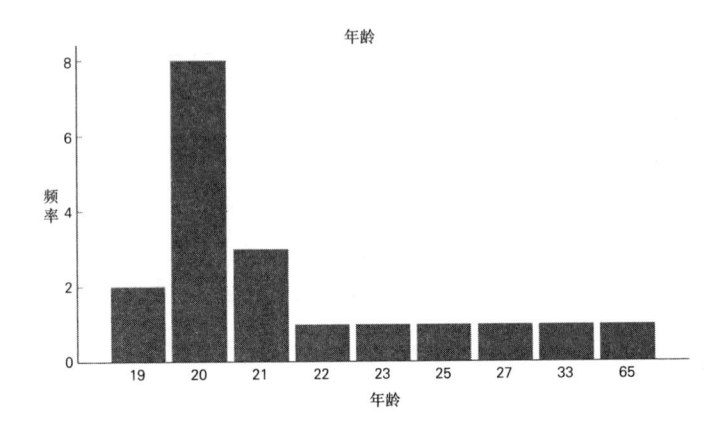

图 2.18 变量"年龄"的条形图

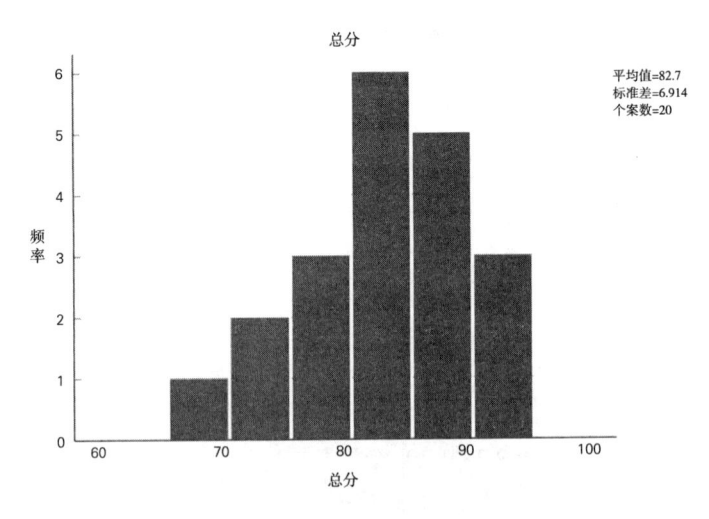

图 2.19 变量"总分"的直方图

二、描述分析

描述分析主要用于计算并输出变量的各种统计量的描述值。SPSS 描述分析过程及功能与上一节中的频率分析基本相似，两者都以计算数值型变量的统计量为主。描述分析没有图形功能，也不能生成频率表，但它具有一项特殊功能，即可以将原始数据标准化为 Z 分数。所谓 Z 分数是指某原始数值比起平均值高或者低多少个标准差单位，高的为正值，低的为负值，相等的为零。转化的 Z 分数，通过在原变量名前自动加字母 Z 变成新的变量名"Z+原变量名"，并自动保存在数据集中，以便后续分析时应用，如表 2.5。

表 2.5 保存了 Z 分数的数据集

	性别	年龄	总分	Z性别	Z年龄	Z总分
1	2	20	86	1.19373	-.38119	.47731
2	2	19	71	1.19373	-.47649	-1.69228
3	2	20	86	1.19373	-.38119	.47731
4	1	25	89	-.79582	.09530	.91123
5	1	23	78	-.79582	-.09530	-.67980
6	1	21	71	-.79582	-.28589	-1.69228
7	1	20	91	-.79582	-.38119	1.20051
8	1	21	83	-.79582	-.28589	.04339
9	1		88	-.79582		.76659
10	2	20	81	1.19373	-.38119	-.24589
11	1	27	93	-.79582	.28589	1.48978
12	2	20	82	1.19373	-.38119	-.10125
13	1	19	81	-.79582	-.47649	-.24589
14	1	20	86	-.79582	-.38119	.33267
15	2	20	79	1.19373	-.38119	-.53517
16	2	33	84	1.19373	.85768	.18803
17	2	65	68	1.19373	3.90722	-2.12620
18	1	20	80	-.79582	-.38119	-.39053
19	1	22	86	-.79582	-.19060	.47731
20	1	21	92	-.79582	.28600	1.34514

下面我们仍以表 2.1 中 20 名留学生对 24 项对外汉语课堂有效教学行为的问卷调查数据为例，说明描述分析的步骤。

（一）描述分析设置

在 SPSS 中建立上述数据结构，选择菜单栏中的【分析】→【描述统计】→【描述】，弹出【描述】对话框，如图 2.20。

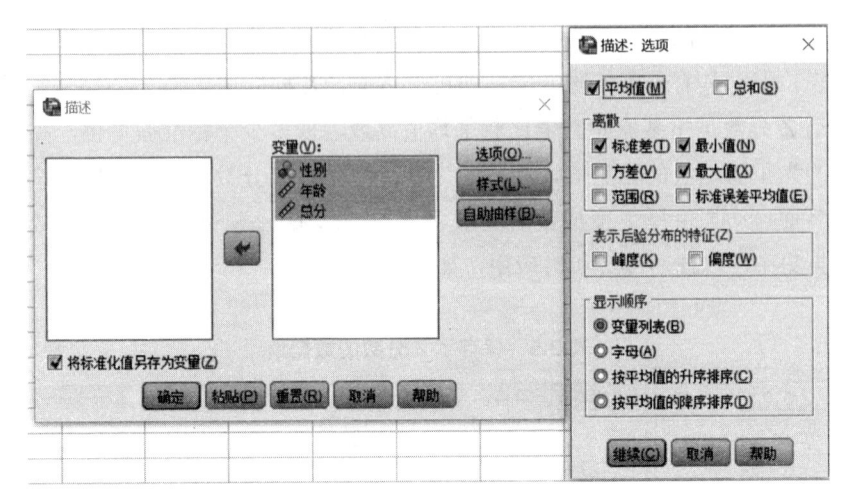

图 2.20 "描述"及其"选项"对话框

把要描述的变量名称移入"变量"下面的方框,勾选左下角的"将标准化值另存为变量"(运算后即可生成表 2.5 中的 Z 分数),点击"选项",打开"描述:选项"对话框,在上面勾选需要显示的统计量,点击【继续】→【确定】,即可得到描述分析结果,如表 2.6。

(二)主要结果及分析

表 2.6 描述统计

	N	最小值	最大值	平均值	标准差
性别	20	1	2	1.40	0.503
年龄	19	19	65	24.00	10.493
总分	20	68	93	82.70	6.914
有效个案数(成列)	19				

表 2.6 显示的是描述统计分析常见的结果,包括变量值的个案数、最小值、最大值、平均值、标准差等信息。在描述统计分析结果中,标准差越小,说明该组数据越趋于稳定。

第二章　SPSS 数据处理与描述性统计分析

三、探索分析

探索性分析是在对数据的性质、分布特点等完全不了解的情况下，对变量进行深入研究的一种描述性统计分析方法。它在一般描述性统计指标的基础上，增加了有关数据其他特征的文字与图形描述，如茎叶图、箱图等，显得更加详细与全面。探索性分析可提供数据分组与不分组情况下的常用统计量和图形。其结果一般以图形方式输出，可以直观地表示出奇异点、非正常值、缺失的数据以及数据自身的特点，还可以进行正态分布检验和方差齐性检验，有助于确定进一步分析的方案。

下面我们仍以表 2.1 中 20 名留学生对 24 项对外汉语课堂有效教学行为的问卷调查数据为例，对男女两组学生的总分进行更详细的探索性分析，并检验总分是否服从正态分布。

（一）探索性分析设置

1. 在 SPSS 中建立上述数据结构，选择菜单栏中的【分析】→【描述统计】→【探索】，弹出【探索】对话框，如图 2.21。

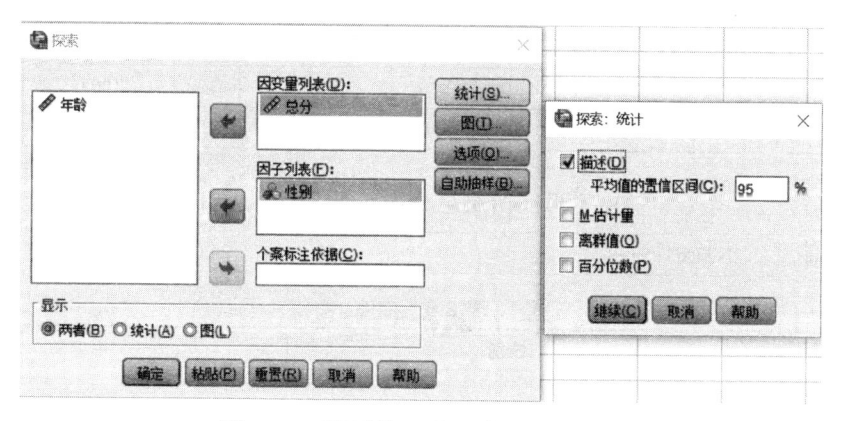

图 2.21　"探索"及其"统计"对话框

2. 选择"总分"进入"因变量列表"框作为待摘要变量，选择

"性别"进入"因子列表"框作为分组变量,在"显示"栏选择"两者都"项。

3. 点击"统计"按钮,打开"探索:统计"对话框,可以勾选其中的复选框,也可以使用默认项"描述",点击"继续"返回到"探索"对话框。

4. 点击"图"按钮,打开"探索:图"对话框,可以使用默认项"箱图"栏中的"因子级别并置","描述图"栏中的"茎叶图",并勾选"含检验的正态图"以及"含莱文检验的分布-水平图"栏中的"转换后",如图点击"继续"返回到"探索"对话框。

5. 点击"探索"对话框中的"确定",完成探索性分析设置。

(二)主要结果及分析

1. 表2.7显示了数据的基本情况,本例中男女两组分别为12例和8例,无缺失数据。

表2.7 个案处理摘要

	性别	个案					
		有效		缺失		总计	
		N	百分比(%)	N	百分比(%)	N	百分比(%)
总分	男	12	100.0	0	0.0	12	100.0
	女	8	100.0	0	0.0	8	100.0

2. 表2.8描述了男女两组总分的统计量,以系统默认的95%置信度表示置信区间。

表2.8 描述

	性别			统计	标准误差
总分	男	平均值		84.75	1.875
		平均值的95%置信区间	下限	80.62	
			上限	88.88	
		5%剪除后平均值		85.06	

续表

性别			统计	标准误差
总分	男	中位数	85.50	
		方差	42.205	
		标准差	6.497	
		最小值	71	
		最大值	93	
		范围	22	
		四分位距	10	
		偏度	−0.705	0.637
		峰度	0.204	1.232
	女	平均值	79.63	2.383
		平均值的95%置信区间 下限	73.99	
		平均值的95%置信区间 上限	85.26	
		5%剪除后平均值	79.92	
		中位数	81.50	
		方差	45.411	
		标准差	6.739	
		最小值	68	
		最大值	86	
		范围	18	
		四分位距	13	
		偏度	−0.993	0.752
		峰度	−0.327	1.481

3. 表2.9是正态性检验结果表，本处分别采用柯尔莫戈洛夫 – 斯米诺夫检验和夏皮洛 – 威尔克检验两种方法来分析变量的正态性分布，表中列出了统计、自由度和显著性三项数据值。一般检验显著性的 α 值取 0.05，显著性值大于 0.05 表示接受原假设。由于表中两种检验方

法的显著性值均大于 0.05，因此接受变量服从正态分布的假设。

表 2.9 正态性检验

	性别	柯尔莫戈洛夫 – 斯米诺夫（V）[a]			夏皮洛 – 威尔克		
		统计	自由度	显著性	统计	自由度	显著性
总分	男	0.108	12	0.200*	0.954	12	0.693
	女	0.213	8	0.200*	0.864	8	0.130

* 这是真显著性的下限。
a 里利氏显著性修正。

4. 表 2.10 是方差齐性检验表，分别是基于平均值、基于中位数、基于中位数并具有调整后自由度、基于剪除后平均值的检验结果。由于表中四种检验方式的显著性均大于 0.05，因此可以确认方差是齐性的。

表 2.10 方差齐性检验

		莱文统计	自由度 1	自由度 2	显著性
总分	基于平均值	0.077	1	18	0.785
	基于中位数	0.005	1	18	0.942
	基于中位数并具有调整后自由度	0.005	1	16.740	0.942
	基于剪除后平均值	0.065	1	18	0.801

5. 图 2.22 是男性被试的总分茎叶图，茎叶图包括频率、茎、叶，茎是整数部分，叶是小数部分。

6. 图 2.23 是男性被试总分的正态 Q-Q 图，从图形上看，数据较好地服从了正态分布，这跟表 2.9 得出的结论相吻合。

```
总分 茎叶图:
性别 = 男

频率    茎 & 叶
1.00    7.1
1.00    7.8
3.00    8.013
4.00    8.5689
3.00    9.123

主干宽度: 10
每个叶: 1个案
```

图 2.22 男性被试的总分茎叶图

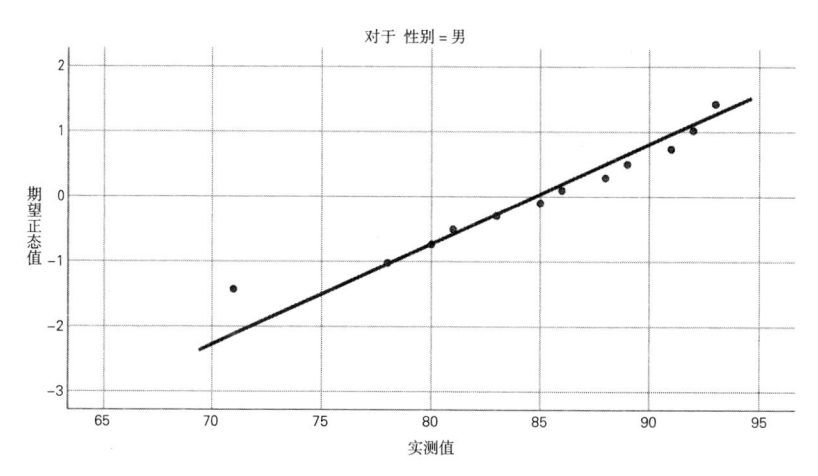

图 2.23 男性被试总分的正态 Q-Q 图

思考题

1. SPSS 数据编辑窗口左下角有"数据视图"和"变量视图"切换标签，这两个窗口各有什么功能？与 Excel 相比，该设计有何不同？这一设计有何优点？
2. 建立 SPSS 数据文件时，可以从哪些方面定义以及如何定义变量的数据结构？
3. 在 SPSS 中，数据文件的整理功能主要通过执行主菜单中的哪些命令来实现？你对这些命令中的哪些功能比较感兴趣？
4. 描述性统计通常用一些描述性统计量来进行分析，这些统计量主要包括哪几种数值？每种数值各有哪些常用的特征值？
5. 请举例说明如何运用描述性统计中的频率分析编制频率分布表和绘制统计图。

6. 请举例说明如何运用描述性统计中的探索性分析方法进行正态分布检验和方差齐性检验。

延伸阅读

邱皓政（2009）《量化研究与统计分析——SPSS 中文视窗版数据分析范例解析》，重庆：重庆大学出版社。

张文彤（2017）《SPSS 统计分析基础教程》（第 3 版），北京：高等教育出版社。

张屹、周平红（2015）《教育研究中定量数据的统计与分析：基于 SPSS 的应用案例解析》，北京：北京大学出版社。

第三章
均值比较、方差分析与非参数检验

第一节 均值比较与 t 检验[①]

统计学中经常通过样本来分析总体,即从样本的观察或试验结果的特征值来对总体的特征进行估计和推断。在总体分布已知(如总体为正态分布)的情况下,对总体包含的参数进行推断的过程叫作参数检验;在总体分布未知的情况下,根据样本数据对总体的分布类型和数据值的大小进行推断的过程叫作非参数检验。参数检验可以针对一个总体进行检验,也可以针对两个总体进行比较,本节讨论的均值比较和 t 检验都在 SPSS "分析"菜单中"比较平均值"子菜单栏中的各项中实现,主要包括三种 t 检验:(1)单样本 t 检验,利用来自某总体的样本数据,推断其平均值与给定检验值之间是否存在显著差异;(2)独立样本 t 检验,利用来自两个总体的独立样本,推断其平均值是否存在显著差异;(3)配对样本 t 检验,利用两组相关样本推断两个总体的平均值是否存在显著差异。至于"比较平均值"菜单中的单因素方差(ANOVA)检验将在下一节方差分析中介绍。

[①] "t 检验""T 检验"使用往往比较随意,本书行文中使用"t 检验",相关软件界面截图保留原貌。

一、单样本 t 检验

（一）基本原理

单样本 t 检验的目的是利用来自某总体的样本数据，推断该总体的平均值与指定的检验值之间是否存在显著性差异，它是对总体平均值的假设检验，分析的前提是样本总体服从正态分布。

单样本 t 检验作为假设检验的一种方法，其基本步骤跟假设检验相同。其零假设为 H_0：总体平均值与指定检验值之间不存在显著差异。该方法采用 t 检验方法，按照下面公式计算 t 统计量：

$$t = \frac{\overline{D}}{S/\sqrt{n}}$$

公式中的 D 是样本平均值与检验值之差；因为总体方差未知，故用样本方差 S 代替总体方差；n 为样本数。在 SPSS 中，软件自动计算 t 值，由于该统计量服从 $n-1$ 个自由度的 t 分布，SPSS 根据 t 分布表给出 t 值对应的相伴概率 P 值。如果相伴概率 P 值小于或等于给定的显著性水平，则拒绝零假设，认为总体平均值与检验值之间存在显著差异。相反，如果相伴概率 P 值大于给定的显著性水平，则不应拒绝零假设，可以认为总体平均值与检验值之间不存在显著差异。

（二）实例分析

【例 3-1】已知某全国性考试的平均成绩为 68 分，现从 A 校中随机抽取 10 名考生的成绩分别为 72、58、92、69、83、88、76、63、79、80。假设该校所有考生的成绩数据成正态分布，要求根据该组数据推断 A 校考生的成绩与全国平均成绩之间是否存在显著性差异。

1. 数据组织。

建立 SPSS 数据文件，只需建立一个变量"成绩"，然后录入上面的数据，并保存。

2. 单样本 t 检验分析设置。

（1）选择菜单栏中的【分析】→【比较平均值】→【单样本 T 检

验】命令，弹出【单样本 T 检验】对话框。

（2）将变量"成绩"添加到"检验变量"框中。

（3）在"检验值"框中输入待检验的值（全国平均成绩）68，以检验样本平均值与该检验值之间有无显著性差异。

（4）点击"选项"打开"单样本 t 检验：选项"对话框，可以设置本次检验的置信区间水平，系统默认值为 95%。

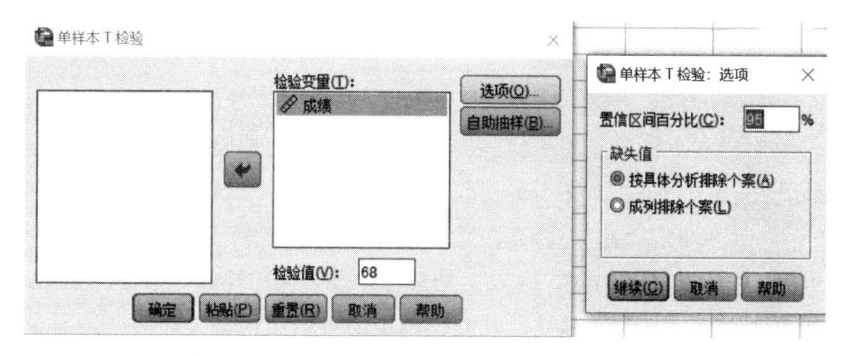

图 3.1 "单样本 t 检验"对话框和"单样本 t 检验：选项"对话框

3．主要结果及分析。

（1）表 3.1 显示了单样本 t 检验的描述性统计量，包括个案数、平均值、标准差和标准误差平均值。

表 3.1 单样本统计量

	个案数	平均值	标准差	标准误差平均值
成绩	10	76.00	10.708	3.386

（2）表 3.2 显示了单样本 t 检验结果，用于比较的检验值为 68，下面从左到右依次为 t 值、自由度、显著性水平、样本平均值与检验值的差值、置信区间的下限和上限。从表中的数值可以看出，显著性水平小于 0.05，所以有理由拒绝原假设，认为 A 校考生的成绩与全国

平均成绩之间存在显著性差异。

表 3.2 单样本检验

	检验值 = 68					
	t	自由度	Sig.（双尾）	平均值差值	差值 95% 置信区间	
					下限	上限
成绩	2.362	9	0.042	8.000	0.34	15.66

二、独立样本 t 检验

（一）基本原理

单样本 t 检验是用来检验样本平均值与给定检验值之间是否存在显著性差异，而独立样本 t 检验是利用来自两个总体的独立样本，推断两个总体的平均值是否存在显著差异。独立样本 t 检验采用比较两组平均值的 t 检验方法，涉及两个总体，要求两组样本必须彼此独立，如果两组样本彼此不独立，需要使用配对样本 t 检验；如果分组不只两个，而是涉及三组及三组以上样本的均值比较则应该使用单因素方差分析（下一节介绍）。独立样本 t 检验的两组样本个案数目可以不同，个案顺序也可以随意调整，但样本来自的两个总体应服从或近似服从正态分布，如果总体明显不服从正态分布，则应该使用非参数检验。

独立样本 t 检验的前提是两个独立的总体分别服从 $N(\mu_x, \sigma_x^2)$ 和 $N(\mu_y, \sigma_y^2)$。在零假设成立的条件下，独立样本 t 检验使用 t 统计量。构造独立样本 t 检验的 t 统计量分为两种情况：

当样本方差相等时，t 统计量定义为：

$$t = \frac{\overline{X_1} - \overline{X_2} - (\mu_1 - \mu_2)}{S_\omega \sqrt{\frac{1}{n_1} + \frac{1}{n_2}}}$$

当样本方差不相等时，t 统计量定义为：

第三章 均值比较、方差分析与非参数检验

$$t = \frac{\overline{X}_1 - \overline{X}_2 - (\mu_1 - \mu_2)}{\sqrt{\frac{S_1^2}{n_1} + \frac{S_2^2}{n_2}}}$$

可见，独立样本 t 检验的结果需要根据两个总体的方差是否相等进行相应统计。这就要求在检验两个总体均值是否相等之前，首先应对两总体的方差是否相等进行检验，即方差齐性检验。在 SPSS 独立样本 t 检验中，系统会自动给出 Leneve 方差齐性检验的结果，然后根据 F 值的显著性水平，在假设方差相等或者假设方差不相等情况下，选择相应的 t 检验结果。

（二）实例分析

【例 3-2】为比较国际汉语教师和外国留学生对有效教师行为的不同评价，随机抽取 10 名国际汉语教师和 10 名外国留学生，请他们对两种教师行为的有效性进行评价，评价标准采用里克特 5 度量表打分，具体数据见表 3.3。假定样本服从正态分布，试比较在置信度为 95% 的情况下，国际汉语教师和外国留学生对这两种教师行为的有效性评价是否有显著性差异。（更复杂和详细的研究实例参见曹贤文、王智，2010）

表 3.3 国际汉语师生对有效教师行为的评价

教师行为 1 的有效性	国际汉语教师	4	3	4	5	4	5	3	4	5
	外国留学生	3	2	4	3	2	3	2	5	4
教师行为 2 的有效性	国际汉语教师	3	3	2	2	1	2	5	4	4	4
	外国留学生	3	2	4	5	1	2	4	2	2	2

1. 数据组织。

根据表 3.3，在 SPSS 数据文件中建立三个变量，分别为"身份""有效教师行为 1""有效教师行为 2"。变量"身份"的值标签为"1-国际汉语学生""2-国际汉语教师"，测量标准为"名义"；变

量"有效教师行为1"和"有效教师行为2"的测量标准都是"标度"。然后录入上面的数据,并保存。

2. 独立样本 t 检验分析设置。

(1)选择菜单栏中的【分析】→【比较平均值】→【独立样本 T 检验】命令,弹出【独立样本 T 检验】对话框。

(2)将变量"有效教师行为1"和"有效教师行为2"添加到"检验变量"框中。

(3)将变量"身份"添加到"分组变量"框中,点击下面的"定义组"按钮。

(4)在"定义组"对话框中,分别在"组1"和"组2"后面的文本框中填入"1"和"2",意思是,当变量取值等于"组1"文本框中的值——1时,将题划为第1组;当变量取值等于"组2"文本框中的值——2时,将题划为第2组。如图3.2所示。点击"继续",回到"独立样本 t 检验"对话框。

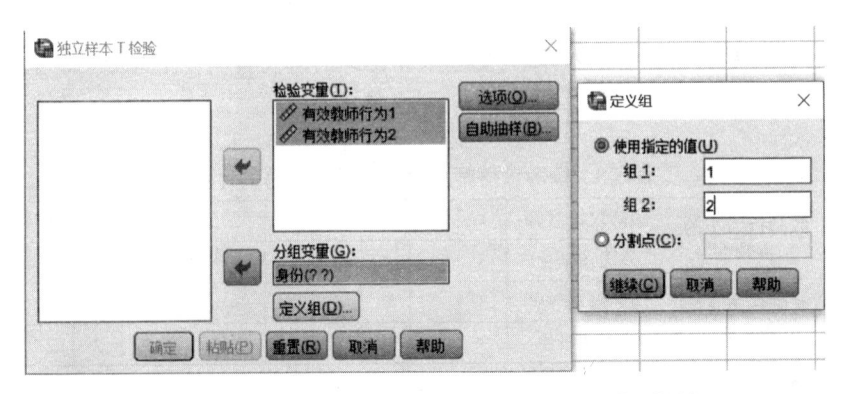

图3.2 "独立样本 t 检验"对话框和"定义组"对话框

(5)点击"选项"打开"独立样本 t 检验:选项"对话框,具体内容及设置与单样本 t 检验相同。

（6）完成以上操作步骤后，点击"确定"按钮，运行结果见表 3.4 和表 3.5。

3. 主要结果及分析。

（1）一般在介绍独立样本 t 检验方法时，只使用两个分组，一个问题变量，但在实际研究中，特别是在应用语言学问卷调查研究中，问卷中含有很多问题。教师组和学生组对这些问题的回答是否存在显著性差异，就需要采用多问题变量的方法，把这些问题都作为"检验变量"进行独立样本 t 检验，所以在本例中，我们选取了两个检验变量"有效教师行为1"和"有效教师行为2"。如果有更多的检验变量，使用方法依次类推。表 3.4 显示了对两个样本组（国际汉语教师和国际汉语学生）的两个问题变量进行独立样本 t 检验的基本描述统计，包括样本个案数、平均值、标准差和标准误差平均值等数据。

表3.4 独立样本 t 检验的基本描述统计量

	身份	个案数	平均值	标准差	标准误差平均值
有效教师行为1	国际汉语教师	10	4.10	0.738	0.233
	国际汉语学生	10	3.10	0.994	0.314
有效教师行为2	国际汉语教师	10	3.00	1.247	0.394
	国际汉语学生	10	2.70	1.252	0.396

（2）表 3.5 显示了独立样本 t 检验结果，表中给出了两种 t 检验结果，分别为在样本方差相等情况下的一般 t 检验结果和在样本方差不相等情况下的校正 t 检验结果。应该从两种 t 检验结果中选取哪一个？这取决于表中的"莱文方差等同性检验"，即方差齐性检验结果。这里采用的是 F 检验，表中第 3 列是 F 统计量的值，第 4 列对应的是概率 P 值。从对第一个问题变量"有效教师行为1"后面的检验数据来看，其 F 值为 0.666，显著性检验 P 值为 0.425。如果显著性水平为 0.05，由于概率 P 值大于 0.05，可以认为两个总体的方差无显著

性差异，即方差具备齐性。

在方差相等的情况下，独立样本 t 检验的结果应该选择表中"假定等方差"一行后面的数据，第 5 列为 t 值，第 6 列为自由度，第 7 列为相应的显著性水平双尾检测概率 P 值，P 值为 0.020，在显著性水平为 0.05 的情况下，P 值小于 0.05，故应该拒绝原假设，认为两组样本的平均值是不相等的，在本例中，即教师组和学生组对"有效教师行为 1"的评价存在显著性差异。

表中"有效教师行为 2"的数据分析与上面对"有效教师行为 1"相似，不同的是对 t 值的显著性检验概率 P 值为 0.598，由于在显著性水平为 0.05 的情况下，这一 P 值大于 0.05，故不应拒绝原假设，因此认为两组样本的平均值是相等的，在本例中，即教师组和学生组对"有效教师行为 2"的评价不存在显著性差异。

表 3.5　独立样本 t 检验结果

		莱文方差等同性检验		平均值等同性 t 检验						
		F	显著性	t	自由度	Sig.（双尾）	平均值差值	标准误差差值	差值 95% 置信区间	
									下限	上限
有效教师行为 1	假定等方差	0.666	0.425	2.554	18	0.020	1.00	0.392	0.177	1.823
	不假定等方差			2.554	16.605	0.021	1.00	0.392	0.172	1.828
有效教师行为 2	假定等方差	0.020	0.890	0.537	18	0.598	0.300	0.559	−0.874	1.474
	不假定等方差			0.537	18.000	0.598	0.300	0.559	−0.874	1.474

三、配对样本 t 检验

（一）基本原理

配对样本 t 检验的目的是检验两个相关样本是否来自相同平均值

的正态总体，即推断两个总体的平均值是否存在显著性差异。配对的概念是指两个样本的各样本值之间存在着对应关系，配对样本的两个样本值之间的配对是一一对应的，这是配对样本 t 检验与独立样本 t 检验的重要差别之一：独立样本 t 检验的两组样本个案数可以不同，而配对样本两组样本的个案数必须相同，因此是配对的，这种配对样本可以是个案在"前""后"不同状态下某属性的两种情况，也可以是某事物两个不同侧面或方面的描述。其差别在于抽样不是相互独立的，而是互相关联的。

例如，考察同一组汉语二语学习者在进行语言互动处理前后对语言修正率的影响是否有显著差异（参见曹贤文、牟蕾，2013a），每个人在互动处理前的语言修正率与互动处理后的语言修正率是相关的，这就是配对样本个案在"前""后"不同状态下某属性的两种情况。再如，为研究重铸和诱导两种语言纠错方式对促进语言习得的影响是否存在显著差异，可以对同一组汉语二语学习者分别随机采用重铸和诱导两种方法进行纠错处理，然后分别测量学习者在受到这两种处理方法后的语言修正率（参见曹贤文、牟蕾，2013a），这就是某事物两个不同侧面或方面的描述。

配对样本 t 检验须求出每对观测值之差，所有样本的观测值之差就形成一个新的样本，如果两个样本的平均值没有显著差异，则样本值之差的平均值就应接近零，这实际上就转换成了一个单样本的 t 检验。所以，配对样本 t 检验就是检验来自总体的差值平均值是否为零，这就要求差值来自的总体服从正态分布。

配对样本 t 检验需要检验两个总体均值是否存在显著性差异，其零假设为 H_0：$\mu_1 - \mu_2 = 0$，其中，μ_1 和 μ_2 分别为第一个总体和第二个总体的平均值。

在配对样本 t 检验中，设 X_{1i}、X_{2i}（$i=1, ..., n$）分别为配对样本。其样本差值 $d_i = X_{1i} - X_{2i}$，此时检验统计量为：

$$t = \frac{\bar{d} - (\mu_1 - \mu_2)}{S/\sqrt{n}}$$

在上述公式中，$\bar{d}$ 为 d_i 的标准差，n 为样本数。当 $\mu_1 - \mu_2 = 0$ 时，t 统计量服从自由度为 $n-1$ 的 t 分布。SPSS 将检验值 μ_0 代入 t 统计量，利用原假设和样本数据，计算 t 统计量并根据 t 的分布函数计算出对应的概率 P 值。当检验统计量的 P 值小于显著性水平时，则拒绝原假设，认为两个总体均值有显著性差异，反之，则没有显著性差异。

（二）实例分析

【例 3-3】随机抽取 15 名被试，让他们在课堂上完成一篇限时写作任务，然后主试与被试进入一对一语言互动环节，主试要求被试就刚刚完成的作文书面表达进行复述。在被试复述过程中，对于被试出现的语言表达错误，主试随机采用重铸和诱导两种方式对被试进行纠正性反馈，整个过程录音。互动结束后，把被试写的作文发还给被试，要求被试自我纠正其中的语言错误。纠错完成后，将材料收回，对被试是否成功纠正错误的情况进行鉴别和统计。两种反馈的即时测试纠错率数据见表 3.6，试比较重铸和诱导两种反馈方式对学习者自我即时纠错率的影响是否存在显著性差异（详细研究过程和结果参见曹贤文、牟蕾，2013a）。

表 3.6

	重铸反馈即时纠正率	诱导反馈即时纠正率
1	0.4545	0.5714
2	0.6667	0.5000
3	0.4286	0.7500
4	0.3000	0.6667
5	0.6250	0.5000
6	0.6250	0.4000
7	0.6667	0.5000
8	0.3333	0.7500
9	0.7500	0.6000
10	0.6250	0.7500
11	0.5000	0.5000
12	0.6000	0.6667
13	0.6000	0.5000
14	0.5714	0.8000
15	0.5000	0.6667

1. 数据组织。

如表 3.6，在 SPSS 数据文件中建立两个变量，分别为"重铸反馈即时纠正率""诱导反馈即时纠正率"。变量的测量标准都是"标度"。然后录入上面的数据,并保存。

2. 配对样本 t 检验分析设置。

(1) 选择菜单栏中的【分析】→【比较平均值】→【成对样本 T 检验】命令,弹出【成对样本 T 检验】对话框。

(2) 将变量"重铸反馈即时纠正率"和"诱导反馈即时纠正率"添加到"配对变量"框中第一对变量中。配对样本 t 检验的分析变量总是成对出现,框中的"配对"下面的1、2等表示一次可以分析多对配对变量,参见图3.3。

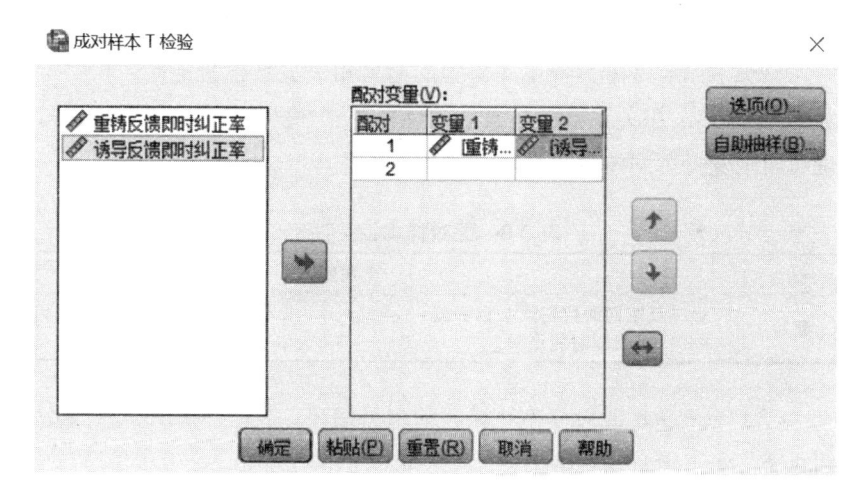

图 3.3 "成对样本 t 检验"对话框

(3) 点击"选项"按钮,打开对话,可以指定置信水平和缺失值的处理方法,这里采用默认值。点击"继续"回到"成对样本 t 检验"对话框。

(4) 完成以上操作步骤后,点击"确定"按钮,运行结果见表3.7—表3.9。

3. 主要结果及分析。

(1) 表3.7显示了配对样本 t 检验的基本描述统计量,包括每一组样本的平均值、个案数、标准差和标准误差平均值等数据。从该对样本的平均值来看,都有一定量的变化,但是否存在显著性差异,需要通过计算相应的 t 统计量来确定。

表 3.7 配对样本统计

		平均值	个案数	标准差	标准误差平均值
配对1	重铸反馈即时纠正率	0.549 747	15	0.127 575 3	0.032 939 8
	诱导反馈即时纠正率	0.608 095	15	0.122 668 7	0.031 672 9

(2) 表3.8是配对样本 t 检验的简单相关关系检验结果。相关系数为 -0.433,相关系数的显著性检验概率 P 值为0.107,大于0.05,说明两个变量之间没有明显的显性相关关系。

表 3.8 配对样本相关性

		个案数	相关性	显著性
配对1	重铸反馈即时纠正率 & 诱导反馈即时纠正率	15	-0.433	0.107

(3) 表3.9是配对样本 t 检验的最终结果,变量"重铸反馈即时纠正率"与"诱导反馈即时纠正率"的差值的平均值为 $-0.058\ 347\ 8$,差值的标准差和标准误差平均值分别为 0.211 856 5 和 0.054 701 1,差值95%置信区间的下限、上限分别为 $-0.175\ 670\ 0$ 和 0.058 974 4。配对检验结果表明 t 值为 -1.067,自由度为14,Sig.(双尾)检验概率 P 值为0.304,在显著性水平为0.05时,0.304大于0.05,因此,可以接受原假设,认为两个变量之间的差别不具有显著性差异,即重铸和诱导两种反馈方式对学生的即时纠错率影响没有显著性差异。

表 3.9 配对样本检验

		配对差值					t	自由度	Sig.(双尾)
		平均值	标准差	标准误差平均值	差值 95% 置信区间				
					下限	上限			
配对1	重铸反馈即时纠正率 & 诱导反馈即时纠正率	-0.058 347 8	0.211 856 5	0.054 701 1	-0.175 670 0	0 058 974 4	-1.067	14	0.304

第二节 方差分析

前一节介绍的 t 检验可以用来解决两样本间均值比较的问题，但在研究中常需要对两个以上总体的均值进行比较。例如，多种教学方法对教学效果的影响，不同互动纠错方式对形式学习的效果，语言学能、学习动机、学习策略、教学方法等因素对学习成就的影响，等等。如果采用 t 检验的方式进行两两比较，随着总体数目的增多，这种方法产生的统计误差和其他弊端就会越来越明显。例如，当有 k 个总体均值进行比较时，需比较 $[k(k-1)]/2$ 次，多次检验，程序烦琐，而且误差估计的精确度会受到损失，两两检验的方法会随着 k 的增加而大大增加犯 α 错误的概率。因此，需要引入另一种统计分析方法——方差分析。

一、概述

方差分析（analysis of variance，简称 ANOVA）最早是由英国统计学家 R. A. Fisher 提出的，用于检验两组及两组以上样本平均值（组间或组内变量间）的差别是否具有统计学意义。

（一）方差分析的基本概念

方差分析有三个基本的概念：因素、水平、观测变量。

因素，也称因子，是影响观测变量变化的客观或人为条件，是可能对因变量产生影响的自变量。例如，不同的被试群体、教学方法、处理方式等都是因素。在方差分析中，因素常常是某个或多个离散型的分类变量。如果方差分析只针对一个因素进行，称为单因素方差分析；如果方差分析同时针对多个因素进行，称为多因素方差分析。

水平是因素的具体表现，即因素的不同类别或不同设置值。因素的每一个水平可以看作一个总体。例如，被试群体的不同类型、教学方法的不同类别、处理方式的不同形式或不同刺激方式等都是因素的水平表现。

观测变量是进行方差分析研究的对象，即因变量。例如，接受教学处理后的学习成绩或语言产出表现就是观测变量。根据观测变量的个数，可将方差分析分为单变量方差分析和多变量方差分析；根据因素个数，可分为单因素方差分析和多因素方差分析。在 SPSS 中，有单因素多变量方差分析（ANOVA）（位于"比较平均值"菜单下）、单变量多因素方差分析（GLM Univariate）（位于"一般线性模型"菜单下）、多变量多因素方差分析（GLM Multivariate）（位于"一般线性模型"菜单下）等不同方差分析方法，以适用于不同的案例分析。

如果一个因素的效应大小在另一个因素不同水平下明显不同，则称两因素间存在交互作用。

（二）方差分析的原理

方差分析研究的是分类性自变量对数值型因变量的影响，比如它们之间有无关系、关系的强度如何等。从因变量的观测值来看，可能会受到多种因素的影响而产生误差。误差的来源主要有两种：随机误差和系统误差。由于统计样本是随机抽取的，由样本的随机性造成的因变量观测值的误差叫随机误差；由于自变量自身特点的影响而造成的因变量观察值的误差叫系统误差。上述数据误差可以通过方差反映出来。衡量同一水平下样本数据的误差称为组内误差，不同水平下样本数据的误差称为组间误差，组内误差只包含随机误差，组间误差包含系统误差和随机误差。

方差分析依据的基本原理就是方差的可分解原则。作为一种统计方法，方差分析把实验数据的总变异分解为由组内变异和组间变异两部分组成。如果因变量观测数据的总变异是由自变量处理效应造成的，那么组间变异在总变异中应该占较大比例。方差分析就是通过比较组间变异和组内变异哪一个大，从而得出组间变异是否显著的结论。

方差分析对观测变量各总体的分布有两个基本假设：（1）观测变量各总体应服从正态分布；（2）观测变量总体的方差彼此无显著性差异，即方差具有齐性。基于这两个基本假设，方差分析对各总体分布是否有显著差异的推断就转化为对各总体均值是否存在显著差异的推断。根据统计学原理，组间差均方和组内差均方的比值构成 F 分布。给定显著性水平，通过与 F 分布统计量的概率 P 值做比较，从而推断出总体均值是否存在显著性差异。

二、单因素方差分析

（一）基本原理

单因素方差分析用来研究一个控制变量的不同水平是否对观察变量产生显著性影响，由于仅研究单个因素对观测变量的影响，故称为单因素方差分析。例如，不同的教育背景是否对汉语二语学习造成影响，不同国家和地区的 HSK 成绩是否有显著差异等。单因素方差分析是检验由单一因素影响的多组样本中某因变量的平均值是否有显著性差异的问题。如果各组之间存在显著性差异，则说明这个因素（分类变量）对因变量有显著影响，是由于因素的不同水平影响到因变量的观测值。

采用方差分析，应当满足三个条件：（1）在各个水平下的观察对象是独立随机抽样，即具有独立性；（2）各个水平的因变量服从正态分布，即具有正态性；（3）各个水平下的总体具有相等的方差，即具有方差齐性。

根据方差分析原理，总的变异平方和记为 SST，它分为两部分：一部分由控制变量引起的离差，记为 SSA（组间 between groups 离差平方和）；另一部分由随机变量引起的离差，记为 SSE（组内 within groups 离差平方和）。用公式表示为：

SST（总的离差平方和）= SSA（组间离差平方和）+ SSE（组内离差平方和）

如果在总的离差平方和中，组间离差平方和所占比例较大，说明观测变量的变动主要是由因素的不同水平引起的，可以主要由因素的变动来解释，系统性差异给观测变量带来了显著影响；反之，如果组间离差平方和所占比例很小，说明观测变量的变动主要是由随机变量引起的。

作为一种假设检验，方差分析的基本步骤与前一节介绍的 t 检验基本一致，只是方差分析采用的统计推断方法是计算 F 统计量，进行 F 检验。F 值的计算公式比较复杂，不过 SPSS 自动计算 F 检验统计量和相伴概率 P 值，若 P 值小于等于显著性水平 α，则拒绝原假设，认为因素的不同水平对观测变量产生显著影响；反之，接受零假设，认为因素的不同水平没有对观测变量产生显著影响。

（二）实例分析

【例3-4】随机选取相同汉语水平的 30 名学生分成 3 组，每组采用一种教学方法进行教学，一段时间以后进行汉语测试，测试成绩如表 3.10 所示，比较三种教学方法的效果有无不同。

表 3.10　三种教学方法处理后的学习成绩测试数据

方法 A	89	96	93	83	85	90	87	80	91	88
方法 B	86	93	75	80	90	87	83	85	89	79
方法 C	81	87	69	78	74	82	84	79	80	76

1. 数据组织。

根据表 3.10，在 SPSS 数据文件中建立两个变量，分别为"教学方法"和"学习成绩"。变量"教学方法"的值标签为 1-方法 A、2-方法 B、3-方法 C。"教学方法"的测量标准为"名义"；变量"学习成绩"的测量标准都是"标度"。然后录入上面的数据，并保存。

2. 单因素方差分析设置。

（1）选择菜单栏中的【分析】→【比较平均值】→【单因素 ANOVA 检验】命令，弹出【单因素 ANOVA 检验】对话框。

（2）将单因素方差分析的观测变量添加到"因变量列表"框，如果因变量有多个，可以同时选择添加，SPSS 就分别对各因变量进行单因素方差分析。本例中选择"学习成绩"变量。

（3）将因素变量（即控制变量或者自变量）添加到"因子"框。由于进行的是单因素方差分析，所以只能选择一个因素变量。本例中选择"教学方法"变量。如图 3.4 所示。

（4）点击"选项"按钮，弹出"单因素 ANOVA 检验：选项"对话框，在"统计"选项下选择"描述"和"方差齐性检验"。"描述"选项表示要求输出各种描述统计量；"方差齐性检验"选项表示要求用莱文统计量进行方差齐性检验，检查方差齐性是方差分析的前提。另外选择对话框中间的"平均值图"，即表示输出平均值分布图。如图 3.5 所示。

（5）如点击"对比"按钮，叮弹出"单因素 ANOVA 检验：对比"对话框。该对话框有两个用途：对平均数的变动趋势进行检验，定义基

应用语言学定量研究方法与实例解析

图 3.4 "单因素 ANOVA 检验"对话框

于研究目的需要的某些精确参数并进行对比。应用语言学研究中一般不需要使用该对话框。本例中无须设置。

（6）点击"事后比较"按钮，弹出"单因素 ANOVA 检验：事后多重比较"对话框。该对话框主要用于定义多重比较的检验方法。与前面"单因素 ANOVA 检验：选项"对话框中选择"方差齐性检验"一致，本例在"假定等方差"下面选择"LSD"复选框。另外，"显著性水平"保留默认值 0.05。如图 3.6 所示。

（7）完成以上操作步骤后，回到"单因素 ANOVA 检验"对话框，点击"确定"按钮，运行结果见表 3.11—表 3.14 和图 3.7。

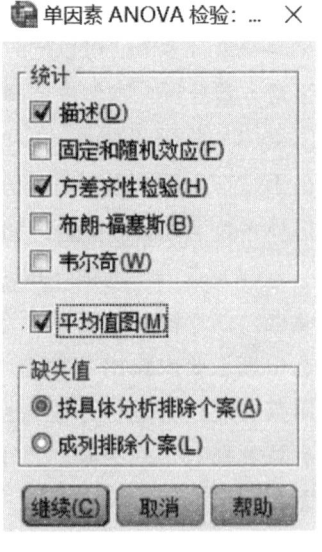

图 3.5 "单因素 ANOVA 检验：选项"对话框

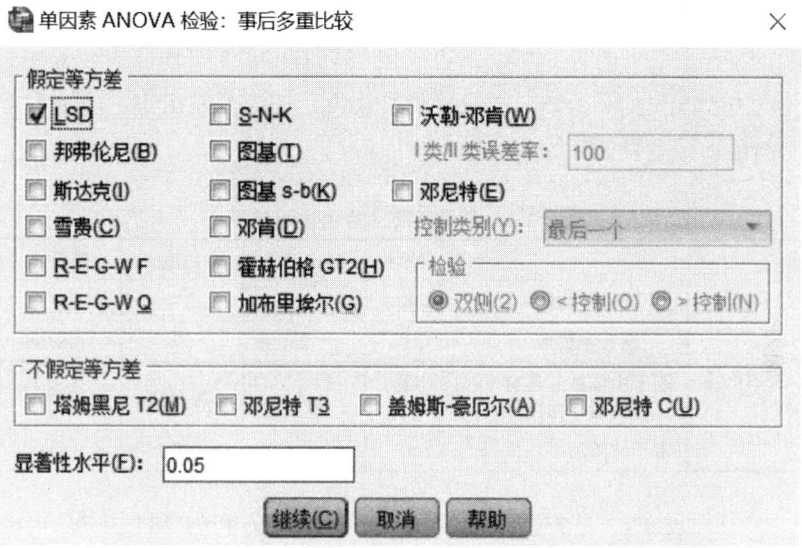

第三章 均值比较、方差分析与非参数检验

图 3.6 "单因素 ANOVA 检验：事后多重比较"对话框

3. 主要结果及分析。

（1）表 3.11 显示了单因素方差分析的基本描述统计量，包括三种学习方法分组样本的个案数、平均值、标准差、标准误差、平均值的 95% 置信区间、最小值和最大值等数据。

表 3.11 描述统计量表（学习成绩）

	个案数	平均值	标准差	标准误差	平均值的 95% 置信区间		最小值	最大值
					下限	上限		
方法 A	10	88.20	4.733	1.497	84.81	91.59	80	96
方法 B	10	84.70	5.519	1.745	80.75	88.65	75	93
方法 C	10	79.00	5.142	1.626	75.32	82.68	69	87
总计	30	83.97	6.283	1.147	81.62	86.31	69	96

（2）表 3.12 是单因素方差分析的方差齐性检验结果。方差齐性检验的零假设为：方差相等。从表 3.12 可以看出基于平均值的显著性水平为 0.846，大于 0.05，故应接受零假设，认为方差相等，满足方差分析的前提条件。

表 3.12　方差齐性检验（学习成绩）

		莱文统计	自由度 1	自由度 2	显著性
学习成绩	基于平均值	0.168	2	27	0.846
	基于中位数	0.133	2	27	0.876
	基于中位数并具有调整后自由度	0.133	2	26.600	0.876
	基于剪除后平均值	0.160	2	27	0.853

（3）表 3.13 是方差检验的结果。组间平方和为 431.267，自由度为 2，均方为 215.633；组内平方和为 713.700，自由度为 27，均方为 26.433。F 值为 8.158，由于组间比较的显著性 P 值 0.002 < 0.05，故应拒绝零假设，说明三种教学方法对学习成绩的影响具有显著性差异。

表 3.13　方差检验（ANOVA）结果（学习成绩）

	平方和	自由度	均方	F	显著性
组间	431.267	2	215.633	8.158	0.002
组内	713.700	27	26.433		
总计	1 144.967	29			

（4）表 3.14 的数据显示了方差分析事后检验多重比较的结果，分别对三种教学方法的效果进行了两两比较。从中可以看出，方法 A 与方法 B 之间不存在显著性差异，但方法 C 与另外两种方法之间都存在显著性差异。

表 3.14 多重比较（LSD）

（I）教学方法	（J）教学方法	平均值差值（I-J）	标准误差	显著性	95% 置信区间	
					下限	上限
方法 A	方法 B	3.500	2.299	0.140	−1.22	8.22
	方法 C	9.200*	2.299	0.000	4.48	13.92
方法 B	方法 A	−3.500	2.299	0.140	−8.22	1.22
	方法 C	5.700*	2.299	0.020	0.98	10.42
方法 C	方法 A	−9.200*	2.299	0.000	−13.92	−4.48
	方法 B	−5.700*	2.299	0.020	−10.42	−0.98

* 平均值差值的显著性水平为 0.05。

（5）图 3.7 为三种教学方法作用下学习成绩平均值折线图，可以比较直观地看出平均值的分布情况。

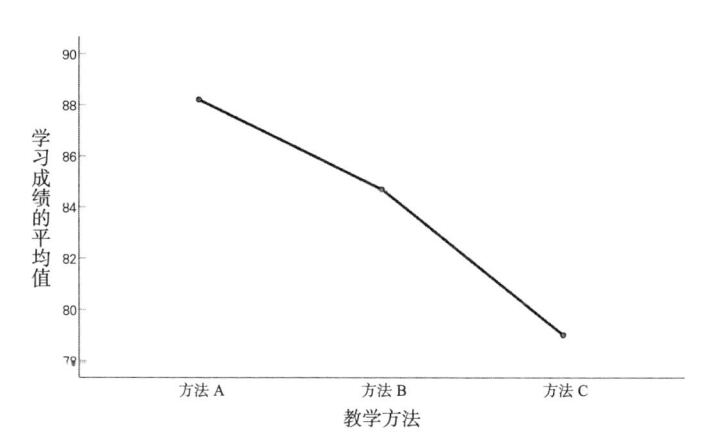

图 3.7　三种教学方法作用下学习成绩平均值折线图

三、多因素方差分析

（一）基本原理

单因素方差分析是研究一个自变量对观察变量产生的影响，多因素方差分析用来研究两个及两个以上的自变量是否对观察变量产生显著性影响。多因素方差分析不仅能够分析多个因素对观察变量的影响，也能够分析多个自变量的交互作用对观察变量的影响，进而找到有利于观测量的最优组合。例如，对学习成绩进行分析时，不仅要考虑教学方法和学习策略都会影响学习成绩，同时某种教学方法和某种学习策略可能存在交互作用，对学习成绩产生特别的影响。

由于多因素方差分析中观察变量不仅要受到多个因素独立作用的影响，而且因素的交互作用和一些随机因素都会对变量产生影响。因此观测变量值的波动会受到多个自变量独立作用、自变量交互作用及随机因素等三方面的影响。以两个自变量为例，多因素方差分析的观测变量总离差平方和可以表示为：

$$SST=SSA+SSB+SSAB+SSE$$

多因素方差分析仍然采用 F 检验，其零假设是 H_0：各因素不同水平下观测变量的平均值无显著差异。SPSS 自动计算 F 值，并依据 F 分布表给出相应的概率 P 值。根据相伴概率 P 值和显著性水平 α 的大小关系就可以判断各因素的不同水平对观测变量是否产生了显著性影响。

（二）实例分析

【例3-5】随机选取相同汉语水平的30名学生分成3组，男生和女生各若干名，每组采用一种教学方法进行教学，一段时间以后进行汉语测试（测试成绩同例3-4中的表3.10），试研究这三组不同性别的同学（分别接受了三种不同的教学方法）在汉语成绩上是否有显著差异，数据见表3.15。

1. 数据组织。

根据表3.15，在 SPSS 数据文件中建立三个变量，分别为"组别""性别"和"成绩"。变量"组别"和"成绩"的数据类型为"数值"，变量"性别"的数据类型为"字符串"。变量"组别"的值标签为 1-方法 A、2-方法 B、3-方法 C。变量"组别"和"性别"的测量标准为"名义",变量"成绩"的度量标准都是"标度"。然后录入上面的数据,并保存。

表 3.15　三组不同教学方法和不同性别学生的成绩数据

学生	组别	性别	成绩	学生	组别	性别	成绩	学生	组别	性别	成绩
1	1	m	89	11	2	f	86	21	3	f	81
2	1	f	96	12	2	m	93	22	3	f	87
3	1	m	93	13	2	m	75	23	3	m	69
4	1	m	83	14	2	f	80	24	3	m	78
5	1	f	85	15	2	f	90	25	3	f	74
6	1	f	90	16	2	m	87	26	3	f	82
7	1	m	87	17	2	f	83	27	3	f	84
8	1	f	80	18	2	m	85	28	3	m	79
9	1	f	91	19	2	f	89	29	3	f	80
10	1	m	88	20	2	m	79	30	3	m	76

2．多因素方差分析设置。

(1)选择菜单栏中的【分析】→【一般线性模型】→【单变量】命令,弹出【单变量】对话框。

(2)将单变量方差分析的观测变量添加到"因变量"框,在单变量方差分析中只能选一个而且是数值型的变量("一般线性模型"中的"多变量"方差分析中则可以选多个因变量进行分析)。本例中选择"成绩"变量。

(3)将因素变量(即控制变量或者自变量)添加到"固定因子"框。由于进行的是多因素方差分析,所以可以选择多个变量。本例中选择"组别"和"性别"变量。如图 3.8 所示。

(4)点击"选项"按钮,弹出"单变量:选项"对话框。在"单变量:选项"对话框中的"显示"复选框中选择"描述统计"和"齐性检验"。"描述统计"选项表示要求输出各种描述统计量;"齐性检验"选项表示要求用莱文统计量进行方差齐性检验,由于方差分析要求不同组别数据方差相等,故需要进行方差齐性检验。另外,"显著性水平"保留默认值 0.05。如图 3.9 所示。

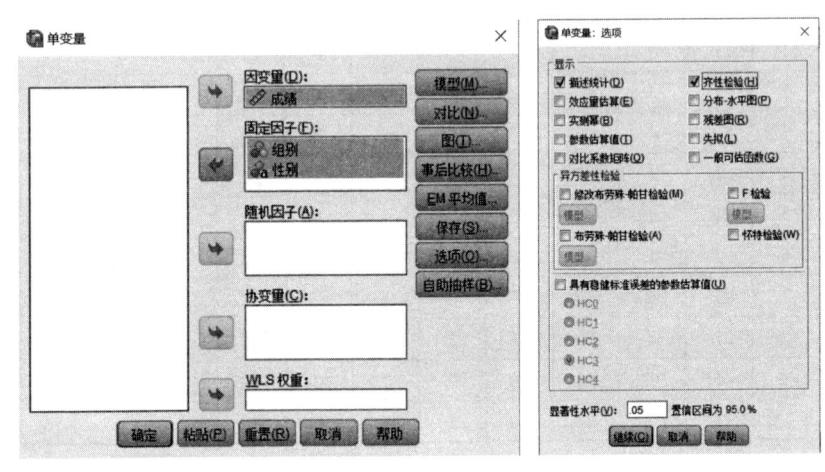

图 3.8 "单变量"对话框

图 3.9 "单变量:选项"对话框

(5)点击"EM 平均值"按钮,弹出"单变量:估算边际平均值"对话框。在"因子与因子交互"框中列出了可选的控制变量及其交互作用,选择其中的(OVERALL)添加到右边的"显示下列各项的平均值"框,表示对所有控制变量及其交互作用都计算其样本平均值。如图 3.10 所示。

(6)通过上面的步骤可以判断两个控制变量的不同水平是否对观察变量产生了显著影响,但如果控制变量有三个或三个以上不同水平,要进一步了解不同组别两两之间的平均值差别,就要进行控制变量的多重比较分析(这与前面的单因素方差分析是一致的)。点击"事后比较"按钮,弹出"单变量:实测平均值的事后多重比较"对话框，选择需要进行比较分析的控制变量。本例中只有"组别"变量有三个水平，所以选择"组别"变量添加到"下列各项的事后检验"列表框，再选择一种"假定等方差"的检验模型，本例可选"LSD"。如图 3.11 所示。

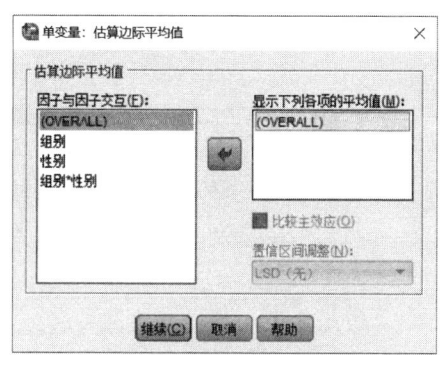

图 3.10 "单变量：估算边际平均值"对话框

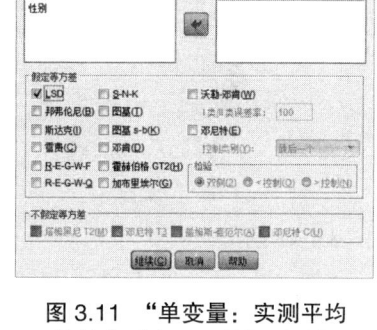

图 3.11 "单变量：实测平均值的事后多重比较"对话框

（7）如点击"模型"按钮，可弹出"单变量：模型"对话框。该对话框主要用来定义方差分析的模型。本例中用默认的全因子模型。

（8）点击"对比"按钮，弹出"单变量：对比"对话框。该对话框可以对各个控制变量的不同水平进行对比分析。本例中可选"组别"也可选"性别"，本处我们选"性别"为例。选择"性别"，然后

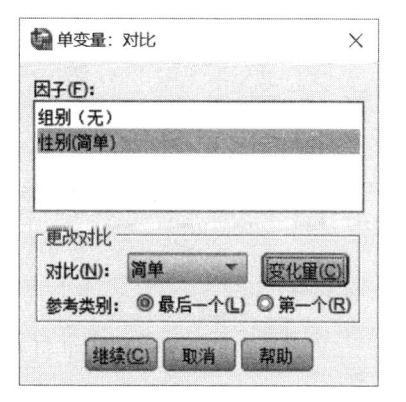

图 3.12 "单变量：对比"对话框

在"对比"框后选择"简单"，点击"变化量"按钮进行确认。"参考类别"则用"最后一个"默认选择。如图 3.12 所示。

（9）点击"图"按钮，弹出"单变量：轮廓图"对话框。该对话框可以用轮廓图的形式直观显示各因素间有无交互作用。如果检验的控制变量的图形相交，则认为有交互作用，反之，则无。将"组别"和"性别"分别添加到"水平轴"和"单图"框后，再点击"添加"按钮添加到下方的框中。"图表类型"可选默认的折线图，"置信区间"也都选择默认设置。如图 3.13 所示。

（10）完成以上操作步骤后，回到"单因素分析"对话框，点击"确定"按钮，运行结果见表 3.16—表 3.21 和图 3.14。

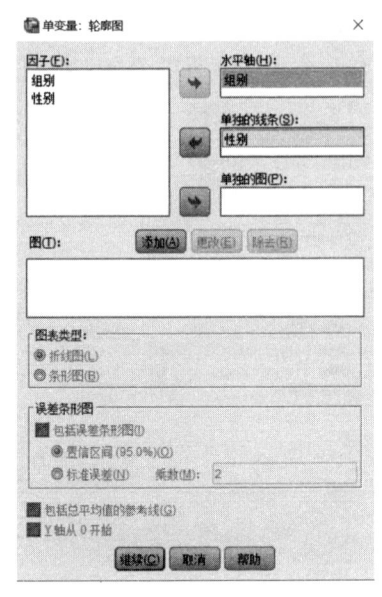

图 3.13 "单变量：轮廓图"对话框

3．主要结果及分析。

（1）表 3.16 显示了各控制变量的分组情况。

表 3.16　分组描述主体间因子

		值标签	个案数
组别	1	方法 A	10
	2	方法 B	10
	3	方法 C	10
性别	f		16
	m		14

（2）表 3.17 显示了各个组别成绩的描述统计量。

表 3.17　成绩分组描述统计量（因变量：成绩）

组别	性别	平均值	标准差	个案数
方法 A	f	88.40	6.107	5
	m	88.00	3.606	5
	总计	88.20	4.733	10
方法 B	f	85.60	4.159	5
	m	83.80	7.014	5
	总计	84.70	5.519	10
方法 C	f	81.33	4.367	6
	m	75.50	4.509	4
	总计	79.00	5.142	10
总计	f	84.87	5.500	16
	m	82.93	7.141	14
	总计	83.97	6.283	30

（3）表 3.18 显示的是方差齐性检验结果。P 值为 0.519，大于 0.05，故可以认为各组总体方差是相等的，满足方差检验的前提条件。

表 3.18　误差方差的莱文等同性检验

		莱文统计	自由度1	自由度2	显著性
成绩	基于平均值	0.865	5	24	0.519
	基于中位数	0.524	5	24	0.756
	基于中位数并具有调整后自由度	0.524	5	19.774	0.755
	基于剪除后平均值	0.860	5	24	0.522

检验"各个组中的因变量误差方差相等"这一原假设。
a. 因变量：成绩。
b. 设计：截距 + 组别 + 性别 + 组别 * 性别。

（4）表 3.19 显示了多因素方差分析的主要结果。根据表中数据，不同组别（教学方法）的贡献离差平方和为 479.852，均方为 239.926；不同性别的贡献离差平方和为 53.042，均方为 53.042，这说明教学方法比性别的影响大。从 F 检验的 P 值来看，组别 P 值为 0.001，小于 0.05，说明不同组别（教学方法）对成绩的影响显著；性别 P 值为 0.166，组别 * 性别 P 值为 0.485，均大于 0.05，说明性别以及组别和性别的交互作用对成绩的影响都不显著。

表 3.19 主体间效应检验（因变量：成绩）

源	III 类平方和	自由度	均方	F	显著性
修正模型	521.433[a]	5	104.287	4.014	0.009
截距	207 649.535	1	207 649.535	7 992.498	0.000
组别	479.852	2	239.926	9.235	0.001
性别	53.042	1	53.042	2.042	0.166
组别 * 性别	38.782	2	19.391	0.746	0.485
误差	623.533	24	25.981		
总计	212 657.000	30			
修正后总计	1 144.967	29			

a. R 方 =0.455（调整后 R 方 =0.342）。

（5）表 3.20 显示了"性别"变量的均值比较结果（在"单变量：对比"对话框中设置），P 值为 0.166，显示不同性别对成绩的影响不显著。

表 3.20 "性别"变量的均值比较对比结果（K 矩阵）

性别简单对比[a]		因变量：成绩
级别 1 与级别 2	对比估算	2.678
	假设值	0
	差值（估算 − 假设）	2.678

续表

性别简单对比 [a]		因变量：成绩
级别 1 与级别 2	标准误差	1.874
	显著性	0.166
	差值的 95% 置信区间 下限	−1.190
	差值的 95% 置信区间 上限	6.546

a. 参考类别 =2。

（6）表 3.21 显示了"组别"变量两两比较结果（在"单变量：实测平均值的事后多重比较"对话框中设置）。该表的分析同本章表 3.14。

表 3.21 "组别"变量多重比较（成绩 LSD）

(I)组别	(J)组别	平均值差值(I−J)	标准误差	显著性	95% 置信区间 下限	95% 置信区间 上限
方法 A	方法 B	3.50	2.279	0.138	−1.20	8.20
	方法 C	9.20*	2.279	0.000	4.50	13.90
方法 B	方法 A	−3.50	2.279	0.138	−8.20	1.20
	方法 C	5.70*	2.279	0.020	1.00	10.40
方法 C	方法 A	−9.20*	2.279	0.000	−13.90	−4.50
	方法 B	−5.70*	2.279	0.020	10.40	−1.00

基于实测平均值。
误差项是均方（误差）=25.981。
* 平均值差值的显著性水平为 0.05。

（7）图 3.14 直观地显示了本例中两个控制变量对观测变量的交互作用图，从图中可以看出两因素不相交，说明没有交互作用的影响，这与表 3.19 的分析结果是一致的。

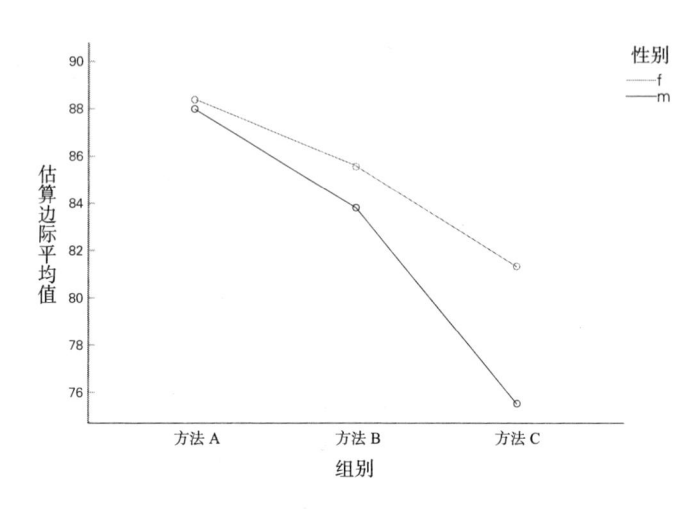

图 3.14　控制变量交互作用折线图

第三节　非参数检验

前两节介绍的统计分析方法都属于参数检验，即在总体分布情况已知或者假定总体分布的条件下，对总体分布的参数如平均值、方差等进行推断的方法。然而，在实际研究中，由于种种原因，可能无法获知总体分布情况或者不一定很了解总体的分布类型，此时参数检验的方法就不适用，而需采用另一种分析方法——非参数检验（nonparametric test），即在总体参数未知或知之甚少的情况下，利用样本数据对总体分布形式或特征进行推断的方法。由于这种检验方法在推断过程中不涉及有关总体分布的参数，因而得名"非参数检验"。

非参数检验是统计分析方法的重要组成部分，它与参数检验共同构成统计推断的基本内容。与参数检验的原理相同，非参数检验过程也是先根据问题提出原假设,然后利用统计学原理构造出适当的统计量,最后利用样本数据计算统计量的概率 P 值,并与显著性水平 α 值进行比较,得出拒绝或者接受原假设的结论。

与参数检验相比,非参数检验具有以下优点:(1)对总体一般不做过多的假定,任何分布都可以用非参数检验;(2)有广泛的适用性,结果稳定性较好;(3)针对几乎所有类型的数据形态。非参数检验也有一些缺点:(1)非参数检验主要处理定序数据,如果是可以用参数检验的定距数据,转化为非参数检验的定序和定类数据,可能会浪费一些信息,使得非参数检验的精确度不如参数检验;(2)如果大部分数据分布比较集中,但存在少数非常大或者非常小的极端值,此时采用非参数检验就不能完全覆盖信息。鉴于非参数检验具有这些特点,如果条件允许,最好使用参数检验;如果条件达不到参数检验的要求,再选择非参数检验。

SPSS 统计软件中提供的非参数检验方法主要有以下八种:(1)卡方检验,(2)二项检验,(3)游程检验,(4)单样本 K-S 检验,(5)2 个独立样本检验,(6)K 个独立样本检验,(7)2 个相关样本检验,(8)K 个相关样本检验。这八种检验方法可以分成两类,前四种方法通常用来作分布的拟合优度检验,即检验样本所在总体是否服从某个已知的理论分布。后四种方法通常用于分布位置检验,即检验样本所在总体的分布位置或形态是否相同。在 SPSS 较早的版本中,上述八种非参数检验方法位于"分析"菜单中的"非参数检验"子菜单中,在 SPSS18.0 之后的版本中,"非参数检验"子菜单将这八种方法重新分为了"单样本""独立样本"和"相关样本"三种,同时保留了低版本"旧对话框"放置原有的八种非参数检验方法供用户使用。

本节根据"非参数检验"子菜单的新分类,分别从单样本非参数检验、独立样本非参数检验和相关样本非参数检验三个部分各选择一种典型的非参数检验方法结合实例进行介绍。

一、单样本非参数检验

单样本非参数检验是使用一个或者多个非参数检验方法对单个总体的分布形态等进行推断分析,无须待检验的数据呈正态分布。SPSS 单样本非参数检验方法包括卡方检验、二项检验、K-S 检验、Wilcoxon 符号秩检验和游程检验五种。本节重点介绍卡方检验。

卡方检验是以 χ^2 分布为基础的一种假设检验方法,主要用于分类变量,根据样本数据推断总体的分布与期望分布或某一理论分布是否有显著差异,或推断两个分类变量是否相关或相互独立。其原假设为:

H_0:观察频数与期望频数没有差别

SPSS 自动计算出卡方统计量,如果卡方的概率 P 值小于显著性水平 α,则应拒绝原假设;否则,不应拒绝原假设。卡方统计量由英国统计学家 Karl Pearson 首次提出,故被称为皮尔逊卡方(Pearson χ^2)。

(一)卡方的拟合优度检验

卡方的拟合优度检验用于检验观测数据是否与指定概率分布的数值相符合,进而推断该观测数据是否来自该分布的样本。

【例 3-6】某位研究者提出在汉语综合课教学活动中,讲解、操练和纠错三类教学活动的比例应该为 2:6:2。为了了解该比例是否符合教学活动的实际,这位研究者调查了 6 位优秀教师共 300 分钟的课堂教学实况。通过对录像材料的分析,发现在这 6 位优秀教师 300 分钟的课堂教学活动中,实际讲解、操练和纠错三类教学活动的时间分别为 87 分钟、165 分钟和 48 分钟,试分析这位研究者提出的教学活动的理想比例与优秀教师在课堂上的实际活动比例是否存在显著差异。

1. 数据组织。

根据上例中的数据,在 SPSS 数据文件中建立两个变量,分别为"教学活动"和"时间分配",两个变量的度量标准分别为"名义"和"标度"。以 A、B、C 分别代表讲解、操练和纠错三种活动,然后录入上面的数据,并保存。如表 3.22 所示。

第三章 均值比较、方差分析与非参数检验

表 3.22 例 3-6 数据

	教学活动	时间分配
1	A	87
2	B	165
3	C	48

2．单样本非参数检验设置。

选择菜单栏中的【分析】→【非参数检验】→【单样本】命令，弹出【单样本非参数检验】对话框。该对话框有三个选项卡："目标""字段"和"设置"。在"目标"选项卡上选择"定制分析"；在"字段"选项卡上，将"教学活动"添加到"检验字段"框；在"设置"选项卡上，左上角有三个选择项目：选择检验、检验选项和用户缺失值。其设置如下：①"选择检验"：选择"定制检验"及其下面的"比较实测概率和假设概率（卡方检验）"，如图 3.15 所示。然后

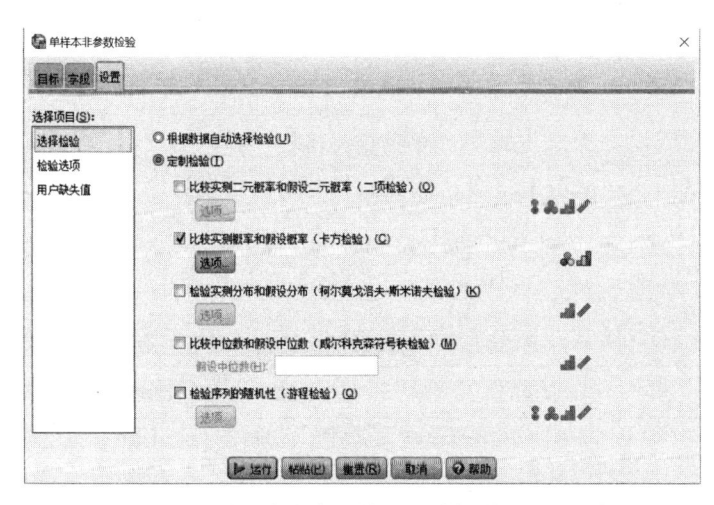

图 3.15 "单样本非参数检验：选择检验"对话框

点击其下面的"选项"按钮,打开"卡方检验项"对话框,按如图 3.16 所示设置"定制期望概率"。②"检验选项"和"用户缺失值"用于设置置信区间、显著性水平、缺失值的处理等,本例中保持默认值即可。

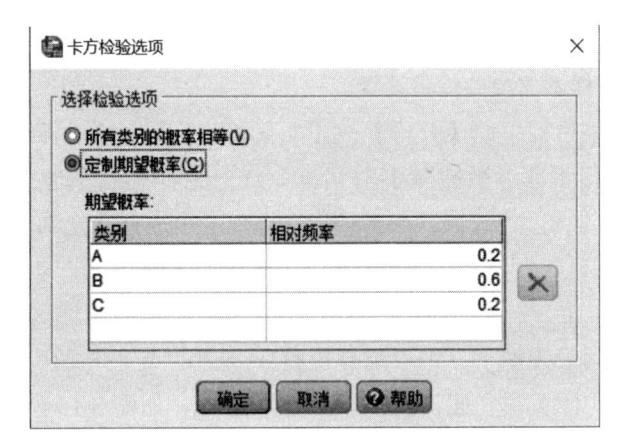

图 3.16 "卡方检验选项"对话框

3. 运行结果及分析。

完成以上操作步骤后,单击图 3.15"运行"按钮,运行结果如表 3.23 所示。从表 3.23 分析的假设检验结果可以看出,P 值为 0.000,小于 0.05,说明应拒绝原假设,应该认为这位研究者提出的教学活动的理想比例与优秀教师在课堂上的实际活动比例存在显著差异。

表 3.23 卡方检验的假设检验摘要

	原假设	检验	显著性	决策
1	教学活动的类别以指定概率出现	单样本卡方检验	0.000	拒绝原假设

显示了渐进显著性。显著性水平为 0.050。

表 3.24 则列出了单样本卡方检验摘要的具体数据。

表 3.24　单样本卡方检验摘要数据

总计 N	300
检验统计	15.800[a]
自由度	2
渐进显著性（双侧检验）	0.000

a. 共有 0 个期望值小于 5 的单元格（0%）。最小期望值为 60。

（二）卡方的交叉表检验

卡方拟合优度检验只是针对若干类别的一个名义变量，在实际研究中，常常需要对两个或多个名义变量进行检验，以判断两个分类变量是否相互独立及其相关程度如何，这就需要采用卡方的交叉表检验。

【例 3-7】某位教师想研究采取书面批注和口头面批两种作文批改方法对学生的错误纠正率有没有影响。他对学生作文中出现的 120 个错误分别采取了书面批注和口头面批两种方式进行批改，然后对学生能否纠正这些错误进行了测试，具体数据如表 3.25 所示。试分析该教师书面批注和口头面批两种方法与学生纠错效果之间的关系。

1. 数据组织。

根据上例中的数据，在 SPSS 数据文件中建立三个变量，分别为"批改方式""纠错效果"和"数量"，前两个变量的测量标准都为"名义"，后一个变量的测量标准为"标度"。"批改方式"变量的值标签 1＝口头面批，2＝书面批注；"纠错效果"变量的值标签 1＝已成功纠正，2＝未成功纠正。如表 3.25 所示。

表 3.25　例 3-7 数据

	批改方式	纠错效果	数量
1	1	1	34
2	1	2	20
3	2	1	27
4	2	2	39

2. 卡方交叉表检验设置。

（1）选择菜单栏中的【分析】→【描述统计】→【交叉表】命令，弹出【交叉表】对话框。按如图 3.17 所示进行设置。

（2）点击图 3.17 中"统计"按钮，打开"交叉表：统计"对话框。该对话框用于确定检验方法及要输出的统计量。选择"卡方"选项，如图 3.18 所示。然后点击"继续"回到"交叉表"对话框，本例中其他选项按钮都采用默认选项，点击"确定"，输出数据。

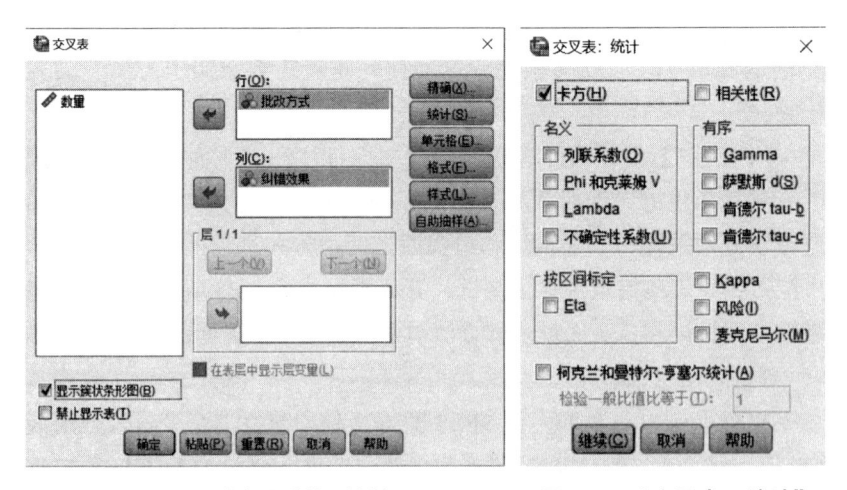

图 3.17 "交叉表"对话框　　图 3.18 "交叉表：统计"对话框

3. 主要结果及分析。

（1）表 3.26 是本例数据的 2×2 交叉表，可以看出两种批改方式与两种纠错效果的交叉关系。

第三章 均值比较、方差分析与非参数检验

表 3.26 批改方式 * 纠错效果交叉表

		纠错效果		总计
		已成功纠正	未成功纠正	
批改方式	口头面批	34	20	54
	书面批注	27	39	66
总计		61	59	120

（2）表 3.27 是本例数据的卡方检验结果，共使用了五种检验方法，计算的统计量主要包括检验值、自由度、双侧渐进显著性、双侧精确显著性、单侧精确显著性。从表中数据可以看出，各种检验方法的显著水平都小于 0.05，所以有理由拒绝原假设，认为两种批改方式在纠错效果上存在显著差异。

表 3.27 卡方检验结果

	值	自由度	渐进显著性（双侧）	精确显著性（双侧）	精确显著性（单侧）
皮尔逊卡方	5.780[a]	1	0.016		
连续性修正[b]	4.931	1	0.026		
似然比	5.832	1	0.016		
费希尔精确检验				0.018	0.013
线性关联	5.732	1	0.017		
有效个案数	120				

a. 0 个单元格（0.0%）的期望计数小于 5。最小期望计数为 26.55。
b. 仅针对 2×2 表进行计算。

二、独立样本非参数检验

独立样本非参数检验是在对总体分布不太了解的情况下，通过对两组或多组独立样本的分析，推断来自两个或多个总体的分布是否存在显著性差异的方法。SPSS 提供了多种独立样本非参数检验的方法，主要包括 Mann-Whitney U 检验、K-S 检验、W-W 游程检验、Moses

极端反应检验、Kruskal-Wallis 单因素 ANOVA 检验、Jonckheere-Terpstra 检验和中位数检验等七种,其中前四种检验是针对两个独立样本的非参数检验,后三种是针对 K 个(多个)独立样本的非参数检验。

上述七种非参数检验均属于假设检验,其原假设均为:

H_0: 几组样本来自的独立分布总体无显著性差异

经过检验,如果计算的相伴概率 P 值小于显著性水平 α,则应拒绝原假设,认为这几组样本来自的独立分布总体有显著性差异,即不是同一分布;否则不应拒绝原假设,认为这几组样本来自同一总体。

【例 3-8】表 3.28 是某个语言项目 10 名外国成人留学生和 10 名外国非成人留学生的汉语考试成绩,试判断这两类留学生的成绩是否存在显著性差异。

表 3.28　例 3-8 数据

成人学生	94	88	92	88	92	85	94	90	93	81
非成人学生	95	94	79	93	82	80	89	75	90	96

1. 数据组织。

根据上例中的数据,在 SPSS 数据文件中建立两个变量,分别为"成绩"和"学习者"。"成绩"变量的测量标准都为"标度","学习者"的度量标准为"名义",标签值 1= 成人学生、2= 非成人学生。将上述两组成绩数据作为一列输入到"成绩"栏,并在"学习者"栏输入相应的标签值。

2. 独立样本的非参数检验设置。

(1) 选择菜单栏中的【分析】→【非参数检验】→【独立样本】命令,弹出【非参数检验:两个或两个以上的独立样本】对话框。

(2) "非参数检验:两个或两个以上的独立样本"对话框有三个选项卡,在"目标"选项卡上选择"定制分析";在"字段"选项卡上,将"成绩"添加到"检验字段"框,将"学习者"添加到"组框;在"设置"选项卡上,左上角有三个选择项目:选择检验、检验选项和用户缺失值。其设置如下:①"选择检验"中的"定制检验"复选框中列出了独立样本非参数检验的七种主要检验方法,左列四种方法用于两个独立样本的非参数检验,右列三种用于 K 个独立样本的非参数检验,本例选择左列四种方法,如图 3.19 所示。②"检验选项"和"用户缺失值"用于设置置信区间、显著性水平、缺失值的处理等,本例中保持默认值即可。

3. 运行结果及分析。

完成以上操作步骤后,单击图 3.19"运行"按钮,运行结果如表 3.29 所示。因为在"设置"选项卡中选择了四种检验方法,所以在数据摘要中输出了四种检验方法的检验结果。从摘要数据可以看出,四种检验方法的 P 值都大于 0.05,说明应接受原假设,即认为该教学项目中的成人学习者和非成人学习者的汉语成绩没有显著性差异。

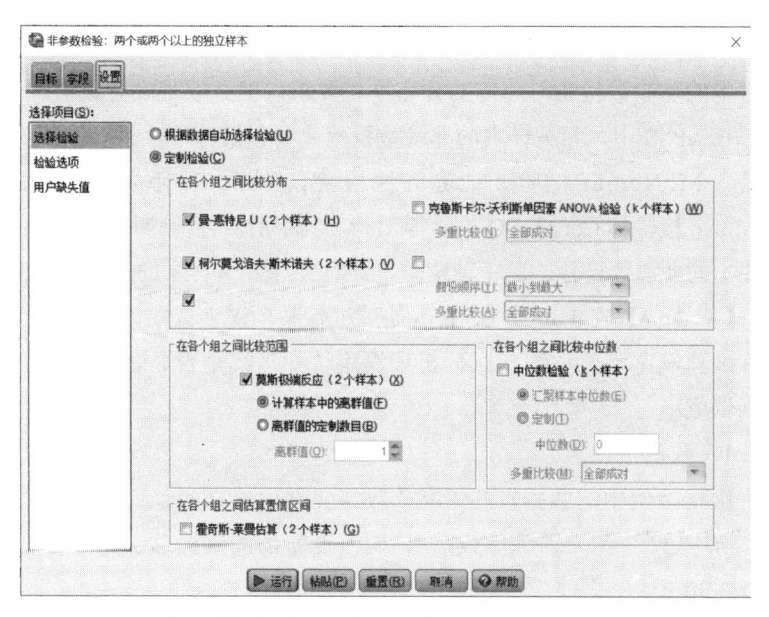

图 3.19 "非参数检验:两个或两个以上的独立样本"对话框

表 3.29　假设检验摘要

	原假设	检验	显著性	决策
1	在学习者的类别中，成绩的分布相同	独立样本瓦尔德－沃尔福威茨游程检验	0.872[a]	保留原假设
2	在学习者的类别中，成绩的范围相同	独立样本莫斯极端反应检验	0.185[a]	保留原假设
3	在学习者的类别中，成绩的分布相同	独立样本曼－惠特尼 U 检验	0.796[a]	保留原假设
4	在学习者的类别中，成绩的分布相同	独立样本柯尔莫戈洛夫－斯米诺夫检验	0.759	保留原假设

显示了渐进显著性。显著性水平为 0.050。
a. 对于此检验，显示了精确显著性。

三、相关样本非参数检验

与独立样本非参数检验不同，相关样本非参数检验一般用于对同一研究对象分别给予两种或多种不同处理或者处理前后的效果比较，以此来推断不同处理之间有无显著差别，或者某种处理是否有效。相关样本的非参数检验对总体的分布不做要求，但必须是成对数据。

在 SPSS 中，相关样本的非参数检验主要包括符号检验、Wilcoxon 检验、McNemar 检验、边际齐性检验、Kendall 协同系数检验、Friedman 检验和 Cochran Q 检验等七种，其中前四种检验是针对两个相关样本的非参数检验，后三种检验是针对 K 个相关样本的非参数检验。

【例 3-9】表 3.30 是对 10 名被试进行某项汉字认知训练前后的两次标准化汉字测试成绩，试分析该汉字认知训练是否显著地提高了汉字测试成绩。

1. 数据组织。

根据上例中的数据，在 SPSS 数据文件中建立两个变量，分别为"训练前成绩"和"训练后成绩"，两个变量的测量标准都为"标度"。如表 3.30 所示，输入数据并保存。

第三章 均值比较、方差分析与非参数检验

表 3.30 例 3-9 数据

	训练前成绩	训练后成绩
1	86	95
2	88	94
3	82	79
4	73	93
5	70	82
6	85	89
7	84	89
8	70	75
9	86	90
10	81	96

2．相关样本的非参数检验设置。

（1）选择菜单栏中的【分析】→【非参数检验】→【相关样本】命令，弹出【非参数检验：两个或两个以上的相关样本】对话框。

（2）"非参数检验：两个或两个以上的相关样本"对话框有三个选项卡，在"目标"选项卡上选择"定制分析"；在"字段"选项卡上，将"训练前成绩"和"训练后成绩"添加到"检验字段"框；在"设置"选项卡上，左上角有三个选择项目：选择检验、检验选项和用户缺失值。其设置如下：①"选择检验"中的"定制检验"复选框中列出了相关样本非参数检验的主要检验方法，分别适用于不同的相关样本非参数检验条件。本例待检验的变量为两个连续变量，故选用两个样本的符号检验、威尔科克森（Wilcoxon）匹配对符号秩检验和估算置信区间的霍奇斯－莱曼（Hodges-Lehman），如图 3.20 所示。②"检验选项"和"用户缺失值"用于设置置信区间、显著性水平、缺失值的处理等，本例中保持默认值即可。

3．运行结果及分析。

完成以上操作步骤后，单击图 3.20 "运行"按钮，运行结果如表 3.31 所示。因为在"设置"选项卡中选择了两种检验方法，所以在数据摘要中输出了两种检验方法的检验结果。从摘要数据可以看出，两种检验方法的 P 值都小于 0.05，说明拒绝原假设，即认为该汉字认知训练对汉字测试成绩有显著性影响。

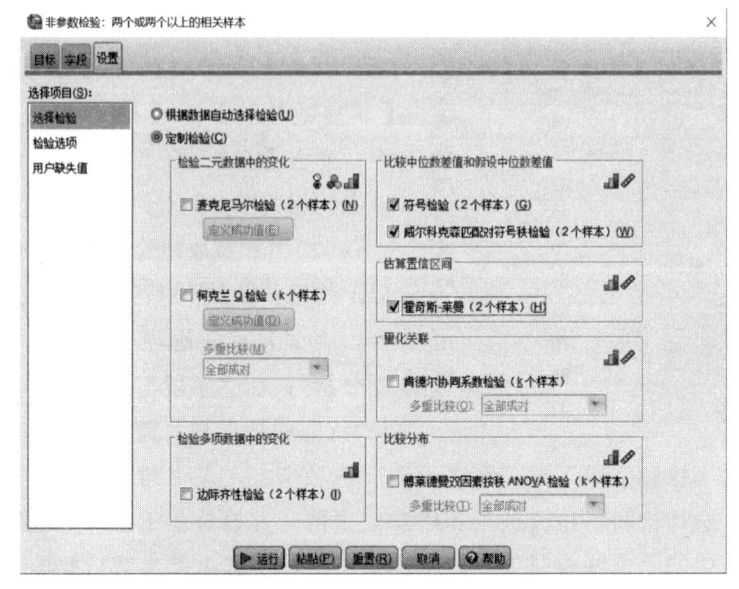

图 3.20 "非参数检验：两个或两个以上的相关样本"对话框

表 3.31　两个相关样本非参数假设检验摘要

	原假设	检验	显著性	决策
1	训练前成绩与训练后成绩之间的差值的中位数等于 0	相关样本符号检验	0.021[a]	拒绝原假设
2	训练前成绩与训练后成绩之间的差值的中位数等于 0	相关样本威尔科森符号秩检验	0.007	拒绝原假设

显示了渐进显著性。显著性水平为 0.050。
a. 对于此检验，显示了精确显著性。

思考题

1. 推断性分析中的比较平均值通常包括哪几种检验方法？这些

检验方法适用的条件有何差异？
2. 请举例说明如何操作 SPSS 中的独立样本 t 检验，以及如何对统计分析结果进行解释。
3. 方差分析通常包括哪几种分析类型？它们之间有何不同？
4. 请举例说明如何操作 SPSS 中的多因素方差分析，以及如何对统计分析结果进行解释。
5. 与参数检验相比，非参数检验具有哪些优点和缺点？
6. 请举例说明如何操作 SPSS 中的卡方拟合优度检验和交叉表检验，以及如何对统计分析结果进行解释。

延伸阅读

　　冯丽萍、高晨阳（2020）输入方式及语篇位置对汉语二语学习者句法启动效应的影响研究，《语言教学与研究》第 4 期。

　　工萍丽、江宇豪、李彦霖（2021）语言水平与汉语交际策略使用的相关性研究，《华文教学与研究》第 2 期。

　　吴勇毅、段伟丽（2016）后方法时代的教师研究：不同认知风格的汉语教师在课堂教学策略运用上的差异，《语言教学与研究》第 2 期。

第四章
相关分析与回归分析

第一节 相关分析

一、概述

（一）相关分析的概念

相关分析（correlation analysis）是研究变量之间是否存在某种相互依存关系，并对具有依存关系的变量，探讨其相关的方向和程度的一种统计分析方法。

变量之间的依存关系可分为两种：一种是变量间存在完全确定性的依存关系——函数关系，另一种是变量间存在不完全确定的依存关系——相关关系。

1. 函数关系。函数关系指事物或现象之间存在严格确定的数量依存关系，其主要特征是它的确定性，即当变量 x 取某个数值时，变量 y 依确定的关系取相应的值，则称 y 是 x 的函数，用函数式表示为：$y=f(x)$，其中 x 为自变量，y 为因变量。例如，圆的周长 C 对于半径 r 的依存关系就是函数关系：$C=2\pi r$，该式中圆半径为自变量，圆周长为因变量。

2. 相关关系。相关关系指变量间存在的不严格确定的数量依存关系，变量之间虽然相互影响，具有依存关系，但彼此之间是不能一一对应的，即当变量 x 取某个值时，变量 y 的取值可能有多个，其函数公式可以表示为：$y=f(x)+\varepsilon$（随机因素）。存在相关关系的变量称为相关变量。例如，学生的外语学习成绩与学习动机、语言学能、学习观念、学习策略之间存在的相关关系，这种关系不能像函数关系那样用一个确定的数学函数来描述。

（二）相关关系的类型

1. 根据所涉变量的多少，相关关系可分为单相关和复相关。单相关指一个变量与另一个变量之间的相关关系，例如，学习观念和学习策略之间、口语成绩和阅读成绩之间的相关关系。复相关指一个变量与另一组变量之间的相关关系，例如，语言成绩与学习动机、语言学能、学习时间等之间的关系，汉语阅读成绩与汉字成绩、词汇成绩、语法成绩之间的关系等。

2. 根据相关程度的不同，相关关系可分为完全相关、不完全相关（包括高度相关、显著相关和低度相关）和无相关。当一个变量的变化完全由另一个变量的变化所确定时，称为变量之间完全相关。完全相关情况下的相关关系实际上就是函数关系，故可把函数关系视为相关关系的特例。

3. 根据变量值变动方向的趋势，相关关系可分为正相关和负相关。当两个变量趋于同一个方向变化时，呈现的是正相关关系；当两个变量趋于相反方向变化时，呈现的是负相关关系。

4. 根据变量关系的形态，相关关系可分为线性相关和非线性相关。线性相关也叫直线相关，指两个变量的变化值大致按照一定的比例发生变化，两个变量的散点图近似落在一条直线附近；非线性相关也叫曲线相关，即两个变量存在相关趋势，但并非是线性的，而是呈现各种可能的曲线趋势，变量之间的散点图接近于一条曲线。

（三）相关系数

简单相关分析是研究两个变量之间关联程度的统计方法，它主要是通过计算简单相关系数来反映变量之间关系的强弱。相关系数是在线性相关条件下，以数值方式精确地反映相关程度以及相关方向的统计分析指标，相关系数一般可以通过计算得到。作为样本相关系数，常用字母 r 表示；作为总体相关系数，常用字母 ρ 表示。

相关系数的数值范围介于 -1 与 1 之间（$-1 \leqslant r \leqslant 1$），一般取小数点后两位数字来表示，以便比较精确地描述其相关程度。两个变量之间的相关程度用相关系数 r 的绝对值表示，其绝对值越接近于 1，表明两个变量的相关程度越高；其绝对值越接近于 0，表明两个变量相关程度越低。如果其绝对值等于 1，则表示两个变量完全线性相关。如果其绝对值为 0，则表示两个变量完全不相关。

相关关系的方向通过相关系数 r 所带的符号来表示，当 $0 < r \leqslant 1$ 时，r 前带"＋"表示正相关；当 $0 > r \geqslant -1$ 时，r 前带"－"表示负相关。在使用相关系数时应该注意下面的几个问题：（1）相关系数只是一个比率值，并不具备与相关变量相同的测量单位；（2）相关系数 r 受变量取值区间大小及样本数目多少的影响比较大；（3）来自不同群体且不同质的事物的相关系数不能进行比较；（4）对于不同类型的数据，计算相关系数的方法也不相同。变量间的线性相关关系和相关系数可用下面的简图表示。

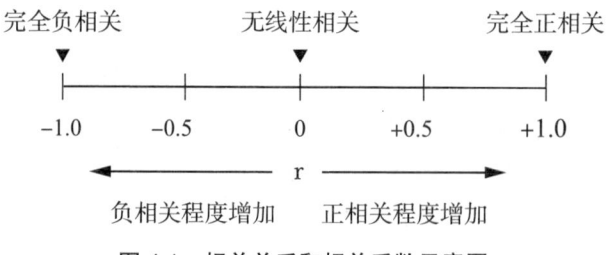

图 4.1 相关关系和相关系数示意图

根据变量的不同类型和线性相关系数计算方法的不同，常用的相关系数主要包括 Pearson（皮尔逊）简单相关系数、Spearman（斯皮尔曼）等级相关系数和 Kendall（肯德尔）秩相关系数等。其中，Pearson 相关系数适用于等间隔测度，所以连续变量之间的相关性常用 Pearson 相关系数来测定；定序变量的相关性常用 Spearman 相关系数或者 Kendall 相关系数来测定。

1. Pearson 简单相关系数。

Pearson 相关系数是最简单最常用的相关系数，也称为积差相关系数，适用于测量间隔尺度变量之间的线性相关关系。例如，输入频率与习得成绩、词汇复现率与词汇学习效果等变量间的线性相关关系。需要注意的是 Pearson 相关系数仅适用于线性相关的情形，对于曲线相关等更为复杂的情形，系数的大小并不能代表其相关性的强弱。利用相关系数 r 的大小可以判断变量间相关关系的密切程度，通常当相关系数 r 的绝对值小于 0.3 时，表示不相关或微弱相关；r 的绝对值介于 0.3 至 0.5 时，表示低度相关；r 的绝对值介于 0.5 至 0.8 时，表示显著相关；r 的绝对值大于 0.8 时，表示高度相关。具体见表 4.1 所示。

表 4.1 Pearson 相关系数显示的相关程度

相关系数 r 的值	线性相关程度
$|r|=0$	完全不相关
$0 < |r| \leqslant 0.3$	微弱相关
$0.3 < |r| \leqslant 0.5$	低度相关
$0.5 < |r| \leqslant 0.8$	显著相关
$0.8 < |r| < 1$	高度相关
$|r|=1$	完全相关

对 Pearson 简单相关系数的统计检验是计算 t 统计量，t 统计量服从 $n-2$ 个自由度的 t 分布。SPSS 会自动计算 r 统计量和 t 值，并

依据 t 分布表给出其对应的相伴概率 P 值（P 值小于 0.05 说明显著相关，P 值小于 0.01 说明高度相关）。

2．Spearman 等级相关系数。

在进行相关分析时，有时会遇到一些不适宜采用 Pearson 相关系数的情况，如变量的测量尺度不是间隔尺度而是顺序尺度，变量的总体分布不详等，这时就不适合使用 Pearson 相关系数来测量相关关系。

如果两个变量的值是以顺序尺度表示的数据，或者一个变量的值是顺序尺度数据，另一个变量的值是等距或等比数据，且两个总体并不一定呈正态分布，样本容量 n 不一定大于 30，这时两个变量之间的相关性可以通过计算 Spearman 等级相关系数进行分析。Spearman 等级相关系数用来度量顺序尺度变量间的线性相关关系，也称为等级相关系数，它是利用两变量的秩次大小做线性相关分析。从 Spearman 等级相关适用条件可以看出，等级相关的应用范围要比积差相关广泛，它的突出优点是对数据的总体分布、样本大小都不做要求，但缺点是计算精度不高。

Spearman 相关系数的设计思想与 Pearson 相关系数完全相同，唯一不同之处是在计算 Spearman 等级相关系数时，由于数据不是定距数据，因此无法直接采用原始数据而是利用数据的秩进行计算。SPSS 会自动计算 Spearman 等级相关系数 r、检验统计量和相伴概率 P 值。

3．Kendall 秩相关系数。

Kendall 秩相关系数是用于反映分类变量相关性的指标，适用于两个变量均为有序分类的情况。这种指标采用非参数检验方法测度变量间的相关关系。它利用变量的秩计算一致对数目 U 和非一致对数目 V。当一致对数目 U 较大、非一致对数目 V 较小时，说明两变量具有较强的正相关；当一致对数目 U 较小、非一致对数目 V 较大时，说明两变量具有较强的负相关；当一致对数目 U 和非一致对数目 V 接近时，两变量相关性较弱。SPSS 会自动计算它的相关系数、检验统

计量和相伴概率 P 值。

二、两变量相关分析

【例 4-1】为了分析汉语阅读成绩与汉字测试成绩之间的相关性，随机抽样了 12 名学生进行汉语阅读测试和汉字测试，数据如表 4.2 所示。试分析两项成绩之间的相关性。

表 4.2　12 名学生的汉语阅读成绩和汉字成绩数据

阅读成绩	89	78	65	93	72	95	52	84	85	73	69	76
汉字成绩	82	86	70	89	82	90	60	77	91	65	66	75

1. 数据组织。

根据表 4.2，在 SPSS 数据文件中建立两个变量，分别为"阅读成绩"和"汉字成绩"，两个变量的测量标准都是"标度"。然后录入上面的数据，并保存。

2. 两变量相关分析设置。

（1）选择菜单栏中的【分析】→【相关】→【双变量】命令，弹出【双变量相关性】对话框。

（2）将"阅读成绩"和"汉字成绩"添加到"变量"框；"相关系数"复选框中采用默认的"皮尔逊"；"显著性检验"采用默认的"双尾"，并采用默认的"标记显著相关性"。如图 4.2 所示。

（3）点击"选项"按

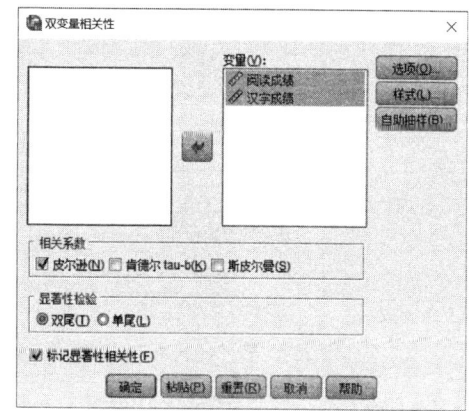

图 4.2　"双变量相关性"对话框

钮，弹出"双变量相关性：选项"对话框，选中"统计量"下的"平均值和标准差""叉积偏差和协方差"，计算结果中将输出这些数据。如图4.3所示。

（4）完成以上操作步骤后，回到"双变量相关性"对话框，点击"确定"按钮，运行结果见表4.3和表4.4。

3. 主要结果及分析。

（1）表4.3显示了描述统计的平均值、标准差和个案数。

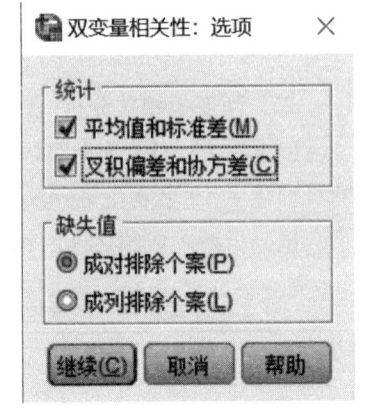

图4.3 "双变量相关性：选项"对话框

表4.3 描述统计

	平均值	标准差	个案数
阅读成绩	77.58	12.464	12
汉字成绩	77.75	10.618	12

（2）表4.4是相关分析的主要结果。从表中数据可以看出，相关系数为0.841，显著性检验 P 值为0.001，小于0.01，说明阅读成绩和汉字成绩高度正相关。

表4.4 相关性

		阅读成绩	汉字成绩
阅读成绩	皮尔逊相关性	1	0.841**
	Sig.（双尾）		0.001
	平方和与叉积	1 708.917	1 223.750
	协方差	155.356	111.250
	个案数	12	12

续表

		阅读成绩	汉字成绩
汉字成绩	皮尔逊相关性	0.841**	1
	Sig.（双尾）	0.001	
	平方和与叉积	1 223.750	1 240.250
	协方差	111.250	112.750
	个案数	12	12

** 在 0.01 级别（双尾），相关性显著。

三、偏相关分析

两变量相关分析是计算两个变量之间的相互关系，分析两个变量间线性关系的程度。但现实中，事物之间的联系可能存在于多个主体之间，往往因为第三个变量的作用使得相关系数不能真实反映两个变量间的线性相关程度。这就决定了两变量相关分析的不精确性，即不能完全反映两个变量之间的纯相关关系。

例如，研究外国小学生汉语学习成绩与课堂学习时间、课外学习时间的关系。假设课堂学习时间和课外学习时间同时增加有利于汉语学习成绩的提高，但对于外国小学生汉语课堂学习时间与课外学习时间可能负相关。在这种情况下，课堂学习时间增加对提高成绩有利，但课堂学习时间增加伴随着课外学习时间减少对提高成绩不利，因此为了正确反映课堂学习时间与汉语成绩之间的相关关系，必须将课外学习时间固定，消除其带来的影响。

偏相关分析就是在控制其他变量的线性影响，或者说扣除了其他因素的作用以后，重新测量两个因素间的线性关联程度，因此也称作净相关分析。偏相关分析采用的工具是偏相关系数，根据偏相关系数，可以判断哪些自变量对因变量的影响较大，从而选择作为必须考虑的自变量。

【例 4-2】为了分析某个国家某地区小学生汉语学习成绩与课堂学习时间、课外学习时间的关系。从该地区随机抽取了 12 名外国小学生的数据，如表 4.5 所示。试分析学习成绩与课堂时间、课外时间两个因素的关系。

表 4.5　12 名学生学习成绩、课堂时间和课外时间数据

学习成绩	89	78	65	93	72	95	52	84	85	73	69	76
课堂时间（周小时）	6.5	4.0	3.5	10.0	4.5	4.5	4.0	5.0	7.0	5.5	3.5	6.0
课外时间（周小时）	4.5	3.5	4.0	2.0	3.0	7.0	1.0	4.0	5.0	2.5	3.5	1.5

1. 数据组织。

根据表 4.5，在 SPSS 数据文件中建立三个变量，分别为"学习成绩""课堂时间"和"课外时间"，三个变量的测量标准都是"标度"。然后录入上面的数据，并保存。

2. 偏相关分析设置。

（1）选择菜单栏中的【分析】→【相关】→【偏相关】命令，弹出【偏相关性】对话框。

（2）将"学习成绩"和"课堂时间"添加到"变量"框中，将"课外时间"添加到"控制"框中，其他设置同"例 4-1"，如图 4.4 所示。

（3）点击"选项"按钮，弹出"偏相关性：选项"对话框，选中"统计"下的"零阶相关

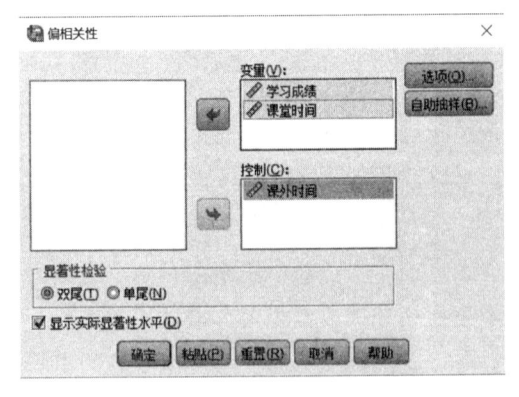

图 4.4　"偏相关性"对话框

性"。选择"零阶相关性"表示最终计算结果中将输出无控制条件下的简单变量相关分析数据,以便跟偏相关分析结果进行比较。如图 4.5 所示。

3．主要结果及分析。

表 4.6 显示了偏相关的统计结果,上面是无控制变量条件下的简单双变量相关分析结果(零阶相关性分析)。数据显示,"学习成绩"与"课堂时间"和"课外时间"的简单相关系数分别为

图 4.5 "偏相关性:选项"对话框

0.611 和 0.585,显著性检验 P 值分别为 0.035 和 0.046,小于 0.05,说明"学习成绩"与"课堂时间"和"课外时间"在 0.05 水平上显著相关。

表 4.6 下面的数据显示了偏相关统计分析结果,从中可以看出,当"课外时间"为控制变量时,"学习成绩"与"课堂时间"的关系非常密切,偏相关系数达到 0.873,显著性检测 P 值为 0.000,小于 0.01,说明"学习成绩"与"课堂时间"在 0.01 水平上高度相关。

表 4.6 相关性

控制变量			学习成绩	课堂时间	课外时间
-无-[a]	学习成绩	相关性	1.000	0.611	0.585
		显著性(双尾)	.	0.035	0.046
		自由度	0	10	10
	课堂时间	相关性	0.611	1.000	−0.151
		显著性(双尾)	0.035	.	0.640
		自由度	10	0	10

续表

控制变量			学习成绩	课堂时间	课外时间
课外时间	课外时间	相关性	0.585	−0.151	1.000
		显著性（双尾）	0.046	0.640	.
		自由度	10	10	0
	学习成绩	相关性	1.000	0.873	
		显著性（双尾）	.	0.000	
		自由度	0	9	
	课堂时间	相关性	0.873	1.000	
		显著性（双尾）	0.000	.	
		自由度	9	0	

a. 单元格包含零阶（皮尔逊）相关性。

在进行相关分析时还有一点需要注意的是，相关分析用于描述变量之间关系的密切程度，其特点是变量不分主次，被置于同等的地位。因此相关分析研究的是平行变量之间的依存关系，不能从相关关系中必然推导出因果关系，相关关系和因果关系是变量之间既有联系又有区别的两种关系。

第二节 回归分析

一、概述

（一）回归分析的概念

回归分析（regression analysis）是一种应用广泛的分析方法，其目的在于了解两个或多个变量间是否相关，相关方向与强度如何，并建立数学模型和相应的数学方程式，来描述变量变动的相互关系，进而确定一个或几个变量的变化对另一个变量的影响程度，为预测提供科学依据。

回归分析和相关分析都是研究两个或两个以上变量之间的关系，两者既有联系又有区别。联系是：相关分析是回归分析的基础和前提，回归分析则是相关分析的深入和继续。只有当变量之间存在高度相关时，进行回归分析寻求其相关的具体形式才有意义。如果两个变量之间不存在相关关系，它们之间也不存在回归关系。与此同时，相关分析只研究变量之间相关的方向和程度，不能推断变量之间相互关系的具体形式，也无法从一个变量的变化来推测另一个变量的变化情况，因此，在具体应用过程中，只有把相关分析和回归分析结合起来，才能达到研究和分析的目的。主要区别是：（1）相关分析主要通过相关系数来判断两个变量之间是否存在相互关系及其关系的密切程度，两个变量不必区分自变量和因变量，都是随机变量。而回归分析的变量必须区分自变量和因变量，因为回归分析的目的是通过自变量来预测因变量。（2）相关系数只能观察变量间相关关系的密切程度和方向，不能根据一个变量来估计推算另一个变量的具体数值。而回归分析可以根据回归方程，用自变量数值来推算因变量的估计值。

回归分析按照涉及自变量的多少，可分为一元回归分析和多元回归分析，按照自变量和因变量之间的关系类型可分为线性回归分析和非线性回归分析。如果在回归分析中，只包括一个自变量和一个因变量，且二者的关系可用一条直线近似表示，这种回归分析称为一元线性回归分析。如果回归分析中包括两个或两个以上的自变量，且因变量和自变量之间是线性关系，则称为多元线性回归分析。除了线性回归分析以外，还有曲线回归、二元逻辑回归和非线性回归等多种回归分析方法。根据应用语言学实证研究的一般需要，本节只对线性回归分析，包括一元线性回归分析和多元线性回归分析方法进行介绍。

（二）回归分析的一般步骤和统计检验

1. 一般步骤。

（1）确定回归方程中的自变量和因变量。由于回归分析是用于分析一个事物如何随其他事物的变化而变化，因此回归分析的第一步是确定什么变量作为被解释的因变量 y，什么变量是用来进行解释的自变量 x。回归分析就是要建立 x 与 y 之间的回归方程，并在给定 x 的前提下，通过回归方程预测 y 的取值。

（2）确定回归模型。根据函数拟合方式，通过观察散点图来确定应通过哪种数学模型来概括回归方程。如果被解释变量和解释变量之间存在线性关系，则应进行线性回归分析，建立线性回归模型；反之，如果存在的是非线性关系，则应进行非线性回归分析，建立非线性回归模型。

（3）建立回归方程。根据收集到的样本数据以及前一步所确定的回归模型，在一定统计拟合准则下估计出模型中的各个参数，得到一个确定的回归方程，即确定自变量和因变量之间的数学关系式。

（4）对回归方程进行各种统计检验。在求解出了回归模型的参数和回归方程后，一般不能立即将结果付诸实际问题的分析和预测，因为回归方程是在样本数据基础上得到的，通常要进行各种统计检验（如拟合优度检验、回归方程和回归系数的显著性检验与残差分析等），以确定回归方程是否真实地反映了事物之间的统计关系以及回归方程能否用于预测。这些具体的检验方式后面将进行介绍。

（5）利用回归方程进行预测。建立回归方程的目的之一就是根据回归方程对事物的未来发展趋势进行预测。在利用 SPSS 进行回归分析时，SPSS 会自动计算出上述分析步骤中的各种运算数据，因此，我们不需要介绍具体的运算公式，关键是要掌握各种基本原理和如何对相关数据进行解释。

2．回归分析的统计检验。利用 SPSS 可以自动统计得到模型关系式，但它是否是我们所要的，既要看回归方程的拟合程度确定系数 R^2，还要看回归方程的显著性检验（F 检验）和回归系数的显著性检验（t 检验）。

（1）回归方程的拟合优度检验。拟合优度（goodness of fit）是指回归直线对观测值的拟合程度。拟合优度检验主要是运用判定系数和回归标准差，来检验样本数据聚集在样本回归直线或曲线周围的密集程度，从而判断回归方程对样本数据的代表程度。拟合优度的统计量叫可决系数（亦称确定系数）R^2。R^2 取值在 0—1 之间，它越接近于 1，说明回归直线对观测值的拟合程度越好；越接近于 0，说明回归直线对观测值的拟合程度越差。在一元线性回归中，直接用可决系数 R^2，在多元线性回归中，即当解释变量为多元时，要使用调整的拟合优度，以解决变量元素增加对拟合优度的影响。

（2）回归方程的显著性检验。回归方程的显著性检验是要检验因变量与所有自变量之间的线性关系是否显著。一般采用 F 检验，原假设为：回归总体不具显著性，即所有回归系数与零无显著差异。SPSS 会自动计算检验统计量的观测值以及对应的概率 P 值，如果 P 值小于给定的显著性水平 α，则应拒绝零假设，认为线性关系显著。

（3）回归系数的显著性检验。回归方程的显著性检验只能检验所有回归系数是否同时与零有显著差异，它不能保证回归方程中不包含不能较好地解释因变量变化的自变量，因此可以通过回归系数显著性检验对每个回归系数进行考察。换句话来说，回归方程的显著性检验（F 检验）检验的是总的线性关系是否显著，而回归系数的显著性检验（t 检验）检验的是单个自变量与因变量是否有显著的线性关系。在一元回归中，F 检验法与 t 检验法的结果是一样的，但在多元回归中，F 检验法与 t 检验法的结果可以是不一样的。

（4）残差分析。残差是指由回归方程计算所得的预测值与实际样本值之间的差距。在实际问题中，观察人员的粗心或偶然因素的干扰，常会使我们所得到的数据不完全可靠，即出现异常数据。有时即使通过相关系数或 F 检验证实回归方程可靠，也不能排除数据存在上述问题。残差分析就是通过残差所提供的信息，分析出数据的可靠性、周期性或其他干扰。残差分析的出发点是，如果回归方程能够较好地解决变量的特征与变化规律，那么残差序列中应不包含明显的规律性和趋势性。残差分析的基本方法是由回归方程作出残差图，通过观测残差图，以分析和发现观测数据中可能出现的错误以及所选用的回归模型是否恰当。如果标准化残差成正态分布，散点比较均匀地落在直线附近，说明选用的模型比较合适。这样的带状区域的宽度越窄，说明模型的拟合精度越高，回归方程的预报精度越高。

二、线性回归分析

（一）一元线性回归分析示例

【例4-3】为了调查外国学生汉字测试成绩对汉语阅读成绩的预测力，某位研究者选取15名学生分别进行了汉字测试和汉语阅读测试，数据如表4.7所示。试分析两项成绩之间的线性关系及汉字测试成绩对汉语阅读测试成绩的预测力。

表4.7　15名学生的汉字成绩和汉语阅读成绩数据

汉字成绩	82	76	62	89	72	80	60	77	81	65	76	65	42	78	86
阅读成绩	89	78	65	93	82	85	58	84	85	73	79	76	61	83	88

1. 数据组织。

根据表4.7，在SPSS数据文件中建立两个变量，分别为"汉字成绩"和"阅读成绩"，两个变量的测量标准都是"标度"。然后录入上面的数据，并保存。

2. 作散点图，观察两个变量的相关性。

选择菜单栏中的【图形】→【旧对话框】→【散点图/点图】→【简单散点图】命令，弹出【简单散点图】对话框。然后将"汉字成绩"添加到x轴，"阅读成绩"添加到y轴，得到如图4.6所示散点图。从图中散点的分布可以看出，两变量具有较强的线性关系，可以用线性回归来拟合两个变量。

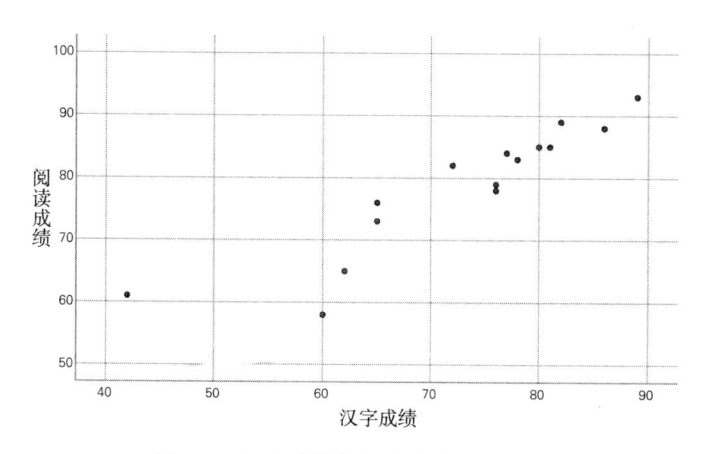

图 4.6　汉字成绩与阅读成绩的散点图

3．一元线性回归分析设置。

（1）选择菜单栏中的【分析】→【回归】→【线性】命令，弹出【线性回归】对话框。将"阅读成绩"添加到"因变量"框，"汉字成绩"添加到"自变量"框。如图 4.7 所示。

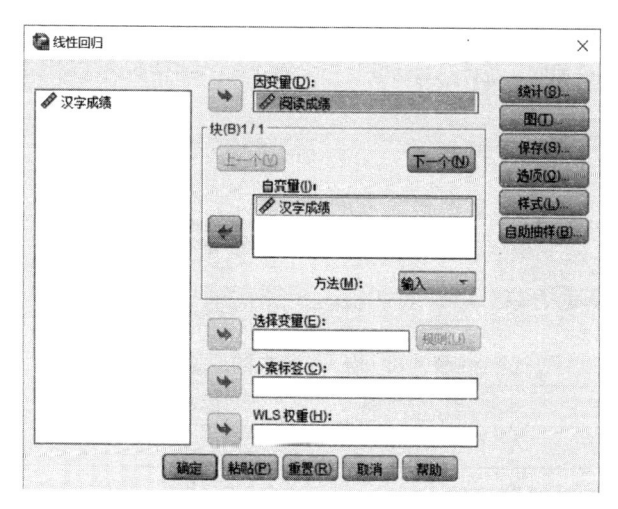

图 4.7　"线性回归"对话框

（2）"统计"对话框设置：点击"统计"按钮，弹出"线性回归：统计"对话框，采用"回归系数"下默认的"估算值""模型拟合"。如图4.8所示。

（3）"图"对话框设置：点击"图"按钮，弹出"线性回归：图"对话框，并按图4.9所示设置。

（4）"保存"对话框和"选项"对话框都采用默认值，点击"线性回归"主对话框"确定"按钮，输出分析结果。

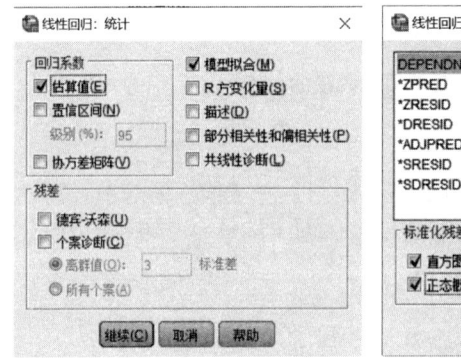

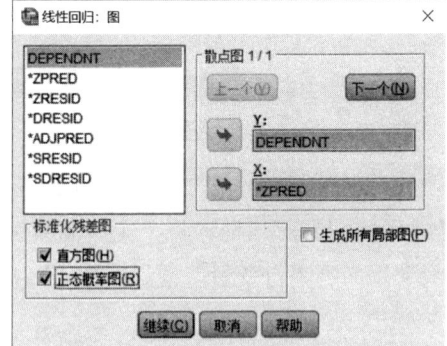

图4.8 "线性回归：统计"对话框　　图4.9 "线性回归：图"对话框

4. 主要结果及分析。

（1）表4.8为输入和除去的变量表，表中显示回归模型的编号"1"，输入的变量"汉字成绩"，除去的变量"无"、变量的筛选方法"输入"。表下方另有注释的含义。

表4.8　输入/除去的变量[a]

模型	输入的变量	除去的变量	方法
1	汉字成绩[b]	.	输入

a. 因变量：阅读成绩。
b. 已输入所请求的所有变量。

（2）表 4.9 是模型摘要表。主要是回归方程的拟合优度检验。表中显示了相关系数 R、可决系数 R 方、调整的可决系数 R 方，以及标准估算的误差等信息。根据表中数据，R=0.916，说明自变量与因变量的相关性很强；$R^2=0.839$，说明自变量可以解释因变量 83.9% 的差异性。

表 4.9　模型摘要 [a]

模型	R	R 方	调整后 R 方	标准估算的错误
1	0.916[b]	0.839	0.826	4.322

a. 预测变量：（常量），汉字成绩。
b. 因变量：阅读成绩。

（3）表 4.10 是方差分析表。表中显示了因变量的方差来源（回归和残差）、方差平方和、自由度、均方、F 检验统计量和显著性水平 P 值。表中数据显示，F 统计量的观测值为 67.507，显著性概率 P 值为 0.000，说明应该拒绝原假设，即因变量与自变量的线性关系是显著的，可建立线性模型。

表 4.10　方差分析 [a]

模型		平方和	自由度	均方	F	显著性
1	回归	1 260.803	1	1 260.803	67.507	0.000[b]
	残差	242.797	13	18.677		
	总计	1 503.600	14			

a. 因变量：阅读成绩。
b. 预测变量：（常量），汉字成绩。

（4）表 4.11 是回归系数表。表中显示了回归模型的常量、未标准化系数、标准化系数、t 检验统计量和显著性 P 值。表中数据显示，回归系数的显著性水平小于 0.05，故应拒绝 t 检验的原假设，说明了回归系数的显著性，建立线性模型是恰当的。

表 4.11　回归系数 [a]

模型		未标准化系数		标准化系数	t	显著性
		B	标准误差	Beta		
1	（常量）	21.656	7.020		3.085	0.009
	汉字成绩	0.783	0.095	0.916	8.216	0.000

a. 因变量：阅读成绩。

（5）表 4.12 是残差统计表。表中显示了所有个案的残差数据，包括最小值、最大值、平均值、标准差和个案数。

表 4.12　残差统计 [a]

	最小值	最大值	平均值	标准差	个案数
预测值	54.54	91.34	78.60	9.490	15
残差	−10.631	6.462	0.000	4.164	15
标准预测值	−2.535	1.342	0.000	1.000	15
标准残差	−2.460	1.495	0.000	0.964	15

a. 因变量：阅读成绩。

（6）图 4.10 是残差分布直方图，从图中的直方图和上面的正态分布曲线的比较可以观察出残差分布的正态性。

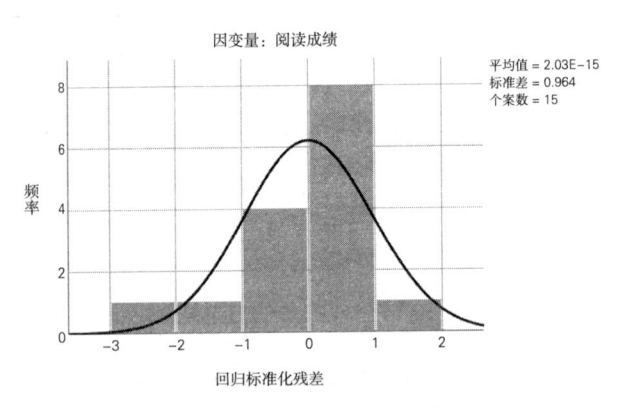

图 4.10　残差分布直方图

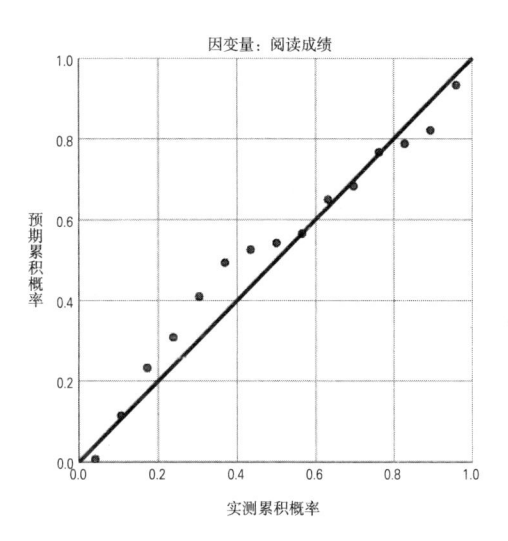

图 4.11 回归标准化残差的正态 P-P 图

（7）图 4.11 是标准化残差的正态概率图，图中散点分布在直线附近，说明变量之间呈线性分布，可以看出残差分布服从正态性，与图 4.10 的分析结果一致。

（二）多元线性回归分析示例

【例 4-4】某位研究者打算调查外国学生汉字测试和词汇测试两项测试成绩对汉语阅读成绩的预测力，选取了一个班 15 名学生进行了汉字测试、词汇测试和汉语阅读测试，数据如表 4.13 所示。试建立模型分析汉字测试和词汇测试与汉语阅读测试之间的关系并分析前两项测试成绩对汉语阅读测试成绩的预测力。

表 4.13　15 名学生的汉字测试、词汇测试和汉语阅读测试成绩数据

汉字成绩	82	76	62	89	72	80	60	77	81	65	76	65	42	78	86
词汇成绩	85	70	60	92	80	88	56	82	76	68	77	71	60	82	88
阅读成绩	89	78	65	93	82	85	58	84	85	73	79	76	61	83	88

1. 数据组织。

根据表 4.13，在 SPSS 数据文件中建立三个变量，分别为"汉字成绩""词汇成绩"和"阅读成绩"，三个变量的测量标准都是"标度"。然后录入上面的数据，并保存。

2. 作散点图，观察三个变量的相关性。

选择菜单栏中的【图形】→【旧对话框】→【散点图/点图】→【三维散点图】命令，弹出【三维散点图】对话框。然后将"阅读成绩"添加到 y 轴，"汉字成绩"添加到 x 轴，"词汇成绩"添加到 z 轴，得到如图 4.12 所示三维散点图。通过三维散点图可以看出，这三个变量之间呈明显的线性增长关系，因此可以建立阅读成绩的二元影响回归模型。

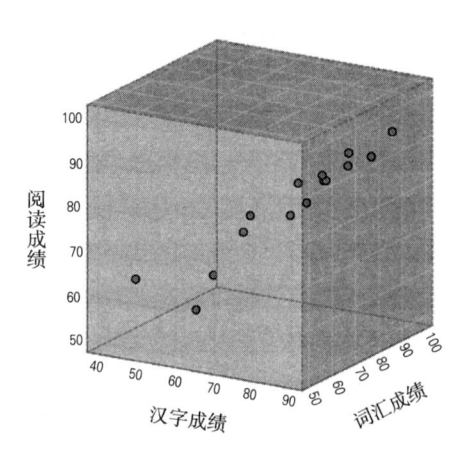

图 4.12　汉字成绩、词汇成绩和阅读成绩的三维散点图

3. 多元线性回归分析设置。

选择菜单栏中的【分析】→【回归】→【线性】命令，弹出【线性回归】对话框。将"阅读成绩"添加到"因变量"框，"汉字成绩"和"词汇成绩"添加到"自变量"框。其他设置方法如上例所示。

4. 主要结果及分析。

（1）表 4.14 为输入和除去的变量表，表中显示回归模型的编号"1"，输入的变量"汉字成绩"和"词汇成绩"，除去的变量"无"、变量的筛选方法"输入"。表下方另有注释的含义。

表 4.14　输入／除去的变量 [a]

模型	输入的变量	除去的变量	方法
1	词汇成绩，汉字成绩 [b]	.	输入

a. 因变量：阅读成绩。
b. 已输入所请求的所有变量。

（2）表 4.15 是模型摘要表。主要是回归方程的拟合优度检验。表中显示了相关系数 R、可决系数 R 方、调整的可决系数 R 方，以及标准估计的误差等信息。根据表中的数据，R＝0.975，说明自变量与因变量的相关性很强；R^2＝0.951，调整的 R^2＝0.943，因为本例是多元线性回归分析，所以应取调整的 R 方，以消除自变量增加造成的假象。根据调整的 R 方，本例中的"汉字成绩"和"词汇成绩"可以解释"阅读成绩"94.3% 的差异性。

表 4.15　模型摘要 [a]

模型	R	R 方	调整后 R 方	标准估算的错误
1	0.975 [b]	0.951	0.943	2.482

a. 预测变量：(常量)，词汇成绩，汉字成绩。
b. 因变量：阅读成绩。

（3）表 4.16 是方差分析表。表中显示了因变量的方差来源（回归和残差）、方差平方和、自由度、均方、F 检验统计量和显著性水平 P 值。表中数据显示，F 统计量的观测值为 116.009，显著性概率 P 值为 0.000，说明应该拒绝原假设，即因变量与自变量的线性关系是显著的，可建立线性模型。

表 4.16　方差分析 [a]

模型		平方和	自由度	均方	F	显著性
1	回归	1 429.658	2	714.829	116.009	0.000[b]
	残差	73.942	12	6.162		
	总计	1 503.600	14			

a. 因变量：阅读成绩。
b. 预测变量：(常量)，词汇成绩，汉字成绩。

（4）表 4.17 是回归系数表。表中显示了回归模型的常数项、非标准化系数、标准化系数，t 检验统计量和显著性 P 值。表中数据显示，回归系数的显著性水平均小于 0.05，故应拒绝 t 检验的原假设，说明了回归系数均具有显著性，建立线性模型是恰当的。

表 4.17　回归系数 [a]

模型		非标准化系数		标准化系数	t	显著性
		B	标准误差	Beta		
1	（常量）	10.741	4.539		2.366	0.036
	汉字成绩	0.282	0.110	0.330	2.557	0.025
	词汇成绩	0.626	0.120	0.675	5.235	0.000

a. 因变量：阅读成绩。

（5）表 4.18 是残差统计量表。表中显示了所有个案的残差数据，包括最小值、最大值、平均值、标准差和个案数。

表 4.18　残差统计量 [a]

	最小值	最大值	平均值	标准差	个案数
预测值	60.13	93.41	78.60	10.105	15
残差	−4.702	3.861	0.000	2.298	15
标准预测值	−1.828	1.465	0.000	1.000	15
标准残差	−1.894	1.555	0.000	0.926	15

a. 因变量：阅读成绩。

（6）图 4.13 是残差分布直方图，从图中的直方图和上面的正态分布曲线的比较可以观察出残差分布的正态性。

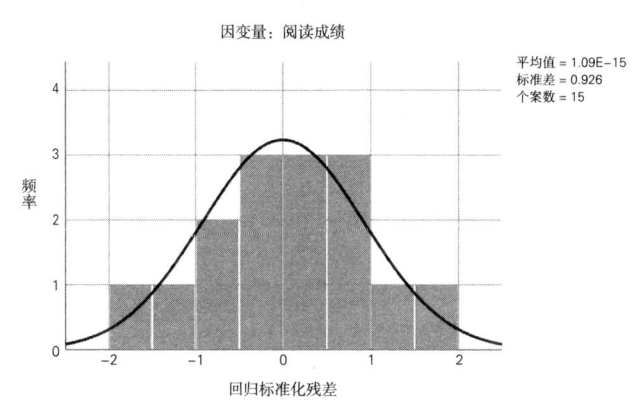

图 4.13　残差分布直方图

（7）图 4.14 是标准化残差的正态概率图，图中散点分布在直线附近，说明变量之间呈线性分布，可以看出残差分布服从正态性，与图 4.13 的分析结果一致。

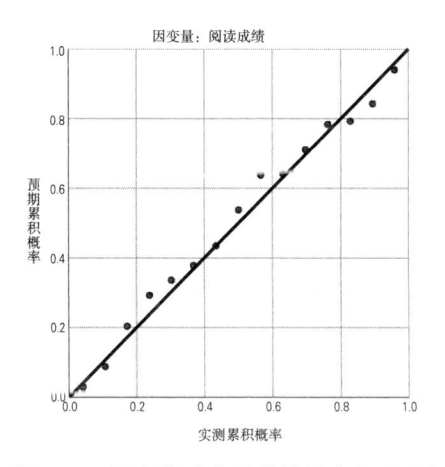

图 4.14　回归标准化残差的正态 P-P 图

思考题

1. 根据变量的不同类型和线性相关系数计算方法的不同,常用的相关系数主要包括哪几种?它们各自适用的变量条件有何不同?
2. 请举例说明如何操作 SPSS 中的两变量相关分析,以及如何对统计分析结果进行解释。
3. 请举例说明如何操作 SPSS 中的偏相关分析,以及如何对统计分析结果进行解释。
4. 回归分析的统计检验一般包括哪几种?它们各有什么特点?
5. 请举例说明如何操作 SPSS 中的一元线性回归分析,以及如何对统计分析结果进行解释。
6. 请举例说明如何操作 SPSS 中的多元线性回归分析,以及如何对统计分析结果进行解释。

延伸阅读

陈默(2020)认同对汉语二语学习者口语复杂度、准确度和流利度的影响,《语言教学与研究》第 1 期。

江新、赵果、黄慧英、柳燕梅、王又民(2006)外国学生汉语字词学习的影响因素——兼论《汉语水平大纲》字词的选择与分级,《语言教学与研究》第 2 期。

吴继峰、周蔚、卢达威(2019)韩语母语者汉语二语写作质量评估研究——以语言特征和内容质量为测量维度,《世界汉语教学》第 1 期。

第五章
项目分析与因子分析

第一节 项目分析

项目分析是用于量表和测试的分析技术。测试和量表的编制是一个反复编写、不断修改完善的过程。为了检测编制的项目是否适切，往往需要使用初步编成的测试项目进行预测试。通过试测获得相关数据，以便对量具进行分析和检验，并根据分析结果对量具做进一步修改。项目分析是这项工作中最重要的内容。项目分析包括定性分析和定量分析两个方面。前者是指分析项目的内容和形式，主要从内容取材的适当性、题目的思想性以及表达的清晰性等方面，评估内容效度以及项目的适当性和有效性；后者是根据试测所获得的数据分析项目的统计属性，主要包括对项目的难度、区分度以及备选答案的合适度等进行分析。本节重点讨论项目分析中的数据分析概念和方法。

一、概述

（一）项目分析的概念

项目分析（item analysis）是通过分析被试对测试项目（问题）的反应行为，对试题或量表的项目质量进行分析研究，以评估每个项目和整个测试的质量，是完善和维护测试有效性和公平性的重要手段。项目分析既是测量研究者应掌握的基本方法，也是教学和研究中有意识或无意识常做的工作，特别是如果教育工作者自己编制试卷或量表，为了保证设计的题目有较好的鉴别力，从而进行有效可靠的测量，则需要对量具进行项目分析。

项目分析是一个过程，不但特别有助于改进测试项目以便在以后的测试中使用，也可以用于在测试管理中消除模棱两可或误导性的项目（题目）。通过项目分析可以了解项目难度级别是否合适，项目是否有适当的区分度，干扰因素是否有效等项目的质量状况。例如，如果绝大多数学生都错误地回答一个项目时，这就值得注意。为了清晰起见，可能要思考所提问题的措辞是否令人困惑，答案是否清晰，通过对问题进行微调，来改善测量量具，以便准确地测量知识和能力，提高测量的可靠性和效率。

通过项目分析，可以确切地了解被试知道什么和不知道什么。就第二语言教学来说，这样的分析还有助于改善学习和教学的效率。教学评价实际上涉及研究学生的反应和学生错误的模式，无论是针对特定问题还是特定类型的问题。当上述流程正式化以后，项目分析就成为一种科学的方法。来自项目分析的数据可以用于改进测试，维护测试信度、效度和学术诚信，同时对于提高教师在测试设计方面的技能及确定需要更加强调或明确的特定教学内容非常有价值。

如何鉴别量表或试卷中各个项目（题目）的好坏，是很困难、复杂的一项工作。除了从测量构念和相关理论及研究需要来分析以外，也依赖各种量化指标来检验项目的适切性。其中，项目难度和项目区别度是反映测量题目特性的两个最重要概念，被视为测试题目主要的项目效度（item validity）指标。

（二）项目难度

项目难度（item difficulty）指测试的难易程度，即被试完成项目作答任务时遇到的困难程度。通常一个测试包含多个项目，不同项目的难度不同,整个测试的难度可以用所有项目的难度平均值来显示。不同类型测试的难度不同,如果是常模参照测试,其难度接近中等水平;如果是标准参照测试,其难度则依据特定的标准来定。根据项目分数性质的不同以及被试规模的大小,难度有以下三种计算方法:

1. 二分法计分项目的难度计算方法。项目分数为二值计分,即项目的测试结果只有答对与答错、通过与不通过、及格与不及格等两种情况,可分别记为 1 或 0。其难度计算公式如下:

$$P = \frac{R}{N}$$

公式中,P 为难度值,R 为答对该题的人数,N 是全体被试总人数。

2. 非二分法计分项目的难度计算方法。很多项目的答案不只是答对与答错两种结果,当项目答案为包含多种可能结果的连续分数时,其难度计算公式如下:

$$P = \frac{\overline{X}}{X_{max}}$$

公式中,P 为难度值,$\overline{X}$ 为全体被试在该项目上的得分均值,X_{max} 为该项目的最高得分(满分)。

3. 难度的矫正公式。在是非题、多项选择题等项目中,由于有猜测的成分,被试的得分可能会被夸大。由于选项的数目越小,猜中的概率越大,为了平衡猜测和选项数目,吉尔福德提出了一个难度的矫正公式:

$$CP = \frac{KP - 1}{K - 1}$$

公式中,CP 为矫正后的难度值,P 为未经矫正的难度值,K 为选项的数目。

项目难度值在 0—1 之间,数值越小,难度越大。项目难度为多少比较合适?就语言测试而言,当所有被试都答错或都答对某个项目时，会降低测试的可靠性。因为如果每个人都得到一个正确的答案，那么就很难判断谁真正掌握了该项目所测试的内容；相反，如果每个人都得到一个错误的答案，那么也无法区分掌握了该项目所测试内容的人。一般来说，整个测试所有项目的难度系数分布在 0.35—0.65 之间为好，不过就整个测试而言，难度为 0.5 左右试题应占多数，同时也需要一些难度较大或者较小的题目。这样，测试对被试有较好的鉴别力，难度比较合适，测试分数接近正态分布。

不过项目难度还需要与测试总分的相关系数和项目区分度一起考虑，同时还要看具体的测试目的。若测试目的是区分一个问题，就像大多数测试那样，希望能比较准确地测量个体之间的差别，0.30—0.70 的难度通常是可以接受的。一般能力测试和成就测试的平均难度在 0.50 左右比较合适。若测试目的是考察是否熟练掌握该项目所测内容，0.80—1.00 之间的难度是可以接受的。若测试目的为具有选拔、竞争性质的筛选功能，应采用难度对应录取率的项目。若测验的目的只是了解被试掌握某方面知识技能的情况，也可不必过多考虑难度。

（三）项目区分度

项目区分度（item discrimination）是指测试项目对被试心理特性的区分能力，即测试将不同水平的被试区分开来的程度或鉴别力。测试题项应该能反映出被试对项目所测内容不同程度的了解，通过分析被试回答试题的正确百分比得到反映。具有良好区分度的项目，能将不同水平的被试有效区分开来，在该项目上能力强、水平高的被试得分高，能力弱、水平低的被试得分低，不同能力和水平的被试对应不同的分值。

项目分析的主要目的在于检验量表中各个题项的区分度，具体是检验是否有一部分被试在量表中得到高分，同时也有一部分被试得到低分，本质是探究高低分的被试在每个题项的差异及其差异是否具有统计意义上的显著性。区分度指向具体的项目，项目区分度从实质上讲就是项目（题目）本身的效度，是评价项目质量好坏的一个重要指标，也是筛选项目的主要指标和依据。在完善测试量表、对题目进行取舍时，需要通过对预测获得的得分数据进行分析，观察题目的区分度。由于低区分度的题目，水平高和水平低的被试得分差不多，不能有效鉴别被试，通常需要修改或删除。

区分度取值在 −1—1。一般情况下，区分度应为正值，称作积极区分，值越大区分度越好；若区分度为负值，则为消极区分，说明该题目有问题，应删除或修改；区分度为 0，则无区分作用（张厚粲，2005）。区分度的具体评价标准如下：项目区分度为 0.4 以上，表明此题的区分度很好；区分度为 0.3—0.39，表明此题的区分度较好，如能改进就更好；区分度为 0.2—0.29，表明此题的区分度不太好，需做改进；区分度为 0.20 以下，表明此题的区分度不好，应该淘汰。

区分度的常用计算方法有两种：区分度指数和相关系数法。

1. 区分度指数（index of discrimination，D），计算公式如下：

$$D = P_H - P_L$$

公式中的 D 为区分度指数，P_H 为高分组的项目难度，P_L 为低分组的项目难度。显然，高低分两组越是极端，区分度指数就越明显。一般认为，在正态分布中，被试群体中高分组与低分组划分的最佳百分数是前 27% 和后 27%。对于小样本，则可根据划分的便利性，取 25%—33% 之间的任何数字。

在使用 SPSS 软件分析时，通常采用高低分两端分组比较检验法，即根据预测中被试所得总分的高低，取其前后 27% 分为高低分两组，然后计算高低分两组分别在每个项目（题目）的得分均值，并进行 t 检验检测两组之间是否具有显著性差异。若 t 检验结果达到显著水平，表明高低分两个极端组的得分具有显著差异，题目具有较好的区分度。

2. 相关系数法。通过计算某一题目得分与测试总得分或效标分数的相关系数来判定。相关性越大，区分度越高。相关系数法是项目分析的常用标准，最简单的相关分析法是计算每个项目与总分的简单积差相关系数，一般要求相关系数达到 0.3 以上，且达到统计显著水平（参见第四章第一节），则表明题目的区分度可以接受。

需要注意的是，项目区分度与项目难度密切相关，项目难度适中，越接近 0.50，项目的潜在区分度越大，难度越接近 1 或 0 时，项目的潜在区分度越小。考虑到测试项目之间一般都具有某种相关，在设计测试时，项目难度的分布适当广一些、梯度多一些是合乎需要的。

表 5.1　区分度与难度的关系

难度（P 值）	区分度（D 最大值）
1.00	0.00
0.90	0.20
0.80	0.40
0.70	0.60
0.60	0.80
0.50	1.00
0.40	0.80
0.30	0.60
0.20	0.40
0.10	0.20
0.00	0.00

从上表可以看出，题目难度跟区分度之间存在密切联系。难度太大或者太小，都可能使区分度变小；只有难度适中时，才可能有较高的区分度。同时需要注意的是，难度和区分度都是相对的，是针对一定的被试团体而言的，绝对的难度和区分度是不存在的。一般说来，较难的项目对高水平的被试区分度高，较易的项目对低水平的被试区分度高，中等难度的项目对中等水平的被试区分度高。这与中等难度

的项目区分度高的表述并不矛盾，因为对被试总体是较难或较易的项目，对水平高或水平低的被试便成了中等难度。由于被试总体的多数心理特征呈正态分布，所以项目难度的分布也以正态为好，即特别难与特别容易的题目较少，接近中等难度的题目较多，故整体题目的平均难度接近 0.50。

此外，在语言测试中，如果项目采用多项选择题，非正确答案干扰项也起着重要作用。若多项选择题的某一选项无人选择，则说明该选项没有迷惑力；若高分组和低分组选择某一选项的人数都很少且人数接近，说明该选项的迷惑力小；若选择某一选项的人数多，而且低分组选择的人数多于高分组，则说明该选项具有较强的迷惑力。显然，一个有效的干扰项会更吸引总分较低的被试，而非总分较高的被试。当干扰项无效且明显不正确，而不是更加有迷惑性时，在评估学生知识方面就变得无效。无迷惑力或迷惑力小的选项被认为缺乏有效性或有效性低，这样的选项需要修改或调整。

二、实例解析

量表或测试的项目分析包括遗漏检验、描述统计检测、两端分组比较检验、相关性检验、因素负荷检验等方法，其中，两端分组比较检验和相关性检验两种分析方法最常用，相关性分析方法在上文和第四章已经介绍过，本节重点介绍采用 SPSS 操作两端分组比较检验方法。

如上文所述，两端分组比较检验方法的基本操作步骤如下：（1）根据被试的整体量表总得分从高分到低分排列；（2）从高分和低分两端分别划出一个高分组（H 组）和一个低分组（L 组），通常按照前后 27% 的人数比例划分高低分组，也可根据具体情况在 25%—33% 的比例中微调，两组人数相等；（3）分别统计两组被试对每个题项的得分均值；（4）采用 t 检验或 F 检验检测两组间的显著性差异，反映出题目的区分度。

【例 5-1】为了调查语法学习信念，某位研究者设计了一份包含 10 个题项的量表，随机抽样了 30 名学生对该量表进行试测，试测得分如表 5.2 所示。试分析该量表各题项的区分度。

表 5.2　30 名学生语法学习信念试测得分数据

被试编号	Q1	Q2	Q3	Q4	Q5	Q6	Q7	Q8	Q9	Q10
1	5	4	3	5	5	3	3	4	4	3
2	5	4	4	3	4	4	4	5	5	5
3	2	3	4	4	4	2	2	4	4	2
4	1	3	3	3	4	5	1	4	5	2
5	2	2	1	2	2	3	2	3	2	1
6	2	3	3	2	3	1	2	1	2	2
7	3	4	5	3	4	3	2	4	4	2
8	2	3	5	3	2	3	1	5	5	3
9	3	3	5	4	4	4	2	4	4	3
10	4	5	5	3	4	4	2	4	5	2
11	5	3	5	4	5	4	3	5	5	4
12	2	2	1	3	1	3	2	2	4	2
13	3	4	2	4	5	3	3	1	4	3
14	1	3	1	3	3	1	4	1	1	2
15	2	4	4	4	2	2	3	3	4	4
16	3	4	4	3	4	2	2	4	4	4
17	2	4	2	3	4	2	4	4	5	3
18	4	3	5	3	4	4	5	5	5	4
19	2	2	4	3	3	1	1	1	1	3
20	5	5	3	5	5	4	5	3	4	3
21	4	4	3	2	4	3	3	3	3	3
22	1	1	4	1	4	2	3	3	3	2
23	3	5	4	3	5	4	5	3	5	4
24	5	5	3	5	4	1	2	5	2	2
25	2	3	2	3	1	2	2	2	2	2
26	4	4	2	4	5	3	3	5	5	5

续表

被试编号	Q1	Q2	Q3	Q4	Q5	Q6	Q7	Q8	Q9	Q10
27	5	4	2	2	3	1	1	2	1	1
28	1	2	3	3	1	1	2	1	2	2
29	3	4	3	3	4	1	3	4	5	3
30	4	4	4	5	4	5	5	4	4	5

1．数据组织。

根据表 5.2，在 SPSS 数据文件中建立 10 个变量，分别命名为 Q1—Q10，10 个变量的测量标准都是"标度"。然后录入上面的数据，并保存。

2．两端分组比较检验设置。

（1）选择菜单栏中的【转换】→【计算变量】命令，弹出【计算变量】对话框。

（2）在【计算变量】对话框中，"目标变量"下填入"总分"，"数字表达式"下填入"sum（Q1 to Q10）"（10 个变量加总表达式），点击"确定"后，生成一个"总分"新变量。如图 5.1 所示。

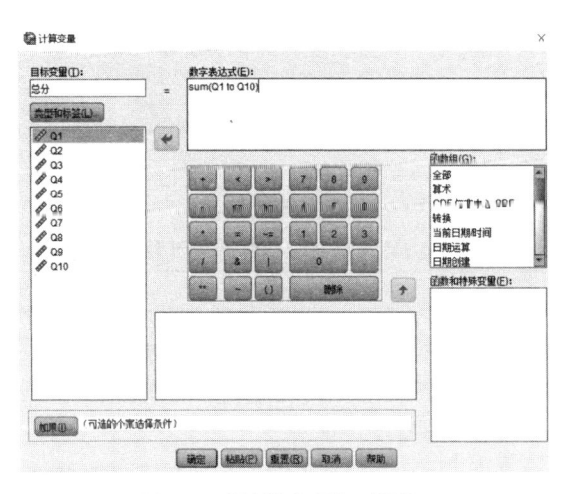

图 5.1 "计算变量"对话框

（3）选择菜单栏中的【分析】→【描述】→【频率】命令，弹出【频率】对话框。

（4）将"总分"选入"变量"对话框，点击右侧的"统计"按钮，在弹出的对话框中勾选"百分位数"，分别输入"27"和"73"点击添加，然后点击"继续"，最后点击"频率"对话框中的"确定"。如图5.2所示。

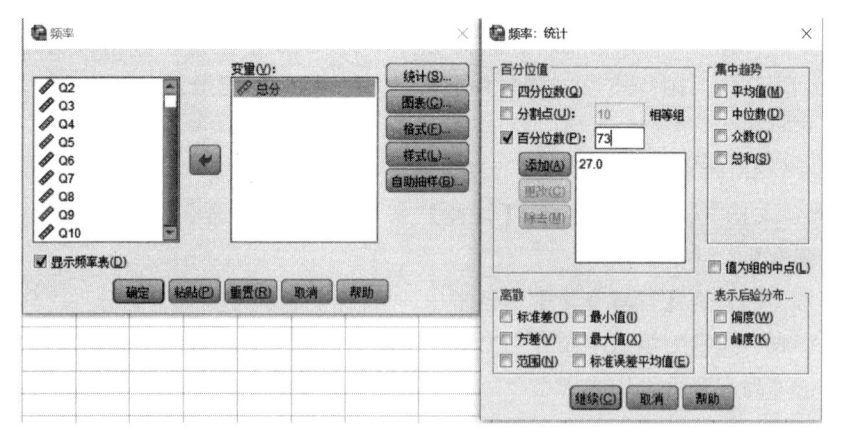

图 5.2 "频率"及"频率：统计"对话框

根据上面的统计，结果见表5.3。表中数据显示，低分组和高分组的临界值（切割点）分别为22.74和38.63。

表 5.3 高低分组频率统计结果

个案数	有效	30
	缺失	0
百分位数	27（低分组）	22.74
	73（高分组）	38.63

（5）选择菜单栏中的【转换】→【重新编码为不同变量】命令，弹出【重新编码为不同变量】对话框。

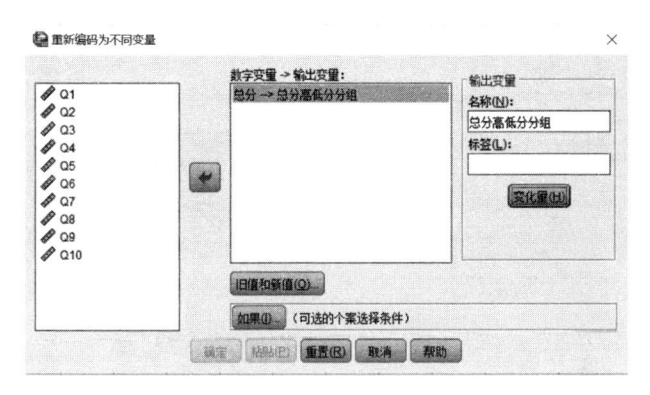

图 5.3 "重新编码为不同变量"对话框

（6）将"总分"选入右边输入对话框，然后在输出变量里填写新分组的变量名，可命名为"总分高低分分组"，然后点击"变化量"。如图 5.3 所示。

（7）继续点击上图中的"旧值和新值"按钮，分别输入新的分组标准，即先在"旧值"下选择"范围，从最低到值"，填入低分组临界值"22.74"，在"新值"下赋值"1"，点击"添加"；再在"旧值"下选择"范围，从值到最高"，填入高分组临界值"38.63"，在"新值"下赋值"2"，点击"添加"后，再点击"继续"。如图 5.4 所示。

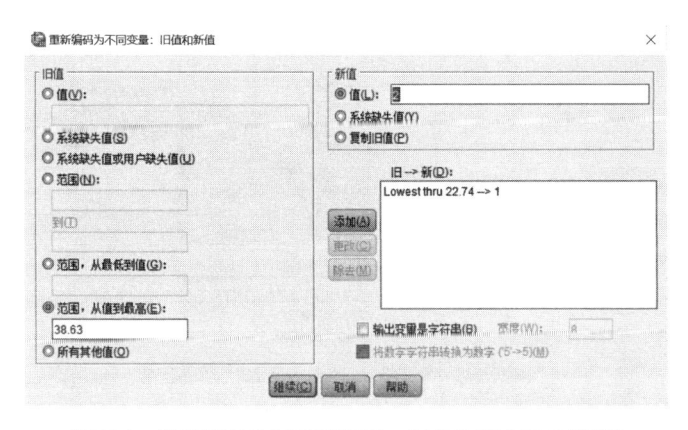

图 5.4 "重新编码为不同变量：旧值和新值"对话框

图 5.5 "总分高低分分组"变量和标签值

（8）最后点击"确定"，得到总分高分组和低分组的分组新变量和数据。如图 5.5 所示。

（9）完成上述总分的分组工作之后，接下来检验量表的每一题项在高分组和低分组是否具有统计意义上的显著差异。具体分析参照第六章所述独立样本 t 检验，将 10 题全部选入"检验变量"框，在"分组变量"中选入"总分高低分分组"并定值，设置好分组类别，最后点击"确定"。如图 5.6 所示。

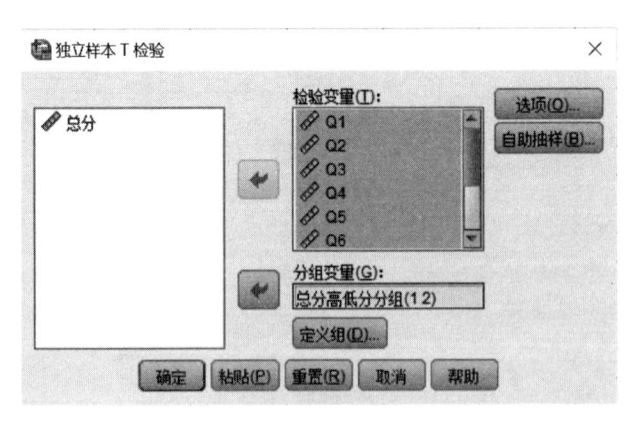

图 5.6 "独立样本 t 检验"对话框

3. 主要结果及分析。

表 5.4 显示了高分组和低分组独立样本 t 检验的分析结果。

表 5.4 独立样本 t 检验结果

题项	t 值	P 值	题项	t 值	P 值
Q1	−4.384	0.001	Q6	−5.692	0.000
Q2	−3.667	0.003	Q7	−4.432	0.001
Q3	−3.552	0.003	Q8	−6.416	0.000
Q4	−3.416	0.004	Q9	−6.957	0.000
Q5	−7.000	0.000	Q10	−6.048	0.000

从表中数据可以看出，所有 10 个题项高分组和低分组的平均值比较显著性水平 P 值都小于 0.05，说明高分组和低分组在每一个题项上都有很好的区分性。

第二节　因子分析

因子分析是一种数据压缩的方法，基本思想是通过分析众多观察变量，寻找其背后所潜藏的少数公共因子结构与关系。例如，在二语学习者学习动机、认知风格、情感焦虑等个体因素的量表设计中，经过前期头脑风暴和编写，初步设计的量表包括很多题目（指标），但并非题目越多越好。如果指标冗余过多，不但会加重分析的负担，而且无法透彻地了解事物的本质。为了使量表更加科学和精练，通常要对这些题目进行预测试获得相关数据以进一步完善，一方面可经过项目分析、信度分析等方法评估各题项的区分度和整体量表的内在一致性，另一方面还可以对量表中的题目（变量）做因子分析，从中抽取出潜藏在这些题目背后的潜在公共因子，以反映所测量的心理构念和抽象的组成部分，并达到化繁为简、去冗存精的目的。因子分析作为协助研究者进行复杂因子抽取的技术，常用于问卷、量表、试卷的编制和相关分析中。

一、概述

（一）因子分析的概念和分类

因子分析（factor analysis）是从实测变量群中提取少数公共因子的统计分析技术，最早由英国心理学家斯皮尔曼（C. Spearman）提出。他发现学生的各科成绩之间存在一定的相关性，一科成绩好的学生，往往其他科成绩也比较好，从而推想这些成绩表现后面可能存在某些潜在的公共因子，或称为某些一般智力条件的共性因素影响着学生的成绩。因子分析基于相关关系对众多数据进行降维（即简化）处理，通过将大量实测变量压缩转化为几个互不相关的综合指标，可挖掘出众多数据后面的某种结构，在众多变量中找出隐藏的具有代表性的因子，既可减少变量的数目，又可检验变量之间关系的假设。

因子分析从假设出发，假设一群自变量 x 背后存在某个或某些支配性的潜变量（latent variable）f，即公共因子，在公共因子的作用下，x 可以被观察到。通过分析一群观察变量 x，来揭示其背后更基本的却又无法直接测量到的潜变量 f。例如，要测量英语课堂无聊感，可通过"英语课没什么意思""上英语课我容易犯困""上英语课我容易发呆""英语课上我人在教室，思想却在神游""上英语课我很难集中注意力""英语课上时间过得好慢""英语课上我经常有听不下去的感觉""英语课上我总是想办法打发时间"这些观察变量得到测量（参见 Li, Dewaele & Hu，2021）。英语课堂无聊感是八项具体观察变量的公共因子，通过分析这些观察变量之间的关系，来发现隐藏在它们背后潜在的公共因子。

因子分析的方法分为两类：探索性因子分析（exploratory factor analysis，EFA）和验证性因子分析（confirmatory factor analysis，

CFA）。探索性因子分析主要用来寻找一组自变量背后潜在的因子结构与关系，分析前不假定因子与测量项之间的关系，对于数据的因子结构没有任何预设与立场，不事先确定一组自变量背后有几个因子，而是让数据"自己说话"，由统计数据与指标来分析因子的模式，寻找到公共因子。探索性因子分析完全依据样本数据，根据变量间相关性的大小对变量进行分组，如果每组内的变量之间存在较高相关性，则意味着这些变量背后有共同的制约因素。进而从众多变量中提取少数几个因子，用这些公共因子来代替观察变量，从而达到减少变量指标的目的。验证性因子分析则是在研究之初就已经提出某种特定的结构关系假设，事先假设自变量背后有几个因子，假定因子与测量项之间的关系是部分知道的，已假设各个测量项对应于什么因子，只是尚不知道具体的系数，然后通过因子分析方法验证假设是否正确，确认数据的模式是否就是预期的形式。根据应用语言学定量研究的实际需要，本节重点介绍探索性因子分析。

（二）因子分析的条件

因子分析的所有变量须为定距变量，可以是连续数值型数据，如身高、体重、反应时间等，也可以是人数、语言学能分值等离散型数据。顺序变量与类别变量不能进行因子分析。

抽样的过程须具有随机性，且样本量有一定的规模。不过，因子分析所需的样本数应具有多大规模，并没有绝对的标准。以下两个观点得到较多认同：Gorsuch（1983）提出，样本数量至少为题项的5倍，且样本数不少于100。多数学者认为，样本数要比量表的题项数多，如一个量表有30个题项，进行因素分析时，样本数起码要大于或等于30。

变量之间须具有较强的相关性。因子分析要求变量间有适当的相关性，不过不宜太高或太低。若相关程度太低（相关系数绝对值<0.3），难以抽取到或可能不存在公共因子，不适合进行因子分析；

若相关程度太高，可能会发生多重共线性问题，因存在区别效度不足的疑虑，抽取的因子结构价值不高。在分析多个题项的相关性时，如果没有显著相关或相关性太低，也可尝试删除某个题项，看看删除后，相关性是否可达到因子分析的要求。

在使用 SPSS 分析变量是否适合做因子分析时，常用巴特利特球形检验与 KMO 检验来判断变量间相关系数的适切性。(1) 巴特利特球形检验 (Bartlett-test of sphericity)。可用来检验是否具有显著的相关系数，若其统计量较大且 P 值 <0.05，表示相关系数足以作为因子分析抽取因子之用，可以进行因子分析。(2) KMO 取样适合度检验。KMO 取值范围在 0—1，KMO 值越接近 1，表示越适合做因子分析。Kaiser（1974）指出，执行因子分析的 KMO 统计量的判断标准如下，见表 5.5。

表 5.5　KMO 统计量的判断标准

KMO 统计量	因子分析适合性
KMO>0.90	非常适合进行因子分析
0.90>KMO>0.80	适合进行因子分析
0.80>KMO>0.70	尚可进行因子分析
0.70>KMO>0.60	勉强可进行因子分析
0.60>KMO>0.50	不适合进行因子分析
KMO<0.50	非常不适合进行因子分析

（三）选择抽取公共因子的方法

在 SPSS 软件中，抽取因子的方法有七种：主成分分析法、主轴因子法、未加权最小平方法、广义最小平方法、最大似然法、Alpha 因子抽取法、映像因子抽取法。其中主成分分析法（principle component analysis, PFA）和主轴因子法（principal-axis factoring, PAF）是最常用的两种方法。

主成分分析法是以线性整合将所有变量加以合并，以全体变异量为分析对象；主轴因子法是针对变量间的共同部分进行因子抽取，以变量间的共同变异量为分析对象。因此，若因子分析的目的是用最少的因子最大程度地解释原始数据的方差，将多个变量简化为少数几个因子，则应用主成分分析法；若因子分析的主要目的不是简化变量，而是估计潜在的构念，确定数据结构进行理论检验，则适合用主轴因子法。不过，二者的结果通常差别不大。

（四）确定公共因子的数量

1．根据特征值确定因子数。一般选取特征值大于 1 的主成分作为初始因子，这也是 SPSS 默认标准。特征值反映了原始变量的总方差在各公共因子上重新分配的结果，由于每个变量的方差为 1，特征值大于 1 保留下来的因子至少能解释一个变量的方差，特征值越大说明该公共因子越重要。

2．根据碎石图确定因子数。将每个因子依其特征值的大小递减排列，绘出特征值随因子个数变化的散点图。当特征值显著变化时，坡度变陡，当特征值逐渐接近时，坡度变平。因此，散点曲线呈现由高到低、先陡后平的特征。可根据碎石图的形状，提取图中曲线开始变平以前，即最大拐点之前"碎石"的数量，来确定因子数。选取特征值大于 1 确定因子数的方法是一种使用绝对数量比较的办法，而根据碎石图确定因子数的方法是一种使用相对数量比较的方法，两种方法互相补充。

3．根据因子累计方差贡献率确定因子数。方差贡献率是指单个公共因子引起的变异占总变异的比例，说明此公共因子对因变量的影响力大小，贡献率越高说明该因子所代表的原始信息量越大。根据前几个成分累积贡献率达到的百分比来确定公共因子的数量，理想状态的累积比例是达到 80%—85%，不过累积比例最少超过 50% 也可以接受。

（五）因子旋转

因子旋转（rotation）是把公共因子携带的信息量进行重新分配，

让所有的公共因子差异尽量大,使得因子负荷量易于解释。SPSS 软件中提供了五种旋转方法:最大方差法、四次幂极大法、等量最大值、直接斜交法、最优斜交法。前三种属于正交旋转法,因子与因子间没有关联;后两种为斜交旋转法,因子与因子间有某种程度的相关。因子旋转最常用的是最大方差法。

(六)命名公共因子作为新变量

提取了合适的公共因子之后,总结各个因子下原始变量的共同特征,并结合相关系数给公共因子命名。可以利用得到的公共因子新变量替换原有变量进行数据建模,实现降维和简化问题的目的;也可以根据因子分析的结果继续优化量表,通过一次次迭代,编制出一套高质量的量表。

二、实例解析

【例 5-1】为了了解海外华人社区的情况,研究人员采集了某个国家 15 个华人社区的五项指标:华人人口、中文学校、华人家庭、社区服务和房价。五项指标具体数据见表 5.6,请综合这五项指标进行因子分析提取公共因子,给这 15 个社区一个综合评价。

表 5.6 某国 15 个华人社区的五项指标

社区编号	华人人口	中文学校	华人家庭	社区服务	房价
1	1 710	3.8	750	81	7 500
2	300	3.2	180	3	3 000
3	1 020	2.6	300	3	2 700
4	1 140	4.1	510	42	7 500
5	1 200	3.8	480	42	7 500
6	2 460	2.5	780	9	4 500
7	360	3.4	120	3	4 800
8	2 730	3.5	990	18	4 200
9	2 970	3.8	1 020	72	5 400
10	2 880	4.1	1 080	87	7 500

续表

社区编号	华人人口	中文学校	华人家庭	社区服务	房价
11	2 880	2.9	990	24	3 600
12	2 820	3.4	1 200	30	3 900
13	2 730	3.5	750	27	4 200
14	3 300	3.8	1 020	54	5 400
15	300	2.7	180	3	3 000

1. 数据组织。

根据表 5.6，在 SPSS 数据文件中建立 6 个变量，分别命名为"社区编号""华人人口""中文学校""华人家庭""社区服务"和"房价"，第一个变量的测量标准设为"名义"，后 5 个变量的测量标准均为"标度"。然后录入上面的数据，并保存。

2. 因子分析设置。

（1）选择菜单栏中的【分析】→【降维】→【因子】命令，弹出【因子分析】主对话框。

（2）将"华人人口""中文学校""华人家庭""社区服务"和"房价"添加到"变量"框中。如图 5.7 所示。

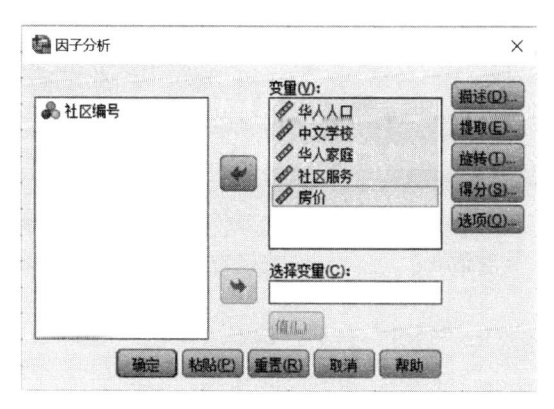

图 5.7 "因子分析"主对话框

(3) 点击"描述"按钮，选择"KMO 和巴特利特球形度检验"，点击"继续"。如图 5.8 所示。

(4) 继续点击"提取"按钮，"方法"默认"主成分"，"分析"默认"相关性矩阵"，输出选择"未旋转因子解"和"碎石图"，"提取"默认"特征值大于 1"，其他默认，点击"继续"。如图 5.9 所示。

(5) 继续点击"旋转"按钮，"方法"选择"最大方差法"，"输出"选择"旋转后的解"和"载荷图"，其他默认，点击"继续"。如图 5.10 所示。

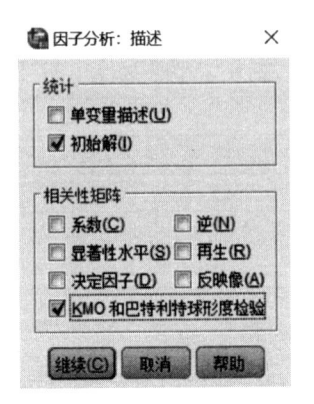

图 5.8 "因子分析：描述"对话框

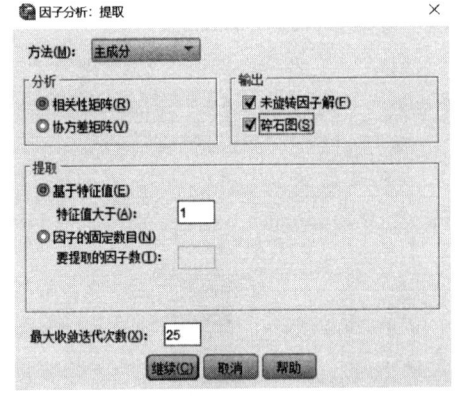

图 5.9 "因子分析：提取"对话框

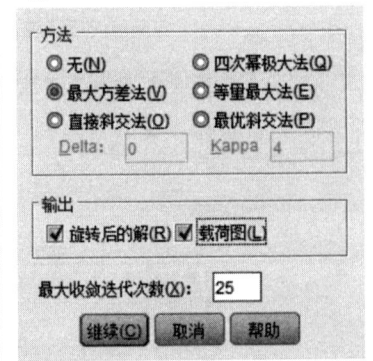

图 5.10 "因子分析：旋转"对话框

(6) 继续点击"得分"按钮，选择"保存为变量"，"方法"默认为"回归"，点击"继续"。如图 5.11 所示。

(7) 继续点击"选项"按钮，"系数显示格式"选择"按大小排

第五章 项目分析与因子分析

序"和"排除小系数","绝对值如下"填入"0.50",点击继续。如图 5.12 所示。

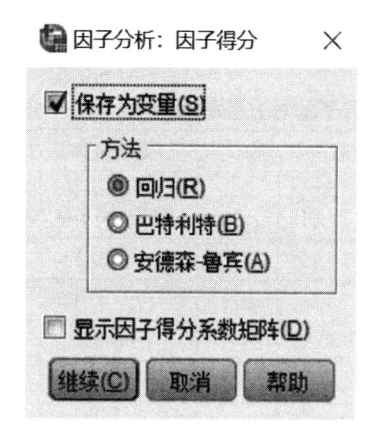

图 5.11 "因子分析：因子得分"对话框　　图 5.12 "因子分析：选项"对话框

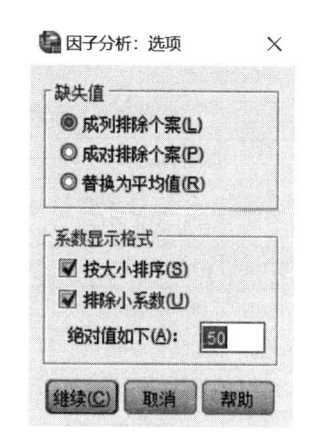

（8）完成以上操作步骤后，回到"因子分析"对话框，点击"确定"按钮，运行结果见表 5.7　表 5.9 和图 5.13。

3．主要结果及分析。

（1）表 5.7 显示了 KMO 和巴特利特球形检验结果。表中数据显示，KMO=0.702，巴特利特检验 $P < 0.05$，均说明现有数据做降维处理具有相关性的前提条件基础，数据适合做因子分析。

表 5.7　KMO 和巴特利特检验结果

KMO 取样适切性量数		0.702
巴特利特球形度检验	近似卡方	62.386
	自由度	10
	显著性	0.000

（2）表 5.8 显示了抽取的公共因子数量及其解释量。表中数据显示，特征值大于 1 的因子有两个，分别为 3.190 和 1.441。从 5 个自变量抽取了两个公共因子，两个公共因子的累积方差贡献率为 92.610%，说明这两个因子可以对原来五个指标做充分的概括。

表 5.8　抽取公共因子的总方差解释

成分	初始特征值			提取载荷平方和			旋转载荷平方和		
	总计	方差百分比	累积百分比	总计	方差百分比	累积百分比	总计	方差百分比	累积百分比
1	3.190	63.797	63.797	3.190	63.797	63.797	2.511	50.230	50.230
2	1.441	28.812	92.610	1.441	28.812	92.610	2.119	42.380	92.610
3	0.203	4.067	96.677						
4	0.130	2.597	99.274						
5	0.036	0.726	100.000						

提取方法：主成分分析法。

（3）图 5.13 是关于抽取的公共因子特征值的碎石图，前两个石头落差较为突出，拐点很明显，说明适合提取两个因子作为公共因子。

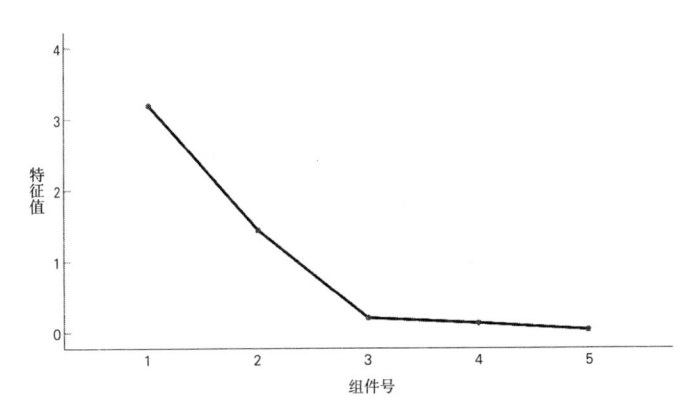

图 5.13　确定公共因子数量的碎石图

（4）表 5.9 旋转后的成分矩阵显示，公共因子 1 包括"房价""中文学校"和"社区服务"三个变量，公共因子 2 包括"华人人口"和"华人家庭"两个自变量。

表 5.9　旋转后的成分矩阵

	成分	
	1	2
房价	0.953	
中文学校	0.919	
社区服务	0.837	
华人人口		0.982
华人家庭		0.967

提取方法：主成分分析法。
旋转方法：凯撒正态化最大方差法。旋转在 3 次迭代后已收敛。

根据以上分析，可以从"华人人口""中文学校""华人家庭""社区服务"和"房价"五项指标中抽取两个公共因子，第一个公共因子可概括反映房价、中文学校和社区服务三项指标，第二个公共因子可概括反映华人人口和华人家庭两项指标。也就是说，关于华人社区的原五项指标，经过因子分析降维处理后，发现了两个公共因子。我们可以把这两个公共因子分别命名为发展因子（因子 1）和人口因子（因了 2），并且可以用这两个公共因子对 15 个华人社区进行更概括、更精练的评价。

思考题

1. 什么叫项目分析？项目分析的主要方法有哪些？

2. 什么叫项目难度？请举例说明如何计算项目难度。
3. 什么叫项目区分度？项目区分度的检验方法主要有哪些？请举例说明如何使用 SPSS 进行两端分组比较检验。
4. 什么叫因子分析？进行因子分析需满足哪些条件？
5. 抽取公共因子最常用的是什么方法？如何确定公共因子的数量？因子旋转最常用的是什么方法？
6. 请举例说明如何使用 SPSS 进行因子分析，以及如何对统计分析结果进行解释。

延伸阅读

范奕敏、张湘琳、曹玉卿、李虹（2021）小学生阅读障碍行为筛查家长问卷的编制及信效度检验，《心理与行为研究》第 4 期。

王佶旻（2012）中级汉语学习者语言能力自评量表的编制与检验，《中国考试》第 11 期。

朱宇、胡晓丹（2021）汉语连词在不同学术语域的聚合：多维定量分析，《语言教学与研究》第 2 期。

第六章
问卷调查研究、实验研究与测试测量研究

第一节 问卷调查研究

一、概述

（一）问卷调查

问卷调查是由研究者自己或者委托专门机构根据调查目的设计问卷，采取抽样方法确定调查对象，通过让调查对象完成事先设计的调查表，并对调查数据进行统计分析得出调查结果的一种研究方法。问卷调查遵循概率与统计原理，调查方式具有较强的科学性，同时也便于操作，是应用语言学实证研究最重要的方法之一。作为社会科学研究中最流行的研究方法之一，问卷调查具有很多突出的优点，同时也存在一些局限和不足。

1．问卷调查的优点。

（1）标准化程度高，评分统一客观。问卷调查严格按照统一设计和固定结构的问卷进行研究，调查问题的表达形式、提问顺序、答案方式与方法都是固定的，且一般采用文字交流方式，研究者不太可能把主观偏见带入调查中，避免了对填写的问卷进行人工评阅时主观上存在的差异，有利于得到比较客观的数据资料。

（2）可以大规模进行，调查范围广泛。由于采用标准化设计，无论研究者是否参与了调查，都可以从问卷上了解调查对象的基本态度与行为，而且问卷调查可以周期性进行而不受调查研究人员变化的影响。同时问卷调查不受调查对象人数的限制，可以在很大范围选取较多样本进行调查，突破许多主客观条件的限制获得丰富的数据资料。

（3）简便易行，经济高效。问卷调查可以在较短时间内收集到大量数据资料，由于问卷的问题和答案是标准化设计的，故获得的数据资料易于进行量化处理，便于使用计算机软件进行统计分析。现在越来越多问卷采用电子问卷形式，可以通过网站在线或 e-mail 进行发布与回收，而且数据直接使用数据库记录，方便筛选与分析。因此，采用问卷调查可以节省大量人力、物力、经费和时间。

（4）匿名性强，真实客观。问卷调查一般不要求调查对象署名，这种匿名性处理有利于被试表达自己真实的情况和想法，特别是当调查内容涉及一些比较敏感的问题或个人隐私时，匿名性强的问卷调查便于被试自由表达自己的情况和意见，可增强调查的真实性和客观性。

2. 问卷调查的缺点。

（1）缺乏弹性，不灵活。问卷中的问题和回答方式是固定的，缺乏弹性，大部分答案都由问卷设计者预先划定了范围，有时被试不能按照自己的实际情况作答，限制了被试回答的广度和深度。

（2）真实性难以检验，回收率得不到保证。问卷调查经常采用被试填答的方式，其调查结果的质量有时得不到保证。例如，被试是否随意填写问卷？所填答案是否其真实情况？被试当时的情绪状况如何？是否受到其他被试的影响？是否同别人商量填答？这些情况，研究者往往并不清楚。由于无法控制调查对象，再加上各种因素的影响，问卷的回收率也难以保证。

（3）问卷设计难度高，调查结果深入性不够。问卷内容设计的好坏，直接影响到整个调查研究的价值。问卷设计过程复杂，设计一份具有较高信度和效度的问卷难度很高。问卷调查是一种用文字进行对话的方法，如果问题太多，调查对象会产生厌烦情绪，因此，一般的问卷都比较简短，很难深入探讨某一问题及其原因，而且由于无法双向交流，对于复杂的问题，简单的、直线性问卷回答方式无法对被试进行深入调查。

（二）问卷的类型和结构

问卷，也叫调查表，是一种以书面形式了解调查对象的反应和看法，并以此获得数据和信息的载体。问卷与测试卷不同，测试卷通常根据某种标准来测量受试的能力或者知识水平，并对受试的能力或知识水平达到该标准的程度作出评价，例如，第二语言水平测试。而问卷是以一种非评判性的标准获得调查对象的信息，答案通常本身不存在好坏之分。

1. 问卷的类型。

（1）根据资料收集方式可分为自填问卷和访谈问卷。自填问卷是根据问卷填答指示或在调查者指导下由调查对象自己填答；访谈问卷是由调查者提问，并将调查对象的回答记录在问卷上。本节中，我们主要关注自填问卷，并根据 Brown（2001：6）的定义进行讨论："问卷是一种呈现给调查对象的书面工具，包含一系列的问题或陈述，调查对象需要在上面写出自己的答案或者从已给出的答案中作出选择。"

（2）根据问题形式可分为结构型问卷、非结构型问卷和综合结构型问卷。①结构型问卷，也称封闭式问卷。这种问卷将问题的答案事先设定好，只允许被试在事先设定好的答案中进行选择。由于封闭式问卷采用固定的选项和刻度量表，不给调查对象任意发挥主观评价的空间，因此这些题项常被视为"客观"题项，回答也易于进行数字化处理，特别适合量化数据分析。②非结构型问卷，也称开放式问卷，就是只提出问题，事先不列出任何选择答案，让被试根据自己的情况自由回答。非结构型问卷的优点是可以深入了解被试的观点，获得丰富的数据资料,但开放式问题获得的数据本质上是质化或者解释性的,其解释的丰富性和处理的难度都要高于量化数据,因此不利于数字化处理和统计分析。③综合结构型问卷,即结构型与非结构型(或封闭式与开放式)的综合问卷。现在很多调查都采用综合结构型问卷,在以结构型为主的题目中加上开放式问题,以便于调查那些性质尚不清楚或需要深入了解的问题。典型的问卷是高度结构化的数据收集工具,调查对象通常只需在非常具体的答案中进行勾选,这使得问卷非常适合量化的统计分析。不过问卷调查研究的基本目的是分析问卷涉及的不同范畴和因素之间的关系,因此,并不排斥开放式问题。但其缺点是,如果开放式问题需要回答的内容过长(大于一句话),经常会导致调查对象拒绝回答该问题,甚至整个问卷。因此,尽管在问卷中有些开放式问题可能很重要,但最好不要包含太多这样的问题,如果确实需要收集很多这样的开放式问题数据,可以结合采用访谈等其他数据收集方式。

2. 问卷的结构。

问卷的结构一般包括问卷标题、问卷说明、个人信息、答题指导语、题目与答案、结束语等部分。

(1) 问卷标题。问卷标题是对调查主题的概括说明,用来界定调查领域,给调查对象提供基本定位,激活相关内容。题目应简明扼要,易于理解。例如,"外国学生汉字学习策略问卷""国际中文课堂活动有效性评价问卷""传承语学习者汉语学习动机问卷"等。

(2) 问卷说明。问卷说明是向调查对象介绍和说明调查目的、调查者身份和调查大概内容,例如,该项研究是关于什么的及其重要性或价值,进行该项研究的组织或个人是谁,以及强调答案没有对错之分,请求如实并完整填答,并承诺对调查对象的身份等信息保密,最后还要表示感谢等。例如:

说明:这是一份关于学习汉字策略的调查问卷,您的回答将可以

第六章 问卷调查研究、实验研究与测试测量研究

帮助我们发现什么方法对学习汉字最有效。在回答问卷时，请思考一下您对这些方法的个人看法。请仔细阅读每一个题目，圈出最符合您实际情况的那个选项。答案没有对错之分，您只需选择最符合您的答案即可。我们保证您的回答只用于此项研究，并对您的个人信息严格保密。您真实的回答是本次研究成功的保证，谢谢您的帮助！

（3）个人信息。应用语言学调查问卷一般在问卷的开始部分让调查对象填上一些涉及性别、国籍、母语、教育水平、学习外语的时间等个人信息，以便在数据分析时，可以根据这些个体因素进行研究。

（4）答题指导语。答题指导语向调查对象解释和展示如何填答某部分的问题，例如，对于不同评价刻度及其标准的说明等，这些刻度和标准最好用粗体或黑体突出。例如：

下面是人们学习汉语时使用的一些策略，请仔细阅读每一句话，并在它后边最能描述你的情况的答案上画圈。请指出你实际做的，而不是你认为你应该做的或者别人做的。Below there are some strategies that people use when learning Chinese. Please read each statement and circle the answer that best describes you at the end of each statement. Please indicate what you actually do, not what you should do, or what other people do.

A. 这句话对我从来不是真的。This statement is never true of me.

B. 这句话对我通常不是真的。This statement is usually not true of me.

C. 这句话对我有一半是真的。This statement is true of me about half the time.

D. 这句话对我通常是真的。This statement is usually true of me.

E. 这句话对我总是真的。This statement is always true of me.

（5）题目与答案。题目与答案是问卷的主体部分。问题要符合研究的目的要求，简洁明了，适应调查对象的程度。问卷题项要与指

导语非常清楚地分开，通常可以采用不同的字体。题项一般采用陈述句的形式，至于答案是开放式的还是封闭式的，则应根据实际情况而定，为了充分发挥问卷调查的优点，问卷一般以封闭式的答案为主，通常在结束部分设计几个开放性的问题，供被试深入作答。

（6）结束语。某些情况下，在问卷结尾部分可以提供研究者的联系方式，或者邀请对该项调查结果有兴趣的调查对象提供自己的联系方式以便寄送研究结果和进行后续的志愿访谈等。最后还要礼貌地感谢被试的合作。

二、问卷设计和调查实施

（一）调查问卷的设计

1. 问卷设计的一般步骤。

问卷是问卷调查中用来收集数据信息的工具，问卷质量的好坏直接影响到调查数据的真实性和适用性，影响到问卷的回收率，进而影响到整个调查结果，因此，高质量的问卷在问卷调查研究中占有十分重要的位置。问卷设计主要包括如下五个步骤：

（1）设计准备。首先，明确研究目的，提出研究假设，确定调查对象。设计前要对整个调查的总体目标和研究假设有一个明确的认识，例如，根据研究目标和假设应该寻求什么数据信息？研究的关键变量是什么？调查对象应该具有什么特征？对这些问题都要做到心中有数。其次，确定研究问题的维度，列出需要调查研究问题的纲要，查阅有关研究资料，收集与调查内容相关的信息。另外，在正式设计调查问卷前，研究者常会进行一项探索性的质化研究（常采用访谈的形式），以便为相关的问题收集必要的信息和资料。例如，在设计调查学习者的外语学习信念问卷时，除了查阅相关文献和反思自己的学习经验之外，也可以对一些学习者进行访谈，收集他们对应该如何学习外语的看法。

第六章 问卷调查研究、实验研究与测试测量研究

（2）设计问卷初稿。①围绕研究目标和假设，草拟问卷框架。列出问卷各大部分的主要内容和大体的项目清单，并初步安排它们的顺序。②根据所列项目清单，设计问卷中每一部分的具体项目和具体答案。③调整各个部分和每一部分中题目之间的结构及先后顺序，并按照总的结构将各部分题目首尾相连。④加上问卷标题、问卷说明、个人信息、答题指导语、结束语等相关部分内容，形成问卷初稿。

（3）征询与预调查。初步设计出来的问卷往往会存在一些问题，在正式使用前还需要征询相关人员的意见并在小范围内进行试测，以便发现问题，及时修改。①征询专家意见。邀请在编制问卷方面有经验的专家或对该研究问题有充分认识的人员提供批评意见，对问卷初稿进行修改，确定后作为预调查的问卷。②试测并进行分析。从总体样本群体中抽取部分作为试测样本进行预调查，以检查问卷表述的方式、项目、内容等能否为调查对象所理解，难度、分量是否合适，内容是否合理，以及确定每种答案的强度或顺序，并进行项目分析、信度与效度分析，以考察题目的代表性水平（能否反映特征）和内部一致性水平（能否稳定反映研究目的），据此对问卷进行必要的修改。

（4）问卷的修改。根据试测结果进行因子分析、项目分析、信度和效度检验，对问卷进行调整、修订，剔除不必要的问题，直到合乎要求。一份标准问卷应该符合如下设计原则：①问卷的所有问题都应与研究目的相符，重要内容没有遗漏，整卷围绕同一主题。所有题项都不能只可选择一种答案，答案要有区分度。②问题所收集的材料要易于统计与解释，各部分比重合适，且排列恰当，调查对象个人信息在前，总的问题在前，具体问题在后。③问卷长度适当，以保持调查对象应答兴趣和认真态度。一般认为，题目数量最多不宜超过60个，答卷时间最好不超过30分钟。④适当安排若干反向题（测谎题）和校正题。

（5）问卷定稿与印制。问卷设计还包括问卷的打印格式、排版形式等方面的问题。为了便于调查对象翻阅和填写，在设计问卷时可注

意以下五点：①可以设计为手册形式。例如，用 A3 纸双面打印，中缝折叠（或装订）。②合适的排版密度。尽管调查对象更愿意填写一份两页而非四页的问卷，但是我们不能让问卷看上去太挤。不太拥挤且留有适当空白处的问卷，看起来更容易，而且可以引起调查对象更高的合作意愿并出现较少的错误。③清晰的布局。问卷的各个部分、题项的排列和布局要整齐美观，可用不同字体、字体加粗或斜体等形式突出某些部分，或者把说明性文字与题目、题项和答案区分开来。④印制质量。一份纸质优良、打印清晰、印制精美的问卷，不但更容易填写，而且人们更不忍心丢弃；另外，也有学者建议使用不同颜色的纸或字体打印问卷的不同部分。⑤题项编号。可采用罗马数字给问卷的几大部分编号，采用阿拉伯数字给各个题项统一编号。另外，同一个问题及其答案应该打印在同一页中，避免分开放在两页纸上。

2．题目和答案设计的基本原则。

（1）整个问卷所列出的题项应涵盖调查主题的所有范围，同时各题目的含义要明确具体，彼此之间既界限分明，又相互联系，构成一个完整的体系。题目应按问题的性质或类别来排列，相同内容的排在一起，并且按问题的难易程度排列，先易后难，由浅入深，封闭式问题在前，调查对象熟悉的问题在前。

（2）问卷题目和答案措辞用字要清晰明确、便于回答。要使用简单直接的语言，消除歧义，避免模糊不清。例如：

您教授汉语多长时间了？请在下面选项上画圈。

A. 0—5 年　B. 5—10 年　C. 10—15 年　D. 15—20 年　E. 20 年以上

汉语教龄为 5、10、15、20 年的人会不知道应该在哪个上面画圈，正确的形式应该是：A. 0—5 年　B. 6—10 年　C. 11—15 年　D. 16—20 年　E. 20 年以上。

再如：

您的婚姻状况,请在下面选项上画圈。A. 已婚　B. 未婚

显而易见,此题还有其他答案,例如,离婚、丧偶、分居等。如按照以上方式设置则不可避免地会发生选择上的困难和有效信息的流失。

(3)一个问题只能有一个问题点。一个问题如有若干问题点,不仅会使调查对象难以作答,调查结果的统计也会很不方便。例如:"你为什么不学别的语言而要学习汉语?"这个问题至少包含了"你为什么不学别的语言?""你为什么学习汉语?"和"是什么原因让你发生了改变?"三个问题。防止出现这类问题的最好方法,就是把问题点分开,一次只问一个问题。

(4)答案要具有穷尽性和不重复性。每一个题目的封闭式答案要列出能够反映该题目的所有特征,不能遗漏,同时各特征之间互不包含,不能重复。即在单项选择答案中,对于每一位调查对象来说,有且只有一项答案适合其情况。

(5)问题的表述要持"中立"立场,避免带有倾向性或暗示性的问题。例如,"你是否和大多数人一样认为学习汉语可以帮你找到一份好工作?"这一问题带有明显的暗示性和引导性:你是否跟大多数人的看法一致。

(6)开放式问题要尽量具体、明确,能够简短作答。例如:

例1:Is this your first time in China? If no, how many times have you been in China (including present stay)? 这是您第一次来中国吗?如果不是,您一共来过中国多少次(包括这一次)?

例2:你觉得你正在使用的教材"好"还是"不好",并请简单解释:

例1的问题非常明确具体,被试马上能简短作答。而例2的问题过于笼统,首先,"正在使用的教材"是指什么样的教材?综合课的?口语课的?阅读课的?听力课的?等等,无法确定。其次,"好"与

"不好"的标准是什么？也非常模糊。再次，如何解释？要解释清楚的话，恐怕不是三言两语可以填完的。

3. 答案的类型。

就封闭式题目来说，题项的答案包括多种类型，需要根据具体情况进行选择。

（1）两分式。在一些量表中设计者只给调查对象两个选择：对或错，是或否，喜欢或不喜欢，同意或不同意。一般来说选择答案中包括的选项越多，评价的精度越高，不过在一些情况下，当是与否两极决定很可靠时，也可以采用只有两个选择的答案。例如，对比较小的儿童来说，很难进行更加精细的刻度评价，也有一些个性测量，调查对象很难合适地评价其程度。

（2）选择式。选择式答案可以是单项选择也可以是多项选择。在使用时，要注意两点：第一，确保答案覆盖了尽可能广泛的选项，没有令调查对象感到迷惑的选项；第二，如果是单项选择，要确保每个问题，调查对象只有一个选项可以选择。为了确保所提供的选择涵盖了所有的情况，有时答案中需要包括"不知道"（Don't know）或者"不适用"（Not applicable）的选项，有时也可以包括一项"其他"，该答案的后面常常跟着一个开放式问题"请具体说明"。选择式答案有的可以处理成类别数据（如例1），有的可以处理成有序数据或标度数据，例如不同的选择可以表示某种态度、信念、行为的程度或频度等（如例2）。

例1：我学习汉语的目的是：A．为学习专业做语言准备 B．为了找到一个好工作 C．为了了解中国和中国文化 D．为了在中国旅行 E．其他（   ）

例2：我平均每周在课外用汉语跟别人交流的时间大约是＿＿＿小时。

　　　　A．少于1　　　B．1—5　　　C．6—10　　　D．多于10

（3）里克特式。不少研究者认为多重刻度是科学设计问卷的关键

第六章　问卷调查研究、实验研究与测试测量研究

部分。最广为人知的测量表是在 20 世纪 30 年代由 Rensis Likert 提出的五度测量表，因此也叫里克特五度量表（Likert scale）。该量表是公认的最简单、可靠的通用工具。在对问卷回答进行处理时，调查对象选择的五种答案可依次对应于从 5 到 1 五项分值，如"非常同意 =5，很不同意 =1"等。对于问卷中的反向题，在统计分数时正好倒过来处理。例如：

从上课的第一天起就要求学生在课堂上说目的语。

A. 非常同意　B. 同意　C. 不能确定　D. 不同意　E. 非常不同意

也可以用不同的点构成一个连续统用来显示程度上的差别，让被试选取合适的数字。例如，频率："从不 1……2……3……4……5 总是"；意见："强烈反对 1……2……3……4……5 强烈支持"；态度："最不满意 1……2……3……4……5 最满意"；行为事实："这句话对我从来不是真的 1……2……3……4……5 这句话对我总是真的"；等等。刻度上的点直接由一连串的数字表示，便于计算机处理。里克特五度量表也有其他表示形式，例如：

例 1：在课堂上只说汉语：

无用＿＿：×：＿＿：＿＿：＿＿：有用

困难＿＿：＿＿：×：＿＿：＿＿：容易

例 2：对你的汉语水平进行自我评价：

完全是零起点 ⓪①②③④ 母语说话者

里克特量表本来是五种程度的反应选择，后来在研究中逐渐产生了其他一些变体，如三度、四度、六度、七度测量表等。最通用的是五度量表。

例 1：三度量表

Holding a conversation with Chinese friends. 和中国朋友进行交流。

A. no problem 没问题　B. some problem 有一些问题

C. severe problem 有严重问题

例2：六度量表

A. 非常同意　B. 同意　C. 有点儿同意　D. 有点儿不同意

E. 不同意　F. 非常不同意

例3：七度量表

要取得成功，注意我的语言错误并找出错误的原因是重要的。It is important for success to notice my language errors and find out reasons for them.

   1----------2----------3----------4----------5----------6--------7

  非常不同意　　　　　　　不确定　　　　　　　非常同意

（4）排序式。排序式指为一个问题准备若干个答案，让调查对象根据自己的程度确定先后顺序。在刻度式量表中，调查对象可以对不同的题项作出同样的评价选择，例如，在所有的题项中都选择"非常同意"。但排序式量表不同，调查对象必须对不同的答案作出不同的评价选择，例如：

请按照你认为学习汉语时的难度对下列因素排序（最难的排在前面）：

   A. 发音　B. 语法　C. 汉字　D. 词汇

（5）菜单数值式或清单式。数值式是指规定答案的总数值，由被试将数值进行分配，通过分配数值的不同来表明不同状态的测量表。例如，调查对象的年龄、学习目的语的时间、学过的外语数量等。填在线量表时，常通过下拉菜单的形式提供。清单式的答案由一组清单组成，调查对象根据自己的判断从清单中选出符合问题的答案。

设计一份高质量的问卷是需要扎实理论知识和丰富实践知识的一项复杂工作，建议研究新手最好从借用已有权威量表入手，积累一定的问卷调查经验后再自己设计问卷。当然，在借用他人的量表进行调查时，要注意根据自己的调查目的和任务，做好对已有量表的翻译、修改等工作。

（二）问卷调查的实施

1．选择调查对象的抽样方法。

第二语言教学问卷调查的对象一般是学生和教师，有时也会包括教学管理人员、学生家长及其他相关人员。为了使问卷调查有较高的效度和信度，调查对象要有较强的代表性，选择对象需要遵循抽样原则，采取恰当的抽样方法。调查研究的抽样方法很多，一般分为两类：概率抽样方法和非概率抽样方法。

（1）概率抽样方法。概率抽样是依据概率论的基本原理，按照随机原则进行的抽样，可以避免抽样过程中的人为误差，保证样本的代表性。具体可分为：①简单随机抽样。抽签法或者抓阄法就是随机抽样，即把总体中的每个人进行编号，将号码写在一张张小纸条上，混合摇匀后，从中任意抽取。②等距随机抽样。从调查对象的总体名单中，有系统地每隔若干个抽样单位，抽取一个作为样本。如按学号抽样，遇有缺号，可允许向前或向后顺延。例如，对学生的问卷调查，常用方法是随机确定一个学号的学生作为调查对象，然后根据学号序列间隔一定距离，机械决定其余调查学生。③类型随机抽样。是把调查总体按其属性不同分为若干层次或类型，然后在各层或类型中随机抽取一定数目的对象。例如，按照学生的汉语水平，把学生分成初级、中级和高级三个层级，然后根据这三类学生在学校里的比重分别抽取相应的人数。对教师的问卷调查，把国际中文教师按照身份分为在编全职教师、签约全职教师和兼职教师等，然后根据学校这三类教师的比重分别抽取相应的教师人数。④整群抽样。上述三种随机抽样需要从包括所有单位的总体中进行抽样，但在实际调查中，往往难以获得总体所有成员的名单，即使能够获得，也很难实际运用。整群抽样就是先从总体中随机抽取一些集体单位，然后再对所抽取的集体单位进行随机抽样选出调查对象。

（2）非概率抽样方法。①偶遇抽样。也叫方便抽样，按调查者的方便任意抽取样本。它不确定抽样规则，采用包括在校门口或走廊里随机发放问卷等方式。这种方法也叫"街头拦人法"，比较方便，但样本代表性较差。②配额抽样。按各单位在总体中的比例分配预定的样本数量，然后按这些比例从各层中方便地、非随机地抽取样本。③判断抽样。研究者根据研究目标和自己的主观判断，非随机地从总体中选择那些被判断为最能代表总体的对象作为样本。④雪球抽样。也叫网络抽样，研究者先找到少数几个具有所需特征的人作为最初的调查对象，然后依靠他们提供认识的合格调查对象，再由第二批调查对象提供第三批调查对象……依次类推，样本如同滚雪球般由小变大。

2. 调查对象的样本数量。

问卷调查人数一般选取多少为宜？对于大型调查来说，抽样人数达到调查对象总体的1%—10%被称为"魔法抽样数"。一般来说，即使在不分类的情况下，最少的调查对象数量应不低于30人，而有些分析则要求最少不低于50或者100人，例如，做因子分析时最少要有100位调查对象。另外，调查对象的人数也要看研究类型和分析的要求。如果是探索性研究，样本量一般较小，而描述性研究，就需要较大的样本。总体指标的差异程度越大、研究的变量越多，需要的样本量就越多。调研的精度越高，样本量也越大。例如，如果需要采用多元统计方法对数据进行复杂的高级分析，样本量就应当更大；如果需要特别详细的分析，如做许多分类等，也需要更多样本。

3. 问卷调查的四种方式。

实施问卷调查主要包括培训调查人员，准备资料和器材，以及采取调查的具体方式等，具体方式主要有四种：

（1）集中调查。将调查对象集中在一起，先由调查者对调查做口头说明，然后让调查对象回答问卷。这种方法经济快捷，可以调查较多样本，一致性较强，回收率高。

（2）个别调查。由调查者将印制好的问卷逐一发给每个指定的调查对象，或者按照问卷的问题直接向某个调查对象提问并记录其回

第六章 问卷调查研究、实验研究与测试测量研究

答。这种方法比较适合分散的调查对象，机动灵活，不过效率比集中调查低。

（3）邮寄调查。通过邮寄方式将问卷寄给调查对象，调查对象自行填完后再寄回，是适用于无法直接接触调查对象的一种调查方式。邮寄调查的优点是调查范围广泛，不过调查结果缺少足够的可靠性，回收率比较低，而且比较费时，花费也较高。有了电子邮件作为通信工具以后，人们开始用电子邮件寄送调查问卷取代传统的邮寄方式。

（4）在线调查。网络的出现为在线问卷调查提供了新工具。在线调查的优点很多，例如，实时互动，方便快捷，无时空限制，费用很低，不过数据的可靠性不易控制。在线调查可以采用定向发送的方式，即向特定的对象发出邀请并显示问卷入口，请受邀者填写；也可以采用建立公共入口的方式，即所有看到问卷公共入口的用户均可填写。

4．调查过程中需要注意的一些问题。

（1）挑选和培训好调查人员，让实施程序标准化。如果不是研究者自己直接发放问卷，挑选合适的调查人员并对他们进行培训非常重要。调查人员最好是对调查工作感兴趣又认真负责的人，除了要对其进行调查过程的标准化培训之外，还应对调查人员的情绪、态度、解释说明的范围和程度等细节作出具体说明和规定。

（2）使调查对象感到有所收益，愿意参加调查。支付调查费或者赠送小礼品，既可以表达对调查对象的感谢，也能进一步显示研究的正规性。除了这些物质回馈方式，给调查对象反馈信息也是一种很好的做法。通过双方的互利互惠，使调查对象感到通过调查能有所收获，从而增加参与调查的意愿。

（3）选择适当的调查时间、场合和实施方式，营造良好的氛围。调查时间、场所和实施的方法会影响到人们参加的意愿。比如，在期末考试前、在吃午饭以前对学生进行调查，答卷的质量都不高。研究者应尽可能选择调查对象方便的时间、地点和实施方式，而不是仅仅从自己便利的角度出发。调查最好在一种宽松的、安静的环境中实施，

这样使调查对象易于接受调查，并能放松地表达自己真实的想法。

（4）控制问卷的长度，减少调查对象付出的时间。从研究者的角度来说，总是希望通过一次问卷调查尽可能多地收集相关数据，但过多的题量不但要占用回答者更多时间，也容易使人产生畏难和厌烦情绪。结果可能导致调查对象要么敷衍了事，要么干脆拒绝回答，影响研究质量。问卷多长为宜？这取决于问卷调查话题对调查对象有多重要。如果我们觉得某件事对自己非常重要，我们通常愿意花更长时间来回答这些问题。然而在应用语言学领域，绝大多数问卷并非直接为调查对象服务，故对他们来说没有多大重要性，因此，这些问卷不宜太长。大多数研究者认为，超过 4 页且需要花半小时以上来回答的问卷都不太合适。

（5）对调查过程进行管理，提高问卷回收率。研究者最好能参与调查过程，这样既可以及时发现问题、解答疑问，也可以管理实施过程，而且研究者亲自发放、当场填写的问卷一般回收率较高。当场填答的问卷需要与调查对象大致约定一下回收的时间。邮寄的问卷应该附上写好回信地址的信封并贴好邮票，方便调查对象寄回，对于没有回音的问卷，应该发信或打电话敦促调查对象寄回。

5. 回收和整理问卷。

（1）检查问卷，识别无效答卷。问卷回收时，最好能当场粗略地检查填写的质量，主要检查是否有遗漏，所有调查项目或指标是否填写齐全等。在对问卷正式处理前，应判断其可信度，识别并剔除无效问卷。空白较多的问卷、未完成的问卷很容易被识别和剔除，但有些表面上完整的问卷也可能存在种种问题，需要进一步辨别。例如，可以从下述方面识别无效答卷：①漏答太多。一般来说，漏答超过三分之一就应按无效问卷来处理。②选择单一选项。比如全部都选 A，或者一半选 A 一半选 B。③多人答案雷同。有些调查对象可能相互抄袭应付，或者一个人填答几份问卷。这样的问卷显然不能反映真实情况，都应作为废卷处理。④随意填答。问卷中最好有反向题，通过反向题就可以对此作出判断。

（2）对有效答卷标号，对回答问题编码。如果是在同一个单位进行调查的问卷且数量不多，可以直接按照从1开始的顺序编号。如果是分层抽样，调查的单位较多、问卷数量较大，应该使用号码对这些单位进行区分，在答卷的编号中包括这些内容。问卷中的答案要输入计算机进行量化处理，二语教学研究问卷中的数据主要包括：①事实数据，也叫调查对象的背景信息，如年龄、性别、教育水平、母语背景、学习第二语言的时间等。②行为数据，指调查对象现在和过去的学习或教学行为等方面的信息，如二语教学研究中熟知的学习策略、教学行为、互动行为、语言表现等。③观念数据，指与调查对象的观念有关的信息，如学习态度、信念、兴趣和动机等。调查对象所填答案中的上述内容最好能转换成数字进行编码，以便于计算机识别和分析处理。如果调查的变量多，内容复杂，最好建立一份编码手册以便于后面的数据录入和分析。

问卷的数据录入和分析参见前述相关章节。

三、实例解析

（一）实例简介

本研究实例名为"对外汉语教师与欧美留学生对'有效教师行为'的评价"（曹贤文、王智，2010）。本研究实例采用"有效对外汉语教师行为"调查表，选取对外汉语教师和欧美留学生作为调查对象，调查了对外汉语教师和欧美留学生对多媒体技术运用、语法教学、学习评估、文化教学、错误纠正、目的语使用、交际性语言教学策略等7类24项"有效教师行为"的评价。通过对教师组和学生组两组填答数据的统计，采用 SPSS 中的独立样本 t 检验方法，对两组数据的差异进行检验，分析结果显示，教师组和学生组在24项评价中有

13 项表现出显著性差异。根据上述统计分析结果,进一步讨论了这些差异的表现形式和原因,并根据调查结果对汉语教师如何提高教学的有效性提出了建议。

(二)实例研究设计

1. 调查目的。

本调查的目的在于了解汉语教师和留学生对多媒体技术运用、语法教学、学习评估、文化教学、错误纠正、目的语使用、交际性语言教学策略等 7 类 24 项教师行为的有效性评价,考察教师和学生评价的实际情况,分析两组评价是否存在差异,并与 Brown(2009)的调查结果进行对比,尝试对得出的结果进行分析并提出相应的教学建议。

2. 调查对象。

本调查对象为南京大学海外教育学院 2009 年 10 月在校的留学生和本院教师。为了使本调查与 Brown(2009)的调查保持较强的可比性,本次调查的留学生只限于欧美学生。回收留学生问卷 66 份,其中有效问卷 63 份,男生 32 人,女生 31 人。从年龄构成来看,年龄在 15 至 20 岁之间的学习者共 27 人,21 至 25 岁之间的学习者共 27 人,25 岁以上的学习者 9 人,接受调查的学生以青年人为主。回收教师问卷 32 份,其中有效问卷 31 份,填写问卷的教师包括学校事业编制专职教师 17 人,院聘教师 14 人,基本上反映了目前国内高校汉语教师的构成情况。

3. 调查问卷。

本次调查的问卷分为学生版和教师版两套,学生版为中英双语对照,教师版为中文。每套问卷分为两个部分,第一部分是关于被调查者的基本信息,包括国籍、年龄、性别、学习(或教学)时间等。第二部分是根据 Brown(2009)中的调查表进行适当修改调整后设计的"有效对外汉语教师行为"调查表,该表共包括 24 个问题,参见表 6.1。

表 6.1 "有效对外汉语教师行为"调查表中的 24 个问题

序号	内容	序号	内容
Q1	在对外汉语教学中经常使用多媒体技术	Q13	通过马上解释学生回答不正确的原因来处理错误
Q2	学生的成绩至少有一部分是根据完成指定的小组任务的情况来评定	Q14	从上课的第一天起就要求学生在课堂上说汉语
Q3	在文化教学上花费的时间不少于语言教学	Q15	完成课堂活动**不是**主要采用小组或结对练习的方式
Q4	要求学生在课堂外使用汉语同别人交流	Q16	上课大多采用练习特定语法点的活动,而不是采用仅仅是为了交换信息的活动
Q5	当学生说话出现错误时,**不立**即纠正	Q17	只有当学生感到已经做好准备时,才要求他们开始说汉语
Q6	允许学生使用母语而非汉语来回答听力与阅读测试题	Q18	介绍某个语法点时,需要说明该语法结构在具体、真实的情境中的运用情况
Q7	**不在**对外汉语课堂上使用留学生的母语	Q19	(母语非汉语的汉语教师)说汉语时在语法和口音上都应控制得像汉语母语者一样
Q8	当学生说话出现错误时,只是间接而非直接地纠正学生的错误(例如,向他们重复正确的说法而不是直接指出他们的错误)	Q20	教授语法时,**在解释语法规则前**,应先提供关于这种语法结构的例句
Q9	不只汉语掌握得很好,而且中国**文化**知识渊博	Q21	在教授语言和文化时主要使用真实的生活材料(比如音乐、图片、食物、衣服等),而非课本
Q10	**不**把语法的准确性作为评价学生语言产出(比如说话、写作)水平的主要依据	Q22	**不**简化或改变说法,以便使学生能听懂所说的**每一个**词语
Q11	主要通过让学生完成具体任务的方式(例如,找出房间的价格和酒店的费用)而不是做聚焦于语法的练习来教语言	Q23	评定学生的成绩至少有一部分是依据他们在课堂上用汉语跟同学成功互动的能力
Q12	用汉语发出指令让学生用身体动作作出反应(例如"起立""把书捡起来"等)	Q24	在采用的活动中让学生必须用汉语从同学那里发现未知的信息

根据内容上的联系和考察的目的,问卷中的 24 项教师行为总体

上可以划分为 7 类，其中有些教师行为同时属于两种或多种类型，具体情况见表 6.2。

表 6.2 调查表中 24 项教师行为的分类

考察的类型	问题
多媒体技术	Q1
语法教学	Q10, Q16, Q18, Q20
学习评估	Q2, Q6, Q10, Q23
文化教学	Q3, Q9, Q21
错误纠正	Q5, Q8, Q13
目的语使用	Q7, Q14, Q17, Q19, Q22, Q23
交际性语言教学策略	Q2, Q4, Q11, Q12, Q15, Q21, Q23, Q24

问卷要求调查对象根据自己的认识，对这些教师行为的有效性作出评价。评价量表采用里克特五度量表，答案从"非常同意"到"很不同意"分为五个等级，依次对应从 5 到 1 五种分值。调查结束后，使用 SPSS 对问卷结果进行了统计和分析，对于问卷中个别漏答的题目采用缺省值进行计算。

（三）实例主要分析方法和研究结论

1. 两组调查对象对"有效教师行为"的评价结果的均值比较。

根据调查结果，我们对教师组和学生组在 24 个问题上的平均分进行了统计，运用独立样本 t 检验的方法对两组的平均值进行了检验，以进一步考查学生组和教师组对每一项教师行为的评价是否存在统计意义上的显著差异，结果见表 6.3。

表 6.3 教师组和学生组评价 24 项"有效教师行为"的平均分及其显著性差异检验

题号	身份	均值	Sig.（双侧）	题号	身份	均值	Sig.（双侧）	题号	身份	均值	Sig.（双侧）
Q1	学生	3.40	0.004	Q9	学生	3.79	0.000	Q17	学生	1.87	0.000
	教师	4.06			教师	4.52			教师	2.65	

续表

题号	身份	均值	Sig.（双侧）	题号	身份	均值	Sig.（双侧）	题号	身份	均值	Sig.（双侧）
Q2	学生	3.37	0.000	Q10	学生	2.81	0.006	Q18	学生	4.13	0.046
	教师	4.23			教师	3.39			教师	4.58	
Q3	学生	3.38	0.561	Q11	学生	3.35	0.400	Q19	学生	4.24	0.000
	教师	3.52			教师	3.55			教师	3.24	
Q4	学生	4.40	0.721	Q12	学生	3.92	0.392	Q20	学生	3.31	0.000
	教师	4.45			教师	3.74			教师	4.39	
Q5	学生	2.43	0.000	Q13	学生	4.08	0.000	Q21	学生	3.63	0.603
	教师	3.45			教师	3.32			教师	3.74	
Q6	学生	2.19	0.772	Q14	学生	3.90	0.323	Q22	学生	3.35	0.000
	教师	2.13			教师	3.68			教师	2.42	
Q7	学生	3.78	0.117	Q15	学生	2.51	0.757	Q23	学生	3.65	0.000
	教师	3.39			教师	2.58			教师	4.32	
Q8	学生	3.49	0.814	Q16	学生	3.30	0.253	Q24	学生	4.08	0.005
	教师	3.55			教师	3.07			教师	3.60	

2．本次调查结果与 Brown（2009）调查结果的比较。

由于 Brown（2009）的研究中只给出了教师组和学生组具有显著性差异的题项的平均分，因此，我们只能就这部分进行比较。总的来看，本次调查结果表面分值普遍高于 Brown（2009）的调查，原因是本调查采用的是五度量表，而 Brown（2009）采用的是四度量表。我们把本次调查的均值除以 5，把 Brown（2009）的均值除以 4，然后比较二者的"商值差"，发现在 5 项教师行为的有效性评价上二者的"商值差"大于 10%，即大于 0.1，见表 6.4。

表 6.4　本调查结果与 Brown（2009）的比较

题号	身份	本调查均值（/5）	Brown 调查均值（/4）	商值差（本-Brown）
Q3	学生	3.38（0.676 0）	2.74（0.685 0）	−0.009 0
	教师	3.52（0.704 0）	3.24（0.810 0）	−0.106 0

续表

题号	身份	本调查均值（/5）	Brown 调查均值（/4）	商值差（本-Brown）
Q4	学生	4.40（0.880 0）	2.69（0.672 5）	0.207 5
Q4	教师	4.45（0.890 0）	3.15（0.787 5）	0.102 5
Q14	学生	3.90（0.780 0）	2.55（0.637 5）	0.142 5
Q14	教师	3.68（0.736 0）	3.14（0.785 0）	−0.049 0
Q15	学生	2.51（0.502 0）	2.12（0.530 0）	−0.028 0
Q15	教师	2.58（0.516 0）	1.63（0.407 5）	0.108 5
Q24	学生	4.08（0.816 0）	3.05（0.762 5）	0.053 5
Q24	教师	3.60（0.720 0）	3.51（0.877 5）	−0.157 5

观察上表中的数据，Q3 教师的有效性评价，Brown 的调查结果高于本调查，表明国外教师比国内教师更加重视文化教学。但值得注意的是，由于学生的背景相似，两份调查结果显示学生的评价基本一致，差异很小。Q4 学生和教师的有效性评价，本调查明显高于 Brown 的调查，在本调查中教师和学生的评价相似，但 Brown 的调查中师生的评价存在显著差异，教师的评价明显高于学生。原因是 Brown 的调查针对的是非目的语环境中的外语教学，而本调查针对的是目的语环境中的二语教学，因此"要求学生在课外使用汉语同别人交流"在国内的目的语教学情境中更容易获得教师和留学生的认同，而在国外，尽管老师认为这也是必要的，但由于语言环境的限制，实施起来不太容易，所以学生的评价较低。Q14 学生的有效性评价，本调查明显高于 Brown 的调查，两次调查中教师的评价差异较小。这一结果与上文对 Q4 的分析保持了一致，在目的语环境中学习的学生运用该语言的动机更强。Q15 教师的有效性评价，本调查高于 Brown 的调查，表明国外教师更喜欢运用交际性语言教学策略。Q24 教师的有效性评价，Brown 的调查明显高于本调查，这体现了国外的外语教师更加热衷于采用查找"信息差"（information gap）的教学方法，这一点也印证了

对 Q15 的分析。

另外，Brown（2009）通过对调查结果的分析，认为教师和学生尤其在"目的语使用""错误纠正"和"团体学习"等部分的评价存在明显的差异，本次调查则发现教师和学生除了同样在这些部分的评价上存在明显差异外，在"语法教学"和"学习评估"这些部分的评价上差异也很显著。在本次调查中，统计结果显示，教师组和学生组共在 13 个题目的评价上存在显著性差异（Q1、Q2、Q5、Q9、Q10、Q13、Q17、Q18、Q19、Q20、Q22、Q23、Q24），而 Brown（2009）的调查中师生评价存在显著性差异的题目为 12 个（Q1、Q2、Q3、Q4、Q5、Q9、Q11、Q13、Q14、Q15、Q16、Q24），数量大致相当，但具体的题目并不一致。对于本次调查结果上文已经进行过讨论，现专门针对 Brown（2009）师生评价存在显著性差异的 12 个题目进行分析。Brown（2009）中的 Q1、Q2、Q5、Q9、Q13、Q24 师生评价的显著性差异与本次调查相同，不再讨论。Q3、Q4、Q14、Q15 与本调查不同的原因本节也已经做过讨论，剩下只有 Q11 和 Q16 两题与本调查的结果不一致，我们认为国外师生对这两题的评价存在显著性差异的原因是学生比教师更加重视语法教学，而国内的对外汉语教学素来就有重视语法教学的传统，在这一点上教师跟学生的认识和评价基本一致，因此本调查中师生对 Q11、Q16 的有效性评价无明显差异。

第二节 实验研究

一、概述

（一）含义

应用语言学中的实验研究是研究者运用科学实验的原理和方法，以一定的语言教育教学理论为指导，有目的地、系统地操纵某些实验条件，同时对影响实验结果的无关因素加以控制，然后观测与这些实验条件相伴随现象的变化，从而确定条件与现象间因果关系的一种研究方法。对变量的操纵和对因果关系的揭示是实验研究的基本要素，研究者需在理论假设的指导下，通过操纵自变量，控制无关变量，观测因变量，以揭示语言教与学的各种条件和方法与其效果之间的因果关系，从中探索语言习得与教学规律。

应用语言学实验是获得知识、检验理论的一种特殊实践活动，具有实验的基本特征，可以自觉主动地探索第二语言教学内、外规律性因果联系，从而发展第二语言习得和教学理论。应用语言学实验主要涉及三种变量：（1）自变量，由研究者主动操纵而变化的变量，是能独立变化并引起因变量变化的条件或因素，如不同的学习策略、教学方法、互动方式等。（2）因变量，是由自变量的变化引起实验对象的行为或有关因素发生相应反应的变量，如学生的语言表现、学习成绩、学习行为等。（3）干扰变量，与某个特定研究目标无关的非研究变量，如课堂秩序、教师的教学水平等。实验研究中实验者、实验对象及上述三种变量的基本关系可用简图表示，如图6.1。

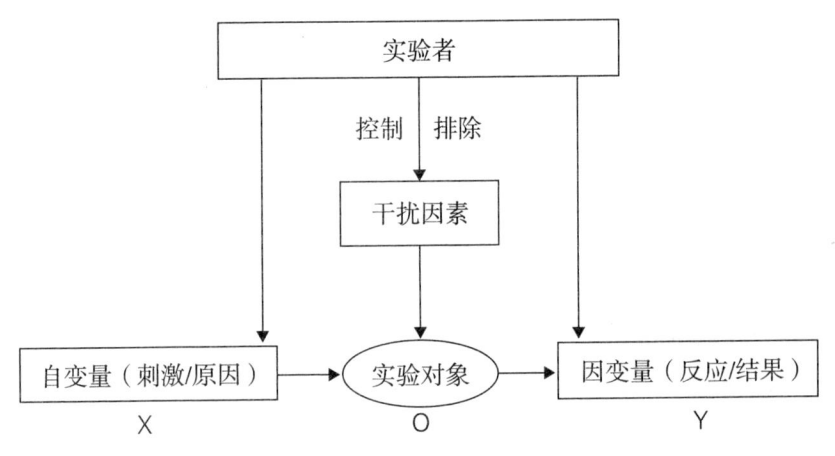

图 6.1　实验研究各因素之间关系简图

（二）特点

1. 揭示变量之间的因果关系。

揭示研究对象的因果关系是实验研究的主要任务。实验研究可以系统地操纵条件，以观察由这些条件所引起的事物的相应变化，从而揭示事物发展过程中各种变量间的因果关系。一般认为，要确认 A、B 两个变量中，A 与 B 具有因果关系（A 是 B 的原因），必须满足三个条件：(1) 共变关系，即 A 变 B 也变。如果 A 变 B 未变，则不能肯定 A 是 B 的原因。(2) 时间顺序，即 A 在 B 之前变化，或与 B 同时变化。如果 B 先于 A 变化，则也不能肯定 A 是 B 的原因。(3) 控制原则，必须在排除 A 之外的一切可能对 B 发生影响之因素的情况下，才能确定 A 是 B 的原因。

2. 有目的地操纵和控制变量。

实验研究要人为地创设一定的情景，通过对某些影响实验结果的无关因素加以控制，系统地操纵某些实验条件，然后观测与这些实验条件相伴随现象的变化，以此来揭示条件与现象之间的因果关系。很多研究，例如调查研究是对自然发生的现象进行描述和分析，不能主动操纵、干预研究对象，难以排除原因与结果之外第三变量的干扰，最终也很难确认事物间的因果联系，只能对某种可能性的原因进行推测。而实验研究不仅可以利用实验组与控制组的对比来确定变量的共变关系，用前测与后测来了解实验前后的情况，确定变量发生变化的时间顺序，而且更重要的是采用各种控制方法来改变实验对象的存在状态，排除无关因素的干扰，从而满足上述因果推论的第三个条件，成为揭示变量间因果关系的有效方法。

3. 严格的研究设计和可重复性。

为了确保能够揭示变量间的因果关系，有效地操纵和控制变量，实验研究设计的各个环节，包括实验对象的选取，实验材料、工具、程序的确定，无关变量的控制，分析方法的设计等都比较严格，从而保证实验的正确性和科学性。因此，只要具备同样的实验条件，采用同样的实施措施，实验就可以重复进行，结果就可以验证。

（三）类型

1. 根据实验场地不同，可分为实验室实验与自然实验。

（1）实验室实验。研究者根据研究需要在经过专门设计的、人工高度控制的环境中进行的实验。常常使用特定的仪器设备、运用一定的技术进行。这种实验要求把实验中的各种变量严格分离出来，并给予确切的操作与控制，因此研究结论的准确性和可靠性比较高。实验室实验在人为创造的高度控制的环境中进行，能有效地控制无关变量，获得精确的结果，但其结果的推广却受到限制，不过在第二语言的神经认知学研究中运用比较广泛。

（2）自然实验。在真实自然的教育教学情境中进行的实验，也叫现场实验。这种实验需贴近实际，只能尽可能地控制无关变量，研究结果的有效性和精确性会受到影响，但实验立足于现实的教育教学情况，结果便于推广，是二语教学研究中常常采用的一种方法。

2. 根据实验目的的不同，可分为探索性实验和验证性实验。

（1）探索性实验。在一定的理论和实践研究基础上，提出新问题，检验新假设，是前人未曾做过的，具有独创性和新颖性的实验。

（2）验证性实验。以验证已取得的实验成果为目标，对已经取得的认识成果进行检验、修正和完善的实验。这类实验具有明显的重复性，一般是用同一方法在不同环境条件下再实验一次，以检验在相似条件下是否会取得同样的结果。

3. 根据实验所揭示的变量之间质和量的关系不同，可分为定性实验和定量实验。

（1）定性实验。主要用文字来描述现象，用来判断研究对象所具有的性质，或者是否存在某种因素或关系，一般不涉及数量和数量关系的分析。

（2）定量实验。主要用数值来描述现象，实验目的是对研究对象所涉及的各因素之间的数量关系进行分析。

4. 根据实验设计不同，可以分为前实验、准实验和真实验。

（1）前实验。最原始的一种实验类型，无法随机分配被试，可以操纵自变量，不能有效地控制无关变量，误差高，效度低，往往不能说明因果关系，是一种不够理想的实验。

（2）准实验。在实验中未按随机原则来选择和分配被试，但能对实验过程进行某种程度的控制，一般按现存班级分为实验组和对照组进行的实验。

（3）真实验。严格按照实验法的科学性要求，随机地选择和分配被试，被试具有同质性，能够系统操纵自变量，严格控制无关因素。实验室实验一般属于真实验。

5. 根据实验所操纵的自变量多少，可分为单因素实验和多因素实验。

（1）单因素实验。同一实验中研究者只操纵一个自变量（有两个或两个以上水平）的实验，也叫单一变量实验。由于单因素实验的自变量单一、明确，操纵相对比较容易，实验难度相对较小。

（2）多因素实验。在同一实验中需要操纵两个或两个以上自变量的实验，由于每个自变量有两个或两个以上水平，所以也叫组合变量实验。这类实验要操纵的因素较多，实验过程比较复杂，因变量的观测内容也随之增多，因而整体上研究难度较大。

（四）实验研究的程序

实验研究的全过程可分为实验准备、实验实施和实验总结三个基本阶段，这是一个相对稳定的、有序的结构序列。

1. 实验准备阶段。

实验成功与否，很大程度上取决于实验前的准备工作。实验准备阶段的工作包括以下内容：

（1）选择和确定实验研究课题。实验研究课题的选择要符合价值性、创新性和可行性三项原则。即研究课题要有较高的理论或实践研究价值，要在理论上、方法上或预期结论上跟前人的研究有所不同、有所创新，要具备必要的研究条件，研究措施能够有效落实，可以达到预期效果。

（2）明确实验目的和主要变量。确定实验的目的是要揭示哪些变量之间的因果关系。即实验者要操作哪一种变量（自变量），控制其他变量（无关变量），最终考察由自变量的变化所引起的另一变量（因变量）的变化。

（3）提出实验假设。假设是对实验研究问题中因果关系的表述，一般来说，一个实验至少要验证一种假设。

（4）选择实验设计和实验对象。根据实验目的和需要，选择最合适的实验设计，实验设计主要涉及被试的选择和分组，以及自变量与因变量的实施和测量安排。

（5）制定实验方案。实验方案应包括这些内容：实验的理论基础，实验目标及具体指标，实验的各种变量及其关系，实验对象的选择，实验的处理方法，实验实施的详细程序和控制措施，实验测量工具和评价变量的指标，采用的统计方法，以及实验的组织领导、时间安排、设备来源、技术准备等。

2. 实验实施阶段。

实施阶段是实验的实质性阶段，是决定能否得出可靠的实验结论的关键。要按照实验设计落实实验的各项措施，严格按照实验程序操作，采取实验处理，观测由此产生的效应，并记录好实验所获得的资料、数据等。实施阶段的主要任务包括：操作自变量、控制无关变量以创设验证假设的条件，观察假设的现象是否发生（观测因变量变化），收集验证假设所需要的数据资料等。

3. 实验总结阶段。

在实验的总结和评价阶段，研究者的主要任务是对实验中获得的资料、数据进行整理和分析,从而对研究假设进行检验,最后得出科学结论。在对实验结果进行分析的基础上撰写实验报告,对实验的过程和结论进行全面的表述。这一阶段主要包括三方面的任务:

(1) 整理实验数据资料。即对实验过程中收集到的原始数据进行审核和筛选,并根据研究目的和相应的标准,对数据进行分门别类的编排和编码,对实验数据进行检验、归类编码和数字编码的过程是数据统计分析的基础。

(2) 实验结果的统计分析。按照已选定的统计软件的格式和要求输入数据,并进行相关的统计分析。对实验结果进行统计分析时,要根据实验目的和实验设计及实施的情况科学地选用统计方法,以便对实验数据进行全面深入的分析,得出科学的结论。

(3) 撰写实验报告。撰写实验报告要确保客观性与科学性,要持严肃认真的态度将研究的真实过程和结果公之于众,不能随意地引申夸大,更不能歪曲和篡改实验数据和结果。撰写实验报告要以陈述事实为主,要进行合适的定量、定性分析,并遵循撰写报告的常规,做到结构清晰、材料翔实、逻辑严密、结论严谨。定量研究报告主要以对数据资料的统计分析及其定量计算结果的讨论为主要内容,数量化、表格化、逻辑性强是表达结果的主要特征,报告的各个部分之间应界限清晰且撰写格式规范。实验报告的一般结构包括题目、署名、前言、实验目标和假设、实验内容(或实验因素)、实验过程和方法、实验结果与分析、讨论、参考文献及附录等。

二、实验研究的设计、效度和变量控制

(一) 实验常见的设计类型

实验设计时需要注意两个原则:(1) 对照的原则,即均衡可比的原则。首先要保持组间一致性,包括观测对象、实验条件、操作或观测方法、时间选择等要保持一致,确保实验组和对照组之间具有可比

性;其次组间人数要均衡,对照组的人数一般应与实验组相当。对照的主要作用是鉴别处理因素与非处理因素的差异,从而确认处理因素的真实效应,并消除和减少实验误差。(2)随机的原则。主要包括随机抽样和随机分组,随机抽样使总体中每个个体被抽到的机会均等,随机分组则使样本中每个个体分到各实验组的机会均等。随机化的意义在于使被抽取的实验对象能最好地代表其所来源的总体人群,并使各比较组之间具有最大程度的可比性。

以下被试——S、实验处理——X、因变量测量——O 这三个因素的不同安排方式,构成了不同的实验设计。下面我们针对第二语言教学研究,讨论一些常见的实验设计类型。

1. 单组实验设计。

只选取一组实验对象,没有控制组作为对照,通常是在自然的情况下,用单一实验组作为研究对象,进行实验处理的设计。

(1)单组后测设计。

基本模式:$S(X \rightarrow O)$

对一组被试在没有前测的情况下实施实验处理,然后进行因变量的测量。例如,采用某种新的语言教学法的实验教学效果研究。新的教学法是实验处理,测量的成绩为实验的效果——因变量,这种设计常用于先导研究。

(2)单组前后测设计。

基本模式:$S(O_1 \rightarrow X \rightarrow O_2)$

对一组被试先进行前测,然后实施实验处理,再进行后测。通过比较前后两次测量的数据来确定实验效果。例如,互动反馈对语言形式学习的效果,先前测获得学生的语言表现成绩,再进行互动反馈处理,然后再后测学生的语言表现。

(3)单组相等时间序列设计。

基本模式:$S(O_1 \rightarrow O_2 \rightarrow O_3 \rightarrow X \rightarrow O_4 \rightarrow O_5 \rightarrow O_6)$

按一定时间间隔对一组被试进行一系列测量,把实验处理安排在这一系列测量的某两个之间。通过比较实验处理前后各次测量结果的差异得到实验的效果。例如,对某一语法点教学处理前后的多次作文数据的测量统计和比较。

(4)单组多因子前后测设计。

基本模式:S($O_1 \to X_1 \to O_2$)

($O_3 \to X_2 \to O_4$)

以单组受试为对象,施加两种或两种以上的实验处理。每一种实验处理均进行前、后测。例如,在一个班级进行甲、乙两种教学方法的对比实验研究。通过两种方法的前后测验成绩得出两种方法的教学效果,再对比哪一种效果更好。

2. 不等组实验设计。

不等组实验设计一般属于准实验设计,是立足于现实教育教学情境,非随机地选择分组实验对象,对实验过程有一定程度控制的实验设计。不等组设计通常有实验组和对照组两组实验对象,两组实验对象的人数不必相等。

(1)不等组后测设计。

基本模式:S_1(X $\to O_1$) S_2(O_2)

通常是选择一个自然班作为实验组,另一个自然班作为控制组,在只对实验组进行实验处理后,测量两个班学生的成绩,并比较两组结果。

(2)不等组前后测设计。

基本模式:S_1($O_1 \to X \to O_2$) S_2($O_3 \to$ $\to O_4$)

这一设计通常选择一个自然班作为实验组,另一个自然班作为控制组,对两组实施前测,然后对实验组进行实验处理,再对两组进行后测,最后比较两组实验结果[(O_2-O_1) - (O_4-O_3)]。例如,对两个班的阅读成绩进行前测,然后对实验班进行阅读策略训练,控制班不做任何处理,再对两个班的阅读成绩进行后测,并比较两组结果。

(3) 不等组循环实验设计。

不等组循环实验设计是选取两个或两个以上条件不完全相同的实验组,在其他条件保持不变的情况下,将若干不同的自变量或同一自变量的若干不同水平,分期、轮流施加于各实验组,使因变量产生变化,然后分别对各个自变量引起的各种因变量的变化加以测量,并对总和加以对比分析,以判断哪一个自变量最有效。例如,采用两种不同教学方法反复交叉对两个班同学进行实验,以测定对学习成绩是否具有不同的影响。基本形式如下:

① 第一轮实验。

实验一组:前测→实验处理甲→后测(效果甲$_1$)

实验二组:前测→实验处理乙→后测(效果乙$_1$)

S_1(O_1 → X_1 → O_2)

S_2(O_3 → X_2 → O_4)

② 第二轮实验。

实验一组:前测→实验处理乙→后测(效果乙$_2$)

实验二组:前测→实验处理甲→后测(效果甲$_2$)

S_1(O_5 → X_2 → O_6)

S_2(O_7 → X_1 → O_8)

③ 结果比较。

(甲$_1$+甲$_2$) - (乙$_1$+乙$_2$)

3. 等组实验设计。

等组实验设计一般属于真实验设计,是随机选择实验对象,并将其随机分为控制组和实验组进行实验处理的设计。这种设计不但通过随机抽样和随机分组保证了被试的代表性,也对无关变量进行有效控制,具有很好的内部和外部效度。

（1）等组后测设计。

基本模式：RS_1（$X \to O_1$）　RS_2（　　O_2）

这种设计的主要做法是：①随机选择被试，并将其随机分为实验组和控制组（RS_1 和 RS_2）；②实验组（RS_1）接受控制处理（X），控制组（RS_2）不做控制处理；③实验处理后两组都接受后测（O_1 和 O_2）；④比较两组实验结果。例如，研究弹出式电子词典对在线新闻阅读伴随性词汇学习的影响。随机选择被试并随机将被试分为两个组，实验组使用弹出式电子词典在线阅读新闻，对照组不使用，然后测试两组被试对新闻材料中所含生词的伴随性学习成绩并进行比较。

（2）等组前后测设计。

基本模式：RS_1（$O_1 \to X \to O_2$）　RS_2（$O_3 \to$ 　 $\to O_4$）

这一设计与等组后测设计相比，不同之处是增加了在实验处理前对实验组和控制组的前测（O_1 和 O_3）；与不等组前后测设计的不同之处是，等组前后测设计随机选择被试和随机分组，并且对无关变量进行了很好的控制，是一种最常用的真实验设计。例如，研究纠错对外国学生习得汉语趋向补语的影响。随机选择被试并随机分成实验组和控制组，对两组被试使用汉语趋向补语进行前测，根据前测中出现的错误对实验组进行纠错，控制组不做任何处理，然后再对两组被试使用汉语趋向补语进行后测并比较两组的成绩。

这种研究设计也可以扩展为对两个或两个以上实验因子的比较研究。例如，研究两种教学方法对学生学习成绩的影响，实验处理的因素为教学方法，两种教学方法分别在实验组和对照组使用，然后对两组后测值减去前测值进行比较。

基本模式：RS_1（$O_1 \to X_1 \to O_2$）　RS_2（$O_3 \to X_2 \to O_4$）

结果比较：（$O_2 - O_1$）－（$O_4 - O_3$）

（3）等组多重处理设计。

基本模式：RS_1（$O_1 \to X_1 \to O_2$）

RS_2（$O_3 \rightarrow X_2 \rightarrow O_4$）
RS_3（$O_5 \rightarrow X_3 \rightarrow O_6$）
RS_4（$O_7 \rightarrow X_4 \rightarrow O_8$）

等组多重处理设计是等组前后测设计的扩展，是在需要进行三种或三种以上实验处理时常采用的一种实验设计，其方法是随机选取被试并将被试随机分成与实验处理个数相同的组，对每组被试实施一种实验处理，然后比较各组实验结果。例如，同时比较研究多种学习方法对学生学习效果的影响，就可以采用这种实验设计。由于该设计是随机选择被试和随机分组，因此，具有较高的内部效度和外部效度，可以同时比较几种不同的实验处理，提高实验研究的效率，但局限性是可能产生前后测之间的交互作用。

（4）所罗门四组设计。

基本模式：RS_1（$O_1 \rightarrow X \rightarrow O_2$）
RS_2（$O_3 \rightarrow \ \rightarrow O_4$）
RS_3（ $X \rightarrow O_5$）
RS_4（ O_6）

该设计是由所罗门于1949年提出的一种具有两个实验组和两个控制组的随机选择设计，是为了有效解决前后测设计的交互作用及只有后测设计的局限性而设计的。其中，只有两个组接受前测，另两个组无。实验处理后，四个组均接受后测。可以检验下列四种前后测平均数的差异：

第一组前后测平均数的差异（$O_2 - O_1$）

第一组和第二组后测平均数的差异（$O_2 - O_4$）

第三组和第四组后侧平均数的差异（$O_5 - O_6$）

第三组后测平均数与第一组前测平均数或第二组前测平均数的差异（$O_5 - O_1$ 或 $O_5 - O_3$）

所罗门四组设计可以有效地控制影响内部效度的各种因素，是最严谨控制的实验设计之一，但由于需要选择四个组，样本数较大，操作起来比较复杂，在一般研究中，应用并不广泛。

（二）实验研究的效度

效度就是指实验设计能够回答所要研究的问题的程度，即研究设计的结果所具有的效力。效度是实验设计质量的评价标准，标示着实验研究结论的准确性和普遍性程度。实验设计的效度可以分为内部效度（internal validity）和外部效度（external validity）两种。内部效度是外部效度的必要条件，但内部效度高的研究结果不一定具有很高的外部效度，内、外部效度有时会互相影响。

1. 内部效度。

内部效度是指自变量与因变量之间因果联系的真实程度，即因变量的变化，确实由自变量引起，是操作自变量的直接成果，而非其他未加控制的因素所致。内部效度表明的是因变量 Y 的变化在多大程度上取决于自变量 X 及其有效性的程度。内部效度是实验研究的必备条件，没有内部效度的实验研究是没有价值的，因为内部效度决定了实验结果的解释力。

影响内部效度的因素很多，通常包括研究环境、实验参与者、实验参与者的选择、数据的收集、测试工具和测试效应等。美国学者坎贝尔（Campbell）和斯坦利（Stanley）认为，有八类因素与实验内部效度有关或可能成为内部效度的威胁因素。

（1）偶然事件：在实验进展过程中发生了没有预料到的影响因变量的事件。

（2）成熟程度：时间在被试身上起的作用。例如，在实验过程中，被试因疲劳等原因导致的兴趣减退；或者在纵向的实验中，被试随着年龄增长而在认知能力方面的发展变化；或随着学习时间的增长，语言能力方面发生的变化等，都会影响实验结果。

（3）测验：前一次测验对随后另一次测验的影响。

(4) 测量手段：测量工具不统一、评量人的评量结果不一致性等也会影响实验的结果。

(5) 统计回归：被试的测量分数在第二次测量时，存在向团体平均数回归（趋近）的趋势。比如用极端分数进行回归，高分组的被试在第二次测量时，其分数由于向平均数回归而产生降低的趋势，低分组则产生升高的趋势。

(6) 在实验进展过程中被试的选择差异：被试未能随机挑选或分配，如果其中一个因素起了作用，就会产生组间的不对等性。

(7) 实验的偶然减员：非随机挑选的被试脱离实验，会产生不良影响。

(8) 取样与成熟的交互作用：上述各种因素可能存在交互作用，例如，取样和成熟程度的交互作用，由于取样不一带来成熟程度的不一致。

2. 外部效度。

外部效度是指实验结果的概括性和代表性，涉及实验结果的可推广程度，即研究结果能否被正确地应用到实验对象以外的其他被试，或其他非实验情境。外部效度分总体效度和生态效度两类。总体效度，指实验结果从特定的研究样本推广到更大的被试群体中去的适用范围，从严格意义上讲，研究结果只能推广到抽样样本的那部分总体，即实验可接受的总体中去。生态效度，指实验结果从研究者创设的实验情境推广到实验以外的其他情境中去的范围。

坎贝尔和斯坦利认为，对外部效度的威胁主要有以下四个因素：

(1) 测验的反作用或交互作用。测验的反作用是指前测对后测的影响，交互作用是指前测与后测之间的交互影响。

(2) 抽样偏差和实验变量的交互作用。当研究者抽样选取的是一些具有某种独特心理特质的被试时，这样的心理特质可能特别有利于或者不利于实验处理，这样就会造成抽样偏差和实验变量的交互作用。

第六章 问卷调查研究、实验研究与测试测量研究

（3）实验安排的副效应。即著名的"霍桑效应"，当被试知道自己处于实验中，可能会改变正常的行为，这与被试在非实验情境中的自然表现可能差别很大。

（4）多重实验处理干扰。当被试接受两种或多种实验处理时，前面的实验处理可能会对后面的实验处理产生干扰。

（三）实验的变量控制

1. 实验控制的含义和原则。

为了提高实验的效度，必须重视实验控制。控制实验最重要的是要控制好处理变量、无关变量、实验工具和实验评量者的差异。实验控制有一个基本原则，即最大最小控制原则（maximincon principle）。该原则的英文"maximincon"是由 maximize（最大化）、minimize（最小化）、control（控制）三个单词缩写组合而成。意思是通过控制，使实验变量产生最大变化，使其他干扰的变量与误差产生最小的影响。这个原则包括三层意思：（1）控制实验变量。使实验变量有控制地变化，而且使前后的变化差异尽可能大（maximized）。（2）控制无关变量。要控制实验变量之外一切可能影响结果的其他变量，使其保持不变或达到最小变化甚至排除在实验情境之外，务使不致影响到自变量与因变量之间的因果关系。（3）控制测量工具和实验评量者的差异。科学地选择、编制和使用测量工具，通过控制测量工具的选择与使用，保持实验评量者评量的一致性，务必使误差降到最低限度。

2. 实验变量控制的主要方法。

根据上述原则，研究者要有针对性地采取必要措施，对可能影响实验结果的无关变量进行有效控制。控制无关变量的主要方法有：

（1）随机控制法。随机选择被试，并用随机的方式分为实验组与控制组或各个不同的实验组。随机法是控制无关变量的最佳方法，根据概率原则，如果各组受试者所具备的各种条件机会均等，就能有效地控制被试间的各种差异。

(2) 物理控制法。对实验涉及的物理性因素进行控制,例如,使实验情境的物理条件保持恒定,刺激的呈现保持标准,反应的记录保持客观一致等。

(3) 排除控制法。在设计实验时将可能影响结果的变量,预先排除在实验条件之外,使自变量简化,免受其他变量的影响。例如,在实验比较两种教学方法的优劣时,如果认为被试的语言潜能会影响实验结果,则只选语言潜能测试同一分数段的对象为被试,这样就把语言潜能对实验结果的影响排除掉了。

(4) 纳入控制法。弥补排除法缺点的一种方法,这种方法是把影响将来实验结果的某种(或某些)因素也当作自变量来处理,将其纳入实验设计中,成为多因子实验设计。这样,不但可以控制这些变量,而且还可以进一步了解变量间的交互作用。

(5) 配对控制法。使实验变量之外其他变量发生相等影响的一种方法。具体做法是:首先认定与因变量有明显关系的变量,然后决定所要控制的变量,并据此选择同等分数或相同特质的受试者配对。配对后,再以随机分派的方式,将其中一个分派到实验组,另一个分派到控制组。

(6) 测量选择控制法。参照实验处理的相关要求,编制合理的测量方式,把参加实验的对象全部测量一下,然后根据测量结果,对被试予以合理的选择与分配。

(7) "双盲"控制法。在实验中既不让实验的主试也不让被试了解实验的真实目的和意图,这可在一定程度上控制主试的态度和被试间自变量的扩散等方面的无关变量。

(8) 无关变量恒定控制法。使无关变量保持恒定。对那些难以完全消除的无关变量,研究者可以设法将其恒定,即在实验的各个组别、各个阶段使其保持不变。

(9) 数据统计控制法。按照实验目的选择合适的统计工具和统计方法，并规范程序统计和结果处理，能减少统计误差，提高研究结论的准确性。

三、实例解析

（一）实例简介

本研究实例名为"汉语二语处理中句法启动效应的实验研究"（曹贤文、牟蕾，2013b）。本研究实例采用三个实验考察汉语第二语言产出中的句法启动现象。实验结果显示，在汉语二语产出中存在明显的句法启动效应，而且启动效应对各个句式的影响是不平衡的，"把字句"的启动效应比"被字句"更加突出，汉语水平对"把字句"和"被字句"的主效应不显著。启动句和目标句之间动词或者名词相同，对句法启动会产生一定的影响，但受事名词相同对"把字句"和"被字句"的启动效应影响不显著，而动词相同则可显著增强句法启动效果，动词与某些句式结合的启动效果比与另一些句式结合的启动效果更强。本研究实例包括三个实验，这里只举实验一作为实例进行分析，感兴趣的读者可参阅拙文。

（二）实例研究设计

1. 实验目的。

探讨汉语二语加工过程中的句法启动现象以及汉语水平对句法启动效应的影响。

2. 研究方法。

（1）目标句式。国外句法启动效应的实验研究经常采用主动句和被动句，或者双宾构式和介词与格构式作为目标句式，因为这些结构在英语等语言中存在比较整齐的对应关系，而且适用这些句式的动词也比较丰富。本研究打算根据汉语的特点，选择"把字句"和"被字句"作为实验的目标句式。"把字句"和"被字句"都是汉语中使用频率很高的句式，都有明显的句法标记，两种句式可以相互转换，具有比较整齐的对应关系，在本实验设计的图片描述任务中，这两种句式都可以自由选择使用。

（2）被试。本实验共有20名被试，都是在中国某大学学习汉语的外国成人留学生，其中10名学生的汉语水平介于初中级之间，另外10名学生的汉语水平介于中高级之间，这两个组的同学都参加过入学分班考试，汉语水平存在显著差异。另外，这些同学都已经学习过本实验的启动结构和目标结构："把字句"与"被字句"。

（3）材料。本实验采用图片描述范式，使用图片共20张，每张图片均包含一个施事主体、一个受事主体以及二者之间已经发生的某一动作，20张图片描述的事件均不相同，图片内容都可以自由采用"把字句"或者"被字句"表达。例如，一张图片上画了一个人，旁边是一只打碎的杯子，描述这张图片时既可以用"把字句"："小王把杯子打碎了"；也可以用"被字句"："杯子被小王打碎了"[①]。20张图片中10张作为主试描述的图片，另外10张作为测试图片。

（4）设计与程序。本研究采用2×2两因素混合实验设计，汉语水平为被试间因素，启动条件为被试内因素，分为"把字句"启动和"被字句"启动两种水平。测试由主试跟被试一对一单独进行。主试每次向被试描述1张图片后，接着呈现1张新图片让被试描述。在所有测试句子中，主试用的图片都随机与被试的描述图片相匹配。主试和被试各描述10张图片，主试对其中的5张图片用"把字句"描述，另外5张用"被字句"描述，按ABBA方式交叉进行。主试对被试使用哪种句式描述图片不做提示，被试可以自主选择反应句式。测试过程全程录音，测试后再转写成文字。本实验于2011年9月在某大学完成。

---

① 本研究中的所有启动句均采用"施事＋把＋受事＋动词＋结果补语"和"受事＋被＋施事＋动词＋结果补语"两种基本句型。

(三)实例主要分析方法和研究结论

在统计实验结果时,我们将被试的反应句分为三类:"把字句""被字句"和其他句子。"把字句"的判断标准为:只要反应句符合"施事+把+受事+动词(+……)"这一基本结构,都算作"把字句"反应;"被字句"的判断标准为:只要反应句符合"受事+被(+施事)[①]+动词(+……)"这一基本结构,都算作"被字句"反应[②]。其他既非"把字句"又非"被字句"的句子,例如,"宝宝喝完了牛奶""宝宝用杯子喝完了牛奶""牛奶宝宝喝完了""宝宝喝牛奶喝完了""宝宝牛奶喝完了"等都算作"其他"类。实验统计结果见表6.5。

表6.5 不同条件下的反应句数据

启动句	反应句								
	中高级水平组(10人)			初中级水平组(10人)			实验组合计(20人)		
	把字句	被字句	其他	把字句	被字句	其他	把字句	被字句	其他
把字句	29(58%)	7(14%)	14(28%)	25(50%)	9(18%)	16(32%)	54(54%)	16(16%)	30(30%)
被字句	13(26%)	25(50%)	12(24%)	11(22%)	24(48%)	15(30%)	24(24%)	49(49%)	27(27%)
差异	16(32%)	18(36%)	2(4%)	14(28%)	15(30%)	1(2%)	30(30%)	33(33%)	3(3%)

我们运用 SPSS 统计分析软件对数据进行 2×2 方差分析,结果表明,启动条件主效应显著,$F(2, 35)=38.122$,$P<0.05$;汉语水平主效应不显著,$F(2, 35)=0.721$,$P>0.05$;启动条件与汉语水平交互作用不显著,$F(2, 35)=0.585$,$P>0.05$。从两个实验组的合计数据

---

① 括号中的成分可出现,也可以不出现,但"把"和"被"都必须出现。

② 考虑到被试第二语言的特点,只要基本格式正确,即使反应句中有轻微的语法错误也算作成功的启动,例如,"小明把邮票贴在信纸""这个人把苹果吃好了"等都算作成功的"把字句"启动。

来看，在"把字句"启动条件下，使用"把字句"的比例比"被字句"高38%；在"被字句"启动条件下，使用"被字句"的比例比"把字句"高25%；对比"把字句"和"被字句"两种启动条件，使用"把字句"相差30%，使用"被字句"相差33%，被试更倾向于使用与主试相同的句法结构，句法启动主效应显著。对比中高级水平组和初中级水平组的反应句数据，中高级水平组的目标句产生频率比初中级水平组略高，但两组之间没有达到显著差异。另外，我们也发现被试在描述本实验所用图片时总体上使用"把字句"的频率略高于"被字句"。

本实验结果显示，在汉语二语产出中存在明显的句法启动效应，与国外二语句法启动研究以及国内汉语母语及跨语言启动研究的结论一致。同时，我们发现在汉语二语产出中各句式的使用频率并不平衡，启动效应也不相等。总体来看，使用"把字句"的频率均高于"被字句"，这表明至少在口语中"把字句"比"被字句"更加活跃，"把字句"的启动效应比"被字句"更加突出。王敏（2009）所做的英语二语习得启动研究结果显示，二语水平对某些句式的主效应显著，对某些句式的主效应不显著。本实验结果发现，汉语水平对"把字句"和"被字句"的主效应不显著，可能是由于"把字句"和"被字句"都是属于汉语二语处理中难度比较高的句式，被试对句式的熟悉度对句法启动的效应产生了一定程度的影响。

第三节 测试测量研究

测试测量研究与问卷调查研究和实验研究的部分内容有交叉之处，不过本质上，它们属于三种不同的研究方法。一方面，问卷（questionnaire）、量表（scale）和测试（test）是三种常用的研究工具，问卷和量表常用于问卷调查研究，而测试和量表则常用于测试测量研究，其中量表是问卷调查研究和测试测量研究中都常用的工具，存在部分交叉。另一方面，在实验研究中也会使用到测试测量方法，就像在测试测量研究中有时也使用实验方法一样，两者之间也有某些交叉融合。总之，应用语言学实证研究不再限于采用某种单一的研究方法，而是日益呈现综合运用多种方法的趋势，其中既有定性和定量混合研究路径，也有问卷调查、实验和测试测量等多种方法的融合。

一、概述
（一）测试测量
1．概念。

《现代汉语词典》（第 7 版）对"测试"的解释是"考察人的知识、技能"；对"测量"的解释为"用仪器确定空间、时间、温度、速度、功能等的有关数值"。显然，有关测量的这一解释主要着眼于其本义——对事物的物理特征赋予一个数值，而在心理和教育等领域，很多项目或者变量，如智力水平、态度动机、语言学能等，无法像物理属性那样直接测定其数值，通常是采用间接方式测量，即通过某种测试或测量手段（如量表）来间接测量出特定心理特征。测试测量作为一种基本的科学研究手段，最早形成于心理测量学。为了描述心理状态及其特征，逐渐发展出一套测量方法。测试（test）和测量（measurement）也是应用语言学实证研究的基本方法，两者密切相关，测试亦可视为测量的一类手段，包括标准化的心理测验和各种标准化与半标准化的考试。在实际使用中，有时并不严格区分测试与测量，为了行文简洁，下文将根据使用习惯交叉称说。

戴海崎、张锋、陈雪枫主编（2007：2）认为，测量"是依据一定的法则使用量具对事物的特征进行定量描述的过程"。"一定的法则"指任何测量都要建立在科学规则和科学原理的基础上，通过科学的方法和程序完成测量过程；"事物的特征"即所测量事物的特定属性；"量具"指测量中所使用的工具，不同测量工具有不同的单位和参照点；对测量结果的"定量描述"指任何测量结果都是对事物特征在量上的确定。

朱德全主编（2016：16—18）指出，测量包括测量对象、测量标准及工具、测量结果三个最核心的部分。测量对象是关于"对什么进行测量"的问题。广义上说，测量对象可以是客观存在的一切事物，不过在心理和教育测量中，测量对象一般是人的某种心理特征。由于这些特征潜在于人的内心，不可直接测量，只能通过测量其引发的外显行为来加以衡量。测量标准及工具是"依据什么来进行测量"的问题。只有依据科学恰当的标准和工具才能得到准确客观的测量结果，如果标准和工具本身不科学、不恰当，就会产生无效甚至错误的测量结果，尤其是对内隐不可见的心理特征的测量，建立标准和设计工具是测量过程中非常关键的环节。

2. 测试的类型。

根据不同的分类标准，测试测量可以分成不同的类型。就心理和教育测量来说，根据测量目标的不同，可以分为智力能力倾向测试、人格情意测试、学业成就测试三大类，它们的各自特征如表6.6。

表6.6 智力能力倾向测试、人格情意测试、学业成就测试的特征

测试类型	概念描述	应用范围	测试举例
智力能力倾向测试	测量人表现出的一般智力水平或某些特殊能力上潜在的优劣倾向	用于智力测试，以及多重或某种特殊能力倾向的测量	比内－西蒙智力量表、斯坦福－比内智力量表、韦氏儿童/成人智力量表、区分能力倾向测试（DAT）、一般能力倾向成套测试（GATB）、托兰斯创造性思维测试（TTCT）等
人格情意测试	测量对人的行为起调节作用的心理特征和个性倾向	用于测量性格、气质、兴趣、情绪、态度、动机等方面的心理特征或个性倾向	明尼苏达多相人格测试（MMPI）、卡特尔16种人格因素测试（16PF）、迈尔斯－布里格斯性格测试（MBTI）、特斯朗职业兴趣测试等
学业成就测试	测量个体学习某种知识或技术后的具体效果或取得的成效	可以是对知识或技能的测量，也可以是特定学科测试或综合测试	各级各类学校的各种学科测试、招生考试、斯坦福成就测试、各行各业上岗和晋级考试等

此外，根据测量对象的不同，可分为个别测试和团体测试；根据测量时机的不同，可分为准备性测试、形成性测试和总结性测试；根据参照标准的不同，可分为常模参照测试和目标参照测试；根据测量材料的不同，可分为文字测试和非文字测试；根据测量形式的不同，可分为客观性测试、论文式测试、投射测试、情景测试；根据标准化程度的不同，可分为标准化测试和自编测试（朱德全主编，2016：32—35）。

（二）测试的质量

测试质量的高低直接决定测量的成功与否。就心理测量来说，心理特质是不可直接观察的抽象构念，是以潜在变量形式存在的，需要通过间接的能观察到的外显变量才能得到测量，因此需要依靠一套科学严密的程序来确定测量的质量。潜在的抽象构念与能够直接观测的客观事实不同，如学习者的家庭背景、教育水平、学习时间等，可以对作答情形直接进行分析；而语言学能、学习焦虑等心理特质，无法直接测量，只能通过观察到的变量萃取出其心理构念，因此测量的严密程序和可靠质量非常重要。测试质量的评判有四个指标：信度、效度、难度和区分度。信度是测试的可靠程度，效度是测试的有效性程度，难度指测试的难易程度，区分度是指测试能将不同水平的被试区分开来的程度。信度、效度、难度和区分度本书前面相关章节已有介绍，下面我们再结合 SPSS 的使用，重点介绍量表或测试的信度分析。

第五章讨论的项目分析主要用于检验量表中的单个项目（题目）的可靠程度，而信度分析则是用于评估整个量表的可靠程度。一般来说，为了测量某个心理构念的不同层面或维度，一个量表往往可以分为多个次量表，例如，Paul Meara 等人研发的语言学能测试量表 LLAMA，该量具包括四个次量表：LLAMA-B 测试词汇学习能力、LLAMA-D 测试语音识别能力、LLAMA-E 测试音形对应能力、LLAMA-F 测试语法推理能力[①]。因此，量表的信度评估除了针对整

---

① 参见该量表在线说明：https://lognostics.co.uk/tools/llama/。

个量表进行检测之外，也对各个的分量表进行检测。在使用 SPSS 进行信度检测时，最常使用的方法是克隆巴赫 alpha 系数，其作为信度指标，用于估算量表和测试内部同质性，即各题项间的内部一致性程度。

下面我们以第五章的"例 5-1"数据为例，进行信度分析。数据组织方式参见第五章第一节。

1. 具体分析。

（1）选择菜单栏中的【分析】→【标度】→【可靠性分析】命令，弹出【可靠性分析】对话框。

（2）在【可靠性分析】对话框中，将要分析的题目移入"项"下，点选所需的信度估计模型，如 Alpha、折半、格特曼、平行、严格平行等检验。如图 6.2 所示。

（3）点击【可靠性分析】对话框中的"统计"，弹出"统计"对话框，选择适当的统计量，如图 6.3 所示。再点击"继续"回到【可靠性分析】对话框，点击"确定"。

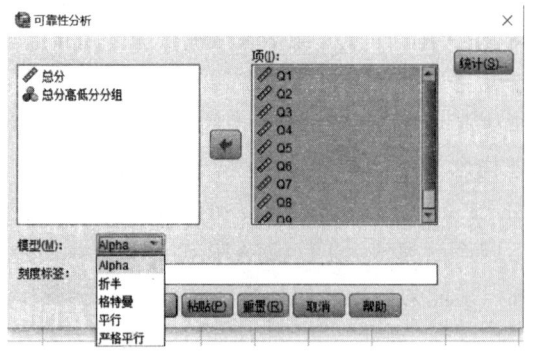

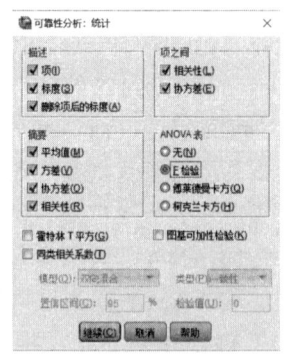

图 6.2 "可靠性分析"对话框　　图 6.3 "可靠性分析：统计"对话框

第六章 问卷调查研究、实验研究与测试测量研究

2．主要统计分析结果。

（1）克隆巴赫 alpha 信度分析结果。

表 6.7　克隆巴赫 alpha 信度检验结果

克隆巴赫 alpha	基于标准化项的克隆巴赫 alpha	项数
0.869	0.870	10

表 6.7 数据显示，克隆巴赫 alpha 系数值为 0.869，考虑各题目变异量不相等所造成的影响，经过校正后，基于标准化项的克隆巴赫 alpha 系数值为 0.870，表明量表具有较高信度。

（2）折半信度分析结果。

表 6.8　折半信度检验结果

克隆巴赫 alpha	第一部分	值	0.755
		项数	5[a]
	第二部分	值	0.826
		项数	5[b]
	总项数		10
形态之间的相关性			0.678
斯皮尔曼 – 布朗系数	等长		0.808
	不等长		0.808
格特曼折半系数			0.804

a 项为：Q1，Q2，Q3，Q4，Q5。
b 项为：Q6，Q7，Q8，Q9，Q10。

折半信度分析模型是将量表自动分成两部分，检验克隆巴赫 alpha 系数，并检验两部分相关性。表 6.8 显示，10 个题目分成等长的两个子量表，其克隆巴赫 alpha 系数分别为 0.755 和 0.826，两个子量表之间的相关系数为 0.678，折半系数等长与不等长的斯皮尔曼 – 布朗系数均为 0.808（因本量表题数为偶数，故矫正结果无差异），格特曼折半系数为 0.804，上述数据均显示本量表具有较高的内部一致性。

（三）测试量具编制

不同性质的测试，其编制方法有所不同，不过基本程序是一致的，一般包括以下八个环节：

1．确定测试目的。测试的目的，即测试所要达到的预期结果或标准，需要明确测试的是什么人，所测量的心理特质是什么，测试结果要达到什么功用。（1）测试对象，即测试量具编成后要用于哪些个体或团体目标人群，如测试对象的年龄、受教育程度等都要心中有数。在国际中文教育领域，通常还要考虑测试对象的国籍、母语背景、中文水平等因素。（2）测试目标，即量具用来测量什么，要测量什么心理属性或行为特征。测试目标不但要明确，还须具有操作性，要将测试目标具体化，如测量国际学生中文理解能力，由于既包括文本也包括语音等不同模态下的理解，如果目标只是定为中文理解能力，就显得比较宽泛，可具体为测量阅读中文时理解文义的能力。（3）测试的功能，即测试的用途。测试有许多不同的功能，如对被试做描述、诊断、选拔、预测等，根据测试的不同功能，在题目的编制过程中，范围和难度都有差异。

2．拟订编制计划。编制计划通常是一张双向细目表，明确列出测试所包含的内容和需测量的各种技能，以及对每项内容和技能的权重或相对重视程度。布鲁姆等人编著的《教育目标的分类》一书为每个认知层次提供了题目范例，人们常以此为参照编拟学科试题，以测量学生的学习结果。编制测试计划有两个用途：（1）在编题阶段，测试计划列出了应该编制多少及编制哪些种类的题目，不但可以据此编制题目，而且题目编好后还可将题目的实际分布情况与编制计划细目表进行对照，以确定测试题目是否恰当地代表了所要测量的内容和细目，并核对内容是否有遗漏。（2）在分配测试量具的分数时，可按照表中百分比确定每类题目的分数。

3．编制测试项目。测试项目就是测试所用的具体题目，编制测试项目需要做好三个方面的工作：（1）收集有关资料。一个测试项目是否有效与测试材料选择是否恰当密切相关，因此，尽可能收集丰富的测试资料是编制好项目的基础，资料收集越齐全，编题工作就越顺利。心理和教育测量的目标往往是复杂的心理或行为特征，不能仅凭几个简单的项目来进行推断，需要包含许多不同类型的丰富材料，才能进行描述和有效推断。同时，资料要有普遍性，所收集的资料对所有测试对象要尽可能公平，应适用于不同背景、不同地位、不同地区的个人或团体，所有被试都有相等的机会。（2）选择项目形式。测试项目需要以某种形式呈现给被试，如是纸笔测试还是操作测试，是找出正确答案还是写出正确答案，需要针对测试对象的不同特点进行选择，如对幼儿、文盲宜用口头测试，对聋哑、口吃等有语言缺陷的人宜用操作测试；当被试人数多，测试时间和经费有限时，宜用选择题进行纸笔测试或线上测试；当需要借助实验仪器和设备进行测量时，宜用操作测试。此外，选择题适合考察对事物的辨别和判断，简答题适合考察对概念和原理的记忆，论文题适合考察综合运用知识的能力。（3）编写测试项目。编写测试项目是一个反复编写和修改，不断重复和完善的过程。在编写过程中，需要注意：项目的取材范围要与编制计划所列的细目表相一致，内容最好尽量选用新材料，以避免被试凭机械记忆作答；项目的内容要正确，难度应有一定的分布范围，以便测试结果有较好的适应性和区分度；项目的正确答案应没有争议，各个项目之间须彼此独立，不能有相互暗示或启发的题目；题目的编写用语和说明应精练简短，意义完整，清楚明了，要避免因语言表达不当给被试造成障碍，影响测试效度；初编题目的数量应多于最终所需数量的一倍以上，以便筛选和编制复本。

4．试测和项目分析。初步编成的测试项目是否具有适当的难度、区分度，必须通过试测获得相关数据，以便进行项目分析，并根据项目分析的结果对测试题做进一步修改。（1）试测。试测的目的在于获得被试对各项目测试的反应数据，通过对反应数据的分析，获得客观性数据，作为评估项目优劣的指标和依据，以便对测试项目做进一步修改。试测需注意：①试测的对象应取自准备在将来正式应用该测试的群体；②取样应具有代表性，人数不要太多或过少；③试测的实施过程与情境应力求与将来正式测试时一致；④试测的时限可以适当放宽一些，最好能让每名被试都将题目做完，以便收集的反应数据更加充分；⑤在试测过程中，需对被试的反应做好记录，特别是被试反映的题意不清楚之处、在不同时限内被试所完成的题数等问题，以供修改项目时参考。（2）项目分析。项目分析包括定性分析和定量分析两个方面。前者是指分析项目的内容和形式，主要从内容取材的适当性、题目的思想性以及表达的清晰性等方面，评估内容效度以及项目的适当性和有效性；后者是根据试测所获得的数据分析项目的统计属性，主要包括对项目的难度、区分度以及备选答案的合适度等进行分析。

5. 合成测试量具。依据试测和项目分析所呈现的数据，就可以选出表现优秀的项目并加以适当编排，从而合成科学的测试量具。在选择项目时，不但要考虑项目分析所提供的数据，还要考虑测试的目的、性质和功能。根据测试的目的和所需要测量的特征，选择能够有效测量该特征、难度合适的题目。在项目的编排上，需根据测试的目的和性质，以及测试对象的特点，特别是作答时的心理反应，加以合理安排。项目编排的总原则是由易到难，或从一般到特殊，从具体到抽象，同一类的项目集中编排，或将反应方式相似的项目集中编排。不过有时为了避免被试形成反应定式，在项目编排时也会打乱顺序采用混合螺旋式编排项目。此外，出于实际使用的需要，要给量具编制复本，一种测试量具至少要有等值的两份，份数越多，使用起来越便利。编制复本时最重要的是必须做到各复本等值。一般来说，复本等值要符合以下条件：各复本测量的是同一种心理特征，各复本具有大致相同的内容和形式，各复本原则上不应有相同的题目，各复本题目数量相等且有大体相同的难度和区分度，各复本的分数分布大致相同。

6．测试标准化。测试质量的好坏还取决于其标准化水平。为了减少误差，提高测试的科学性，需要对测试的编制、施测、评分和分数解释等全过程的一致性进行控制，这个控制过程就是测试的标准化。测试标准化具体包括：（1）测试内容的标准化。标准化的首要条件是对所有被试施测相同或等值的题目，倘若测试的内容不同，所得结果便无法进行比较，因此，编制的测试量具及其复本需要内容所测的是同一范畴的知识或能力，具有相等的测试信度和效度。（2）施测过程的标准化。所有被试须在相同的条件下受测，须有相同的测试环境、相同的指导语，相同的测试时限，才能保证测试结果的客观性和可比性。（3）测试评分的标准化。即评分的客观性，两个或两个以上的评分员对统一测试结果的评定须是一致的。但实际工作中，要做到评分完全客观或一致，是比较困难的。一般来说，不同评分员之间的一致性达到90%以上，就可认为评分是客观的。为使评分尽可能客观，应注意：对反应要及时并清楚地记录；要有一份标准答案或正确反应的表格，即计分键；将被试的反应和计分键比较，对反应进行分类并确定应得分数。（4）测试分数解释的标准化。测试标准化还包括对测试分数解释的标准化，只有与一定的参照标准进行比较，测试分数才能显出它所代表的意义。在心理和教育测试中，建立参照标准的过程就是建立常模的过程，常模就是被试所属团体的一般人同类行为的平均数。通过与所属群体的常模进行比较，才能说明某一测试结果的意义。

7．鉴定测试量具。测试量具编好后，须收集相关数据，进行测量学方面的分析，对其测量的可靠性和有效性进行验核，以确定其信度和效度。关于信度和效度等问题，前面已经述及。

8．编写测试说明书。测试说明书向使用者说明如何实施和应用该测试，主要包括以下内容：测试的目的和功用，测试的理论背景，测试的构念和内容，测试的实施方法，测试的标准答案和评分方法，常模表及如何依据常模对分数进行解释，测试的信度和效度数据与说明。

二、语言测试测量与国际中文教育和研究

（一）语言测试测量与语言教学和研究

语言测试测量在语言教学、学习、管理和研究等多个层面发挥着重要作用。第一，在语言教学层面，学习者的语言能力测试结果能够一定程度上反映教学效果，可以为教学评价提供依据，为教学改进提供方向，对教学大纲、课程设计、教学内容、教学方法等进行反馈修正。测试对教学和学习所产生的影响和驱动作用，就是通常所说的反拨效应（washback effect）。第二，在语言学习层面，测试可以用来检验学习效果，帮助学习者了解自己的强项和弱项，并达到以测试来促进学习的目的。第三，在管理层面，语言测试可以为各种教学管理、单位选人用人以及教育部门制定和实施语言政策等提供参考依据。第四，在语言研究方面，语言测试本身就是一种重要的科学研究手段，通过测试测量，可以收集语言测量数据和语言表现样本，用于语言分析和研究（廖建玲，2020）。

就语言测试测量研究来说，可分为两个部分。首先，是关于语言测试测量本身的研究。语言测试测量研究包括三个中心维度：测试构念、测量方法和测试社会学，即回答 Shohamy、Or & May（2017）所述的测什么、如何测和为何测三个核心问题。第一，语言测试的核心问题是关于语言能力的构念和理论，研究者根据对语言能力的理解和测试目的来设计测试，包括定义测试构念，描述完成交际所需的语言知识、技能和策略等；第二，语言测试的实践性和操作性非常强，需要采用恰当的测试方法来实现测试目的，包括测试量具的编制、组织实施、评分、分数报告、信息反馈以及对测试本身的分析评估等；第三，语言测试是在特定的社会环境中为实现特定目的而设计的，语言测试研究需包含测试伦理和测试社会学研究，需要分析阐明测试伦理和从业者测试素养等问题，并研究语言测试的教育、社会和政治层面的基础及其所产生的影响。

其次，是语言测试测量与语言习得和语言教学的关系研究，以及所测量的语言表现与学习者的个体因素、认知因素和社会环境因素之间的关系研究。例如，习得的语言能力与测量出的语言能力之间的关系研究，语言测量对语言教学的反拨效应研究，不同学习者、不同任务和语境对语言使用、二语习得和语言测试表现的影响研究等。Bachman（1990）认为，语言测试与语言习得和语言教学之间存在着密切联系，它们互相影响，互相促进。Davies（1990）也指出，语言测试是应用语言学的重要内容，应用语言学离开语言测试是难以想象的。语言测试使应用语言学的理论框架转为实际运用，为应用语言学的经验研究提供方法，为教学大纲和教学进程确立目标和标准提供数据。语言测试提供的信息包括以下方面：提供研究和实验的信息，传递自身的信息，衡量学习者的进步，对学习者进行选拔，还关系到对课程、教材和教学方法的评估等。

（二）语言测试的类型

语言教学出现后便有了语言测试，语言测试是教育评价的主要手段之一，也是外语教学活动的一个主要环节。依据不同的标准，可以将语言测试分成不同的类别。根据测试目的和用途的不同，可以分为：

1. 水平测试（proficiency test）。这种测试用来测量考生的语言水平，一般是大规模的标准化考试，多由专门的考试机构来进行研发和实施。这种考试的理论基础是某种语言能力理论，参照的是某种语言能力、表现或水平的标准，不与一定的课程或特定的教学内容直接关联，如汉语水平考试（HSK）、托福（TOEFL）等。

2. 成绩测试（achievement test）。也叫"学业测试"，如单元测验、期中考试、期末考试等。这种测试一般由任课教师或教学单位负责命题、组织、实施,通常依照"教什么学什么考什么"的原则,与一定的教学内容密切相关,用来测量学生在学习的某个阶段的学习进展或学习成果,是基于一定教学内容或教学大纲的测试。

3. 分班测试(placement test)。也叫"分级编班测试"。这种测试的目的是根据学生的不同语言水平将他们编入不同进度或水平的班级,然后采用不同的教学大纲、教学内容和教学方法进行针对性教学。分班测试区分等级的多少,取决于办学规模和新生数量的多少,需要安排的班级层次越多,测试区分考生语言水平的等级就越多,区分的难度也越大。

4. 学能测试(aptitude test)。学能测试是对学生学习外语的潜能进行测量,测试的成绩用来预测学习者学习外语的能力以及最终能够达到的外语习得水平,如现代语言学能测试(MLAT)、语言学能测试(LLAMA)、高水平语言学能测试(Hi-LAB)等。

5. 诊断测试(diagnostic test)。这种测试主要是用来识别学生在学习方面的强项和弱项,特别是检查学生在哪些项目上有欠缺,以便在教学上采取改进措施,从而确定未来的教学方向。与水平测试和分班测试等不同,诊断测试需要提供关于考生需要在哪些语言项目进一步提高的信息,而不仅仅是给出考试分数。

此外,根据测试语言要素(语音、汉字、词汇、语法等)、语言技能(听、说、读、写)的分合差异,语言测试可以分为分立式测试和综合式测试;根据测试所用手段的不同,语言测试可分为纸笔测试、口试、电脑或网络测试;按照评分方式或答题方式的不同,语言测试可以分为客观性测试和主观性测试;按照对测试分数的解释方式,语言测试也可以分为标准参照测试、常模参照测试、标准-常模参照测试三种;等等。

(三)欧盟和美国的语言能力标准

语言测试测量是以语言能力和语言能力标准研究为基础的。乔

第六章 问卷调查研究、实验研究与测试测量研究

姆斯基最早提出了语言能力（competence）的概念，并与语言运用（performance）区分开来，但乔姆斯基所说的能力是人区别于动物的抽象语言能力，他并不关注某种语言的具体运用。后来，Hymes（1972）提出了交际语言能力（communicative competence）的概念，包括四个部分：语法正确性、语言可行性、语言得体性及语言应用。在此基础上，Canale & Swain（1980）提出交际语言能力模型，包括四个方面的语言能力：语法能力、社会语言能力、话语能力和策略能力。当代语言能力标准和语言测试都是以语言交际能力为基础制定和设计的。例如，当前国际上影响最大的《欧洲语言共同参考框架：学习、教学、测评》和《ACTFL 语言水平大纲》的核心内容都是阐述交际语言能力。

1.《欧洲语言共同参考框架：学习、教学、评估》，英文名为 Common European Framework of Reference for Languages: Learning, Teaching, Assessment，简称《欧洲语言共同参考框架》，是欧洲理事会文化合作教育委员会制定的语言教育指南。自 2001 年正式公布以来，《欧洲语言共同参考框架》深刻影响着欧洲国家的语言教育政策，成为教学大纲制订、课程设置、教材编写、考试研发等的重要参考。《欧洲语言共同参考框架》秉持"以行动为导向"的教学理念，采用"能做"（Can do）描述完成任务的语言能力，将语言能力水平分为三等六级：A 等基础使用者（A1 和 A2）；B 等独立使用者（B1 和 B2）；C 等熟练使用者（C1 和 C2）。例如，其中 A2 的总体语言能力描述如下：

能理解最切身相关领域的单独句子和常用词语，如简单的个人与家庭信息、购物、四周环境、工作等。能就自己熟悉或惯常的生活话题完成简单而直接的交流。能用简单的词语讲述自己的教育经历、周边环境以及切身的需求。（欧洲理事会文化合作教育委员会，2008：25）

2.《ACTFL 语言水平大纲》，英文名为 ACTFL Proficiency

Guidelines，是美国外语教学委员会制定的外语学习标准。《ACTFL语言水平大纲》在发展过程中有一些调整，目前采用的2012版大纲将语言能力分为五个等级并详细描述：初级（Novice）、中级（Intermediate）、高级（Advanced）、优秀级（Superior）和优异级（Distinguished）。其中，初、中、高三级内又各分初等、中等、高等作为次级，优秀级和优异级内不再细分。这样，共分出五级十一等。每个主要等级的描述代表一个具体范围内的能力，五个水平等级汇集成一个等级体系，其中每个等级都涵盖低于它的所有等级。大纲对说话者在各个等级所能完成的任务以及与各等级任务有关的内容、语境、准确程度及谈话类型作出描述。大纲还展示了说话者在试图达到下一个更高的主要等级时能够达到的界限①。例如，其中高级高等的总体描述如下：

　　高级高等水平的说话者可以用语言轻松、自信、合格地完成所有高级水平的任务。他们总能详加解释，在所有时间框架内都能完整准确地叙述。此外，高级高等水平的说话者可以进行优秀水平层次的言谈，但当涉及此层次的多个话题时便会捉襟见肘。他们可能会提出有条理的论辩来佐证自己的意见，他们也可能会构建假说，但会显现出错误模式。他们可以抽象地讨论某些话题，特别是那些与其特定兴趣及特别专业领域有关的话题，但是一般来说，他们更能自如地对各种话题进行具体的讨论。高级高等水平说话者可能会通过有效使用变换措辞、迂回释义及举例说明等交流技巧，来弥补未能充分掌握某些惯用语句或词汇量不足的缺陷，以展示出很好的语言能力。他们使用精确的词汇和语调来表达意思，多数时候言辞流畅而从容。然而，如果要求他们就多个话题完成优秀水平的相关任务，他们的语言会不时出现障碍或表现得辞不达意；他们也可能用诸如描述或叙述的简化方

---

① https://www.actfl.org/resources/actfl-proficiency-guidelines-2012.

式,来取代论辩或假设,以规避任务。

(四)国际中文水平等级标准

20世纪80年代中期,我国学术界开始对汉语作为第二语言能力和汉语水平等级标准进行研究。1987年,对外汉语教学研究会委托李景蕙等专家,成立课题组开始研制《汉语水平等级标准和等级大纲》。1988年《汉语水平等级标准和等级大纲(试行)》研制成功并正式出版。此后,在原国家汉办的指导下,又陆续开展了一系列教学标准和大纲的研制工作,先后制定出版的汉语水平等级标准有《汉语水平词汇与汉字等级大纲》(1992)、《中高级对外汉语教学等级大纲(词汇·语法)》(1995)、《汉语水平等级标准与语法等级大纲》(1996)。根据汉语水平等级大纲,进一步编制了测定留学生汉语水平的考试大纲,如《中国汉语水平考试大纲(初、中等)》(1989)、《HSK中国汉语水平考试大纲(高等)》(1995)等。在汉语水平等级大纲的基础上,又制定了指导汉语长短期教学和汉语言本科专业教学的大纲,如《对外汉语教学语法大纲》(1995)、《高等学校外国留学生汉语教学大纲(长期进修)》(2002)、《高等学校外国留学生汉语教学大纲(短期强化)》(2002)、《高等学校外国留学生汉语言专业教学大纲》(2002)等。

进入新世纪后,随着汉语国际传播工作重心从"请进来"向"走出去"的转变,研究视角和关注焦点开始从国内对外汉语教学转向世界范围的国际汉语教学。面对新形势、新任务和新需求,在原国家汉办/孔子学院总部的领导下,启动了一系列国际汉语教学标准的研制工作,先后完成并发布了《国际汉语能力标准》(2007)、《国际汉语教学通用课程大纲》(2008/2014)、《汉语国际教育用音节汉字词汇等级划分》(2010),以及用于学习者汉语水平测试的《商务汉语考试大纲》(2006)、《新汉语水平考试大纲》(2009)、《新中小学生汉语考试大纲》(2009)等。

2019年12月，国际中文教育大会召开，大会以"新时代国际中文教育的创新和发展"为主题，中共中央政治局委员、国务院副总理孙春兰出席会议并发表主旨演讲。孙春兰副总理在发言中首次提出构建更加开放、包容、规范的国际中文教育体系，标志着国际中文教育从高速增长的规模发展阶段正式进入到以内涵建设为中心的高质量发展新阶段。在这一背景下，《国际中文教育中文水平等级标准》研制成功，并作为国家标准由教育部和国家语委于2021年正式发布，作为国家语言文字规范2021年7月1日起正式实施，这将成为国际中文相关标准化、规范化语言考试命题以及各种中文教学与学习评价的依据。《国际中文教育中文水平等级标准》提出了三等九级、四维基准、三个评价维度、五项语言技能的描述框架。"三等九级"就是将国际中文水平分为初、中、高三等，每等再分三个次级，即一至三级为初等，四至六级为中等，七至九级为高等。"四维基准"就是从中文的音节、汉字、词汇、语法四个方面对每一等级进行描述，描述又分为言语交际能力、话题任务内容、语言量化指标三个评价维度，以及听、说、读、写、译五种语言基本技能，由此构成一个完整的国际中文教育中文水平等级标准系统。例如，其中初等的总体描述如下：

能够基本理解简单的语言材料，进行有效的社会交际。能够完成日常生活、学习、工作、社会交往等有限的话题表达，用常用句型组织简短的语段，完成简单的交际任务。能够运用简单的交际策略辅助日常表达。初步了解中国文化知识，具备初步的跨文化交际能力。完成初等阶段的学习，应掌握音节608个、汉字900个、词语2 245个、语法点210个，能够书写汉字300个。

（五）汉语水平测试

《国际中文教育中文水平等级标准》是汉语水平测试的基础和依据。汉语水平考试根据汉语拼音首字母缩写为HSK，是为测试汉语作为第二语言学习者的汉语水平而设立的国家级标准化考试。汉语水平

第六章 问卷调查研究、实验研究与测试测量研究

考试最初是由北京语言学院（现北京语言大学）设计的。1984年，北京语言学院成立了"汉语水平考试设计小组"，开始承担研制汉语水平考试的任务。经过十多年的努力，先后完成了初中等HSK、高等HSK和基础HSK等不同级别汉语水平考试的研制工作，构建了一个水平较为完整的HSK系统。

刘英林（2021）指出，中国汉语水平考试（HSK）的发展可分为三个阶段：（1）第一个阶段为开创时期，从1984年到2008年。根据国家教委的要求，HSK主要作为来华留学生入系学习的标准，HSK（初中等）、HSK（高等）、HSK（基础）共计三等十一级，它并不像现在的国家标准，首先有一个总体的设计，而是分三个阶段研发和实施，逐渐发展为一个完整的体系。（2）第二个阶段为过渡时期，从2009年到2020年。现在一般把开创时期的HSK称作HSK1.0，过渡时期的HSK称作HSK2.0。HSK2.0一共六级，着力点是HSK的普及化，重点服务于孔子学院和孔子课堂，适应汉语国际传播。（3）第三个阶段为系统化时期，从2021年开始。《国际中文教育中文水平等级标准》于2021年正式发布以后，目前汉考国际正在组织力量依据新的标准，对HSK2.0进行适度调整、提升和完善，研发推出HSK3.0，汉语水平考试HSK3.0进入系统化时期，以满足新时期国际中文教育高质量发展和全球化、多元化的需求。

目前使用的HSK2.0系统，是2009年11月推出的。现在的汉语水平考试系统包括四种考试[①]：（1）汉语水平考试（HSK），这是一项国际汉语能力标准化考试，重点考查汉语非第一语言的考生在生活、学习和工作中运用汉语进行交际的能力，包括HSK（一级）、HSK（二级）、HSK（三级）、HSK（四级）、HSK（五级）和HSK（六级）。（2）汉语水平口语考试（HSKK），主要考查考生的汉语口头表达能

---

① 参见"汉语水平考试服务网"：http://www.chinesetest.cn。

力,包括 HSKK（初级）、HSKK（中级）和 HSKK（高级），考试采用录音形式。(3) 中小学生汉语考试（YCT），用于考查汉语非第一语言的中小学生在日常生活和学习中运用汉语的能力，分笔试和口试两部分，笔试和口试是相互独立的。笔试包括 YCT（一级）、YCT（二级）、YCT（三级）和 YCT（四级），口试包括 YCT（初级）和 YCT（中级）。(4) 商务汉语考试（BCT），重点考查第一语言非汉语考生在真实商务或一般工作情境中运用汉语进行交际的能力，由 BCT（A）、BCT（B）和 BCT（口语）三个独立的考试组成。BCT（A）面向商务汉语初学者，考查考生运用汉语完成日常交际和基本商务交际任务的能力；BCT（B）面向商务汉语中高水平学习者，考查考生运用汉语完成较为复杂的商务交际任务的能力；BCT（口语）面向全部商务汉语学习者，通过网考形式，采用个性化、针对性的试题考查考生运用汉语口语完成各类交际任务的能力。

　　除了中国的汉语水平考试以外，其他一些国家和地区也开发了汉语水平测试，例如，日本的"中国语检定"考试、韩国汉字能力检定考试、美国的 AP 汉语与文化考试和汉语口语水平测试（OPI）等。下面介绍一下比较有特色的汉语口语水平测试（OPI）。汉语口语水平测试是 Oral Proficiency Interview（缩写为 OPI）的中文版本。OPI 是美国外语教学学会（ACTFL）开发的一种口语能力面试，通过主考官与受测者的面对面问答或者采用电话一对一问答来获取受测者的语言表现。其操作全程一般为 30 分钟左右，分为热身（Warm-Up）、摸底（Level Checks）、探顶（Probes）和结束（Wind-Down）四个部分，每一部分的设置都是从心理学、语言学及语料的可评估性三方面考虑的。OPI 的设计依据《ACTFL 语言水平大纲》，把口语能力分为初级、中级、高级、优秀级和优异级五个等级，其中，初、中、高三级又各分初、中、高三等，优秀级和优异级不再细分，共五级十一等。每个等级都制定了具体的测试标准，主要从任务类型、话语内容、交际情境、准确性和篇章类型等多方面考虑。在考试过程中,考官不断地、有目的地提出问题,并根据考生的语言表现随时调整考试任务和预设程序,最终将考生的语言表现与 OPI 测试标准进行对照确定成绩。作为一种标准化的外语口语考试,OPI 在美国外语教学界具有广泛影响,并已应用到汉语口语水平考试中。

(六)二语表现的多维测量

除了上文所述的标准化语言水平测试以外,学界也一直在探索应从哪些维度及采用哪些指标和方法,对第二语言表现特征进行有效测量。下面我们讨论近年来比较受关注的二语表现的多维测量方法。二语表现的多维测量主要集中在对学习者第二语言的形式特征进行测量,近年也逐渐扩展到对学习者语言功能特征的测量。

1. CAF 多维形式特征测量。

二语习得领域对语言表现的评量研究始于 20 世纪 70 年代,当时为了能够以可靠和有效的方式评量第二语言综合水平,二语研究人员借鉴一语习得研究中开发的语法复杂性和准确性评量标准,积极探索以客观、量化和可验证的方式评量二语表现。在此基础上,Skehan(1998)提出把复杂度(complexity)、准确度(accuracy)和流利度(fluency)作为描述二语表现的三个基本维度,从而形成了 CAF 三维特征综合评量框架。一般来说,复杂度指二语中使用各种复杂且多样的结构和词汇的能力,准确度是产出类似目标语和无错误语言的能力,流利度是像母语者一样自如、流畅产出二语的能力。

从复杂度、准确度和流利度三个方面来分析学习者语言,能获得关于学习者语言更全面、更平衡的信息。二十多年来,CAF 三维特征研究一直是二语习得研究的中心课题,学界对复杂度、准确度和流利度的多面性、多层性,以及各个维度的特征、评量方法和彼此之间的复杂互动关系持续深入研究。例如,仅 2019 年,就有 *Second Language Research*、*International Journal of Applied Linguistics* 等国际知名期刊编辑专刊对语言复杂性进行集中讨论。

2. 功能充分性特征测量。

CAF 三维分析是从形式特征评量学习者的语言表现，由于语言是形式和功能的统一体，如果不考虑功能维度，就不可能全面评量二语表现。例如，从广受认可的评量二语水平的"能做"（Can do）标准来看，就包括了形式与功能两方面特征。近年来，国际二语习得界对如何有效评量语言表现的功能特征开始了有益的探索。值得关注的是，Kuiken & Vedder（2017）根据 Grice（1975）的数量、质量、关系和方式四项会话准则，提出了评量二语表现功能充分性的新标准和量表。该量具包括内容、任务要求、可理解性、衔接与连贯四个方面，每个方面分为六个评量等级。通过对荷兰语和意大利语二语写作表现的实证研究，结果表明，该量具显示出很好的信度和效度，能够可靠地评量二语写作的功能充分性。

3. 汉语二语表现特征测量。

关于汉语二语表现特征研究，过去主要采用偏误分析、频率分析和中介语对比分析等方法，从听说读写等方面研究学习者的语言技能特征，或者从语音、文字、词汇、语法、篇章等方面分析学习者的语言要素特征。近年来，采用 CAF 三维分析方法评量汉语二语表现的研究日益增多，例如，考察哪些语言特征可以有效评量汉语二语水平，汉语学习者各语言维度的历时变化，汉语二语者与母语者在各语言维度上的差异，不同水平汉语学习者在各语言维度上的表现及其相互关系，不同文体中汉语二语学习者语言特征的差异，不同语言特征与功能充分性之间的关系，等等。除了上述综合语言表现研究，还有很多专门针对汉语复杂度、准确度、流利度及词汇丰富性等单维语言表现特征的研究。

（七）语言学习者个体差异因素的测量

Ellis（2008）将学习者个体差异因素分为四类：（1）学习者的能

力,即与语言学习相关的认知能力,包括智力、工作记忆与语言学能等;(2)学习者的倾向,即影响语言学习准备状态或方向的认知和情感特质,包括学习风格、性格、动机、焦虑和交际意愿等;(3)学习者对二语学习的认识,即关于语言学习的观念或信念等;(4)学习者的行为,主要是学习策略。不过,正如 Dörnyei(2009)所指出的,要决定哪一种个体差异因素构成了"能力"还是"倾向"并不总是容易的,甚至有人还认为学习策略算不上学习者个体差异因素。我们的重点不在于如何给学习者的个体因素分类,而是举例说明目前在研究中使用较多、对二语学习影响较大的学习者语言学能、学习动机、认知风格、情感焦虑、学习观念、学习策略等常用的测量方法和量具。

1. 语言学能测量。

根据常识,智力和一般认知能力对学习具有一定的作用,但二语教学中往往出现这样的情况,有的学生其他科目学得很好,而学外语却十分吃力。这说明第二语言习得需要一些特殊的潜质。这种学习第二语言所需要的特殊认知潜质叫作二语学习的能力倾向,也称为语言学能(language aptitude)。现代意义上的外语学能研究主要是由美国教育心理学家 Carroll 在 20 世纪五六十年代开启的。Carroll 通过大量实证测试与严谨的统计分析方法归纳出最能预测外语学习最终结果的四种基本能力:对输入语音进行编码的能力、对语法的敏感程度、对语言材料的归纳分析能力和关联记忆能力。以上四种能力构成了外语学能构念的四大要素,奠定了语言学能的理论基础。语言学能研究在 20 世纪五六十年代兴盛一时,随后经过七八十年代的研究停滞,学界在 90 年代重新认识到外语学能是二语学习者最重要的个体差异因素之一,能在不同的学习条件和环境中对二语学习产生重要影响,尤其是近年来,得益于认知心理学研究和二语习得研究所取得的新进展,语言学能研究出现了蓬勃复兴。

早期的语言学能测量主要采用 Carroll & Sapon(1959)研制的

现代语言学能量表（MLAT）和 Pimsleur（1966）研制的语言学能测量表（PLAB），这些量表建立在当时对语言学能研究认识的基础之上。而本领域最近的研究进展则加深了语言学能成分说的看法，以及语言学能是由认知和感知等能力组合的学能复合体的观点。这些新的理论认识和语言学能研究的复兴增强了对学能测量方法的更高需求，一方面，测量方法需要易于实施，最好是基于计算机软件测试，同时能够广泛获取；另一方面，新的测量方法需要反映语言学能研究的最新成果，特别是对语言学能构念的本质及其组成部分之间内在联系的理解，以及对工作记忆、隐性与显性学习等重要因素的关注。为了回应上述要求，近年来学界开发了一些新的语言学能测量工具，LLAMA 语言学能测试和 Hi-LAB 高水平语言学能量表就是其中的代表。LLAMA 包括四项子测试：词汇学习测试、语音识别测试、声音-符号联结测试和语法推理测试，是一种基于计算机的学能测试，可免费下载（www.lognostics.co.uk/tools/llama），每项子测试都是单独进行且自动评分，操作起来极其方便。与已有语言学能测试主要用于预测语言学习早期阶段的学习速率不同，由马里兰大学高级语言研究中心设计的 Hi-LAB 高水平语言学能量表，使用创新的测量方法来识别高水平语言学习者，可以帮助选择、聘用和培训高级语言人才。

2. 外语学习动机测量。

动机（motivation）是激发、维持并使行为指向特定目的的一种心理力量，学习动机是直接推动学生进行学习的一种内部动力，是激励和指引学生进行学习的一种需要。外语学习动机研究始于20世纪50年代 Gardner 开始的系列研究，Gardner & Lambert（1959）认为，外语学习者的目标就是学习某种语言，但如果要追问学习者为什么会有这种目标时，就会涉及学习者的动机取向（orientation）问题，它先于动机产生。Gardner 和 Lambert 把动机分为融入型（integrative）和工具型（instrumental）两类。如果学习者学习某种语言的原因是为了与目的语族群的人进行交流，或者是为了更好地理解这些人及其文化或生活方式，甚至想进一步融入这种语言社团中成为其一员，那么就属于融入型动机；如果学习者是为了某种实用目的，如为了查阅资料、进行研究，为了得到一份好工作或者能够使他们受到更好的教育，那么就属于工具型动机。融入型动机的主要目的是掌握语言自身的功能，即为了与目的语人群交流，而工具型动机注重的是掌握语言之后伴随的一些实际益处。

  Gardner 的动机理论模型奠定了外语学习动机研究的理论基础，并对其后的研究者产生了巨大的影响。自 Gardner 的二语动机模型提出后，在相当长的时间内它在二语习得领域占据主导地位，直到 20 世纪 90 年代才不断有研究者对其模型提出批评和质疑，一些学者在 Gardner 的基础上借鉴认知心理学的理论开始提出新的动机模型。例如，Dörnyei（1990）的研究显示，Gardner 的动机模型可能不适用于简单的融入型动机和工具型动机取向的学习者。他调查了 134 名初级和中等水平的匈牙利英语学习者，发现除了 Gardner 说的那两种动机类型之外，还有成就需求和对过去失败的归因等因素在起作用。近年来，以 Larsen-Freeman 为首的一批学者提出动态复杂系统（Larsen-Freeman & Cameron，2008）认为，人类的语言和行为应该看成一个复杂的动态系统，系统内部的各个成分处于相互影响的动态变化之中，这个系统与各种环境因素也相互关联，各种相互关联的因素同时影响这个系统的行为。受到复杂系统理论的影响，Dörnyei（2014）等学者开始将学习动机置于动态发展的环境中进行研究，他们认为，传统上对外语学习动机的研究是建立在高度抽象化、孤立和静止的基础上的，而实际上个体因素是在不断地相互作用中发展变化的，动机行为内部各种因素的复杂性以及与环境作用的复杂性决定动机并非一种静态的心理状态，而是呈现非线性的、复杂动态发展过程。因而，现在对外语学习动机的测量和研究更加重视其动态性和历时变化特征。Dörnyei 等设计了多个学习动机量具可下载使用（https://www.zoltandornyei.co.uk/motivation-questionnaires）。

3. 认知风格测量。

认知风格也称为认知方式（cognitive style），是指个体在认知过程中所表现出来的习惯化的行为模式，或者说学习个体在处理学习材料、与他人和与环境互动时所采用的个性化思维方式（Ellis，2008）。认知风格大多是自幼养成的在知觉、记忆、问题解决过程中的相对稳定的习惯性认知行为模式。认知风格种类繁多，大都采用二分法成对地表述，如场独立型（field independence）和场依存型（field dependence）、思索型（reflective）和冲动型（impulsive）、整体型（global）和分析型（analytic）等。在二语习得研究领域，最早引入、最受关注的是场独立型与场依存型的分类。所谓场，就是环境，心理学家把外界环境描述为一个场。通常用来评价场独立的工具是一种测试，这种测试看一个人在一个复杂的图形中如何快速地找出镶嵌图形。从这种复杂的图形中找出简单图形的能力越强，场独立性越强。场独立的人认识事物时，较多依赖自己内部的参照，不易受外来因素影响和干扰，独立对事物作出判断的称为场独立性，对各种事物和行为在非人格化、抽象化的方面表现出更大的兴趣和能力；而场依存的人的认知受环境和他人的影响较大，较多地依赖自己所处的周围环境的外在参照，尤其喜欢参照其他人的看法和行为。场独立型学习者集中注意的是整体中的一个部分，而场依存型的学习者更关注整个学习环境，包括社会关系、背景现象等。一般认为，场独立型外语学习者在处理语言信息时，能高效地分辨主次信息，进行成功的分析和归纳；而场依存型外语学习者则凭借对人际关系和语境的敏感性，能在语言交际中发挥自己的长处，更适宜在自然语境中学习外语。

与语言学能越高外语学习能力越强不同，认知风格对语言学习的作用是双向的,很难说哪种认知风格更有利于学习,更重要的是通过了解学习者的认知风格进行针对性的教学。每一种认知风格都是学习者心理机能的体现,都会表现出各自独特的长处和不足。Cohen 等人设计的学习风格量表(Learning Style Survey: Assessing Your Own Learning Styles)① 是广泛采用的测量量具。

4. 外语学习焦虑测量。

Krashen 的情感过滤假说强调了情感因素在外语学习中所起的重要作用。自 1973 年 Brown 在 *Language Learning* 发表"二语习得中的情感变量"一文以来,焦虑作为语言学习中最大的情感因素之一,长期成为国内外二语习得和教学研究的一个热点。在教育心理学领域,Alpert & Haber(1960)曾把焦虑分为促进型焦虑和妨碍型焦虑两类;Spielberger,Gorsuch & Lushene(1983)把焦虑分为特质焦虑、状态焦虑和特定情境焦虑三类。Horwitz,Horwitz & Cope(1986)认为外语学习焦虑属于特定情境焦虑,把外语学习焦虑界定为"学习者因外语学习过程的独特性而产生的一种与课堂外语学习相关的自我知觉、信念、情感和行为的情结",由交际畏惧、考试焦虑和负面评价恐惧等方面构成。除了 Horwitz,Horwitz & Cope(1986)对外语学习焦虑的分类以外,影响比较大的还有 MacIntyre & Gardner(1994)从认知加工的角度把外语焦虑分为输入焦虑、加工焦虑和输出焦虑。

Horwitz,Horwitz & Cope(1986)总结了外语焦虑在三种不同层面的症状表现:(1)生理层面,如手心出汗、心跳和脉搏加快、声音异常、说话没有语调和节奏、课堂上被叫起来回答问题时呆立不动或保持沉默等;(2)情绪层面,如不安、灰心、自我否定、忧虑和紧张等;(3)认知层面,如注意力不集中、记忆力减退、疏解压力的功能降低、社会功能减退或丧失等。早期的焦虑研究由于缺乏高信度和

---

① 参见:https://carla.umn.edu/maxsa/documents/LearningStyleSurvey_MAXSA_IG.pdf。

高效度的焦虑测量量表，不能有效考察焦虑与语言学习的明确关系。Horwitz，Horwitz & Cope（1986）根据学生的自我报告、客观实验以及一系列相关测量方法的分析整理，设计出"外语课堂焦虑量表"，是使用最广、影响最大的外语焦虑测量工具，为学习焦虑的研究作出了巨大贡献。许多研究证明，该量表具有很好的信度和效度，稳定性和适切性很高。不过该量表针对的是普遍外语焦虑的测量，随着研究的深入，关于外语听说读写各项具体技能以及针对不同语言学习者的焦虑量表纷纷出现。比较典型的有Saito，Horwitz & Garza（1999）设计的外语阅读焦虑量表，Kim（2000）编制的外语听力焦虑量表，Cheng（2004）的二语写作焦虑量表，Woodrow（2006）的口语焦虑量表等。此外，还有Xiao & Wong（2014）专门针对海外华裔传承语学习者的汉语学习焦虑量表等。

5. 外语学习信念测量。

学习信念（learning beliefs）亦称学习观念，指的是学习者对自身、对影响学习的因素，以及对教与学的本质持有的一般认识，是学习者所掌握的关于学习的本质、学习的过程以及学习者本身情况的信念。信念这一概念最早起源于古希腊，自从柏拉图提出之后，信念研究不仅在哲学范畴内还在心理学领域被广泛研究。根据《大英百科全书》的定义：信念是一种接受或同意某一主张的心理态度，而不需要有充分的智力知识来保证这一主张的真实性。信念是认知、情感和意志的有机统一体，是人们在一定的认识基础上确立的对某种思想或事物坚信不疑并身体力行的心理态度和精神状态。学习信念是学生个体对知识和学习的一套认识论信念系统，它涉及人们对知识和学习的本质、过程等问题的认识。学习观念在很大程度上影响着个体的学习动机、学习行为和学习效果，同时也受到个体已有经验、文化背景等因素的影响。

外语学习观念是学习者通过自身体验或别人影响所形成的一套有

关语言过程的各种影响因素,以及如何掌握语言知识、语言技能和交际能力等的看法体系。最初,人们普遍认为,学习观念是一个稳定、不易变化的心理构念,但后来逐渐认识到,学习观念的形成受社会因素、文化因素、认知因素、情感因素、个人因素等诸多因素的影响,是通过与参与者、任务以及外部情境的相互作用而构建的,会随着学习环境的变化而动态发展变化。Horwitz(1985)是最早研究外语学习信念的研究者之一,她设计的"语言学习观念量表"(Belief About Language Learning Inventory,BALLI),从外语学能、语言学习难度、语言学习性质、学习与交流策略、动机等五个方面进行研究,是研究外语学习信念最广泛使用的量表。根据 Ellis(2008)的总结,外语学习信念研究主要有四种方法:(1)使用像 Horwitz(1985)设计的"语言学习信念问卷"那样的问卷调查法;(2)使用半结构式访谈与自陈报告研究语言学习的元认知方法;(3)通过收集大量不同类型的数据(如日记、观察等)研究学习者信念随情境而发生变化的情境法;(4)通过分析学习者描述学习的隐喻来研究学习信念的隐喻法。

6. 外语学习策略测量。

学习策略一般指学习者为有效学习所采取的方法,它们受到学习者关于如何进行最好学习的信念的直接影响,特别是受到学习者自我效能信念(self-efficacy beliefs)的管理,因为学习者倾向于选择自己感到舒服且能实施的方法,而避免采取认为超出自己能力的行动。大量的研究显示在自我效能信念和学习者的行为之间存在很强的联系(Ellis,2008)。外语学习策略研究始于 20 世纪 70 年代中期,四十多年来,国内外研究者在这一领域进行了广泛研究,取得了一大批研究成果。

关于外语学习策略的分类,比较有代表性的有:O'Malley & Chamot(1990)把学习策略分为元认知策略、认知策略和社会/情感策略三大类。元认知策略指学习者在学习过程中自我管理、自我监控、自我调节、自我评价等一系列管理措施；认知策略指语言学习活动中的具体认知办法；社会/情感策略指学习者与其他学习者或本族语者的互动方式及调整自己的感情状态所采取的措施。Oxford（1990）根据策略对外语学习的作用，将策略分为两大类：直接策略和间接策略。前者能对语言学习产生直接影响，包括记忆、认知和补偿策略（补偿策略用于交际时弥补知识的不足）三小类；而后者对语言学习只有间接作用，包括元认知、情感和社会策略三小类。文秋芳（1996）在总结、借鉴国外研究的基础上，将外语学习策略划分为管理策略和语言学习策略两大类。Oxford（1990）设计的语言学习策略量表（Strategy Inventory for Language Learning）是使用最广的通用外语学习测量量具。

三、实例解析

（一）实例简介

本研究实例名为"外国学生语言学能与汉语口语流利性的相关性研究"（周明芳，2016）。作为论文内容之一，语言学能能够预测学习者学习外语的潜能和效率，被认为是影响二语习得的重要因素；另一项内容流利性是公认的衡量口语水平的重要维度。本研究采用LLAMA语言学能量具测试了38名高水平留学生的词汇记忆、语音识别、音形对应、语法推理方面的能力。并采集了这38名留学生完成两项汉语口语表达任务的语料，利用转录后的文本和Praat软件计算了这些语料的语速、发音时间比、发音速度、平均停顿长度、平均语流长度、平均发音长度等八项口语流利度时间性指标，以及每百音节更改次数和剔除音节占比两项表达性指标。然后使用SPSS对语言学能测试数据与口语流利度测量数据之间的相关性进行了分析。

（二）实例研究设计

1. 拟解决的问题。

本研究旨在考察语言学能与高水平汉语二语学习者口语流利度之

第六章 问卷调查研究、实验研究与测试测量研究

间的关系,拟解决的关键问题如下:

(1)语言学能内部分布特点如何?具有什么样的规律?

(2)高水平汉语二语学习者的口语表现在流利度上有何特点?

(3)语言学能与口语流利度的相关性如何?

2. 被试。

本研究选取在南京大学学习的 38 名高级汉语水平留学生为被试。在背景信息调查表中,收集了被试的姓名、性别、国籍、年龄、学习汉语时间、HSK 等级的相关信息。

3. 语言学能量具。

语言学能测试采用 2005 年 Paul Meara 等人研发的语言学能测试软件 LLAMA。该软件总体设计基于 Carrol & Sapon(1959)创造性的 MLAT 学能测试理论框架,经过不断完善,软件发布在网站上供全球的研究者免费下载使用(https://lognostics.co.uk/tools/llama/)。

该量具把语言学能分为四个部分分别进行测试:LLAMA-B 测试词汇学习能力、LLAMA-D 测试语音识别能力、LLAMA-E 测试音形对应能力、LLAMA-F 测试语法推理能力。量具每个部分均有自动评分功能,选择正确得分,错误倒扣分(B 部分除外)。LLAMA 的 B、E、F 满分为 100 分,D 满分为 75 分(后期为方便计算会按照满分为 100 分换算)。被试按照指令操作完成后软件会自动给出得分。

4. 口语表达任务。

两项口语任务分别为:

(1)请介绍一位你比较熟悉的人,如外貌、爱好、性格等。

(2)请比较一下你的家乡与南京的异同,包括环境、天气、人口、交通、文化等。

以上两个题目贴近生活,范围较大且内容不枯燥,题目中给了一定的提示,被试可以按照题目中提示的方面进行描述或对比,确保被试有话可说。每一项任务的准备时间为 1 分钟,回答时间为 5 分钟。

实验结果表明,尽管大部分被试不会说满 5 分钟,但也都能输出足够长的语段以供分析。

(三)实例主要分析方法和研究结论

1. 语言学能测试结果分析。

表 6.9 语言学能测试结果

		B	D	E	F	语言学能
N	有效	38	38	38	38	38
	缺失	0	0	0	0	0
平均值		55.53	60.66	56.05	56.84	229.08
中位数		60.00	62.50	60.00	60.00	222.50
标准差		26.630	16.323	25.605	24.507	70.652
最小值		0	25	0	0	75
最大值		100	85	90	90	340

学能测试的分析结果显示,测试总分与四个方面的能力得分均呈正态分布。其中语音识别均分最高,词汇记忆均分最低,但高分率最高。说明被试语音识别的能力最突出,学能的不同方面分布略有差异,不过差异不显著。根据相关的学能分类理论,进一步将四项学能测试合并为三种能力,即把词汇记忆和语音识别测试合并为机械记忆能力,把音形对应测试归为语音编码能力,把语法推理测试归为语言分析能力,这三种能力中机械记忆能力得分最高。

2. 口语流利度统计分析。

表 6.10 口语流利度统计分析结果

	N	最小值	最大值	平均值	标准差
语速	38	64.66	176.32	120.524 05	22.669 053
发音时间比	38	0.40	0.82	0.665 00	0.090 037
发音速度	38	127.96	234.17	181.933 01	28.527 69

续表

	N	最小值	最大值	平均值	标准差
平均停顿长度	38	0.53	1.67	0.884 09	0.232 090
平均语流长度	38	3.00	7.94	5.401 00	1.322 007
平均发音长度	38	1.11	3.22	1.811 02	0.500 015
每百音节更改次数	38	0.00	5.92	2.826 03	1.221 057
剔除音节数占比	38	0.00	0.12	0.066 03	0.029 075

口语流利度的各项指标分数也均呈正态分布。时间性指标显示被试的口语流利度普遍较好，表达性指标显示被试的更改频率和剔除内容占比均很低，说明口语表达的连贯性很强。将分数进行转换及加和后得到两类指标的总分，通过内部一致性检验发现指标设置信度很高。

3．语言学能与口语流利度的相关性分析。

表 6.11　语言学能与口语流利度的相关性分析结果

		语言学能	流利性
语言学能	Pearson 相关性	1	0.628**
	显著性（单尾）		0.000
	N	38	38

语言学能和口语流利度的相关性分析表明，两者呈显著正相关关系，相关系数为 0.628，即汉语二语者的语言学能与口语流利度之间具有很密切的关系。进一步分析三项语言学能与两类流利度指标的相关性发现，语言分析能力与时间性指标的关联度最高，机械记忆能力与表达性指标的关联度最高，语音编码能力与两类指标都呈弱相关。参考前人对言语产出模型所做的推导，发现测试结果可以从一些模型中找到依据并相互论证。

思考题

1. 问卷设计包括哪几个主要步骤？需要哪些问题？
2. 进行问卷调查时，如何把握对调查对象的样本数量要求？
3. 根据被试（S）、实验处理（X）和因变量测量（O）三个因素的不同安排方式，应用语言学常用的实验设计有哪几种类型？
4. 什么是实验设计的内部效度和外部效度？它们通常受到哪些因素的影响？
5. 测试标准化包括哪几个方面？各有什么要求？
6. 《国际中文教育中文水平等级标准》提出了三等九级、四维基准、三个评价维度、五项语言技能的描述框架，它们分别是什么意思？

延伸阅读

Dörnyei, Z. (2010) *Questionnaires in Second Language Research: Construction, Administration, and Processing* (*2nd Edition*). London: Routledge.

王思雨、赵杨（2022）英语母语者对汉语"分裂定指性"的二语习得研究，《语言教学与研究》第 3 期。

王添淼（2017）留学生汉语学习投入现状与影响机制的实证分析，《汉语学习》第 1 期。

第七章
基于学习者语料库研究与基于大规模数据库研究

第一节 基于学习者语料库研究

一、学习者语料库概述

（一）学习者语料库及其在外语教学和研究中的作用

建立在经验主义基础上的语言学实证研究强调必须以语言事实作为根据，尽可能详尽、大量地占有材料，才有可能在理论上得出比较可靠的结论。在计算机出现以前，传统的语言材料搜集、整理和加工全是靠手工进行，这是一种枯燥无味、费力费时的工作。随着计算机的出现和计算机技术的发展，原先完全靠手工的工作开始交由计算机去做，大大减轻了人们的劳动，并提高了工作效率。后来，在这种工作中逐渐发展出一些独特的方法，提出了一些初步的理论，并形成了一门新的学科——语料库语言学（冯志伟，2002）。语料库的出现是语言学界的一场革命，它大大推动了语言的分析和研究。最近几十年来，基于语料库的研究作为一种新的方法，广泛地应用到自然语言处理、辞典编纂、语言教学等诸多领域。这种方法以大量精心采集而来的真实语料为研究素材，主要通过概率统计的方法得出结论，可以用来回答通过其他途径很难回答的问题，从而极大地丰富了语言研究方法。

在语料库语言学方法的影响下，基于学习者语料库的二语习得和教学研究也逐渐成为第二语言研究领域的重要课题。学习者语料库收集的材料是学习者的语言。学习者语言有广义和狭义之分：广义的学习者语言是语言学习者产出的母语、二语和外语等各种语言的总称；狭义的学习者语言仅指二语或外语学习者产出的二语或外语，即属于中介语范畴。学习者语料库与一般语料库不同，它是通过收集语言学习者书面和口头产出的各种自然语料而建立起来的一种语言数据库。

本书采用狭义定义，与 Granger, Gilquin & Meunier《剑桥学习者语料库研究手册》（2015:1）中关于学习者语料库的定义保持一致，即学习者语料库是"按照明确的设计标准收集汇编的，由外语或二语学习者产出的自然数据或近乎自然数据的电子集合"。Granger, Gilquin & Meunier（2015:1）认为，利用学习者语料库进行研究有两大优点：第一，这些数据库通常非常大，包含了大量学习者，无疑比只涉及有限学习者的少量数据样本更有代表性。第二，语料库为电子数据格式，可使用软件工具提取和分析，不但可提供以往需要花费大量人力物力进行大规模调查才能获得的数据，而且大大提高了分析和研究的效率。由此可见，完善的汉语学习者语料库经过汉字、词汇、语法、语体、语义和语用等标注，并采用专用语料库检索软件进行检索，可以帮助我们从语言的各个层面及测量的各个维度探寻中介语发展的规律和特点。

自 20 世纪 80 年代末开始，随着计算机信息技术的飞速发展，外语学习者语料库纷纷建立，并引发了基于学习者语料库的大量实证研究（李文中，1999）。在国际上，以 Sylviane Granger 为首的一批学者率先开拓了基于学习者语料库的研究领域，不但建立了"国际英语学习者语料库"等语料库，还从理论上提出了利用学习者语料库进行研究的分析框架。在大规模中介语语料和中介语分析理论框架的支持

第七章 基于学习者语料库研究与基于大规模数据库研究

下,二十多年来,基于学习者语料库的中介语研究取得了丰富的研究成果。这些研究大多以描写学习者的语言特征为中心,研究内容遍及学习者语言的各个层面,系统揭示了二语/外语学习者中介语的特征及语言发展的共同特点和变异规律。

对学习者语言或中介语的研究一直是二语习得和教学研究的重要课题。在学习者语料库产生之前的中介语研究,由于没有学习者语料库提供大量的语料和相应的分析软件,对学习者中介语的分析往往以零散的材料为基础,这些材料大多采用内省法或实验诱导法获得,使得早期的中介语研究局限于"主观分析"和"定性分析"。学习者语料库的建立则为中介语研究提供了大量真实、可靠的语言数据,为更充分地描写学习者中介语的特点提供了条件。随着计算机技术及相应软件的不断改进,定性分析和定量分析得以完美结合。在借鉴语料库语言学定性、定量相结合的研究方法的基础上,学习者语料库研究已形成了基于语料、面向统计、以实证为核心的研究模式。该研究模式可以弥补内省型和经验型研究范式的不足,通过对大规模中介语语料进行系统的定量和定性分析,揭示出不同群体汉语二语学习者语言的共同特点和变异特征,提供有关学习者语言发展的全面信息,并将这些信息反馈到教学大纲的制定、教材的编写以及课堂教学实践等环节中,使汉语作为第二语言/外语教学更有针对性和更加有效。

(二)国内外学习者语料库建设情况

1. 英语学习者语料库建设情况。

(1)国外的情况。最早的学习者语料库是20世纪80年代末建立起来的朗文学习者语料库(The Longman Learners' Corpus)。该语料库的建库目的是为了帮助出版社编辑外语学习词典、外语教材和教辅,语料库中收集的语料由世界各地的英语学习者作文和考试试卷组成,既有限时作文语料也有非限时作文语料,水平层次各异,并且对作者的国籍、水平、文本类型(作文、书信、考试)、目标语类型(英国英语或美国英语）和居住国等信息进行了标注。详情可参见语料库主页：http://www.pearsonlongman.com/dictionaries/corpus/learners.html。

其他影响较大的英语学习者语料库还有国际英语学习者语料库（International Corpus of Learner English）和剑桥学习者语料库（Cambridge Learner Corpus）等。国际英语学习者语料库由比利时莱文大学（Université Catholique de Louvain）的 Sylviane Granger 教授带领一批学者于 1990 年启动建设，语料由各种不同母语背景的成年中高年级学习者的作文组成，三十多年来，该语料库一直在不断建设和更新。该语料库第一版光盘版和第二版纸本加光盘版分别于 2002 年和 2009 年出版发行，第三版正在建设之中。目前包含了阿拉伯语、汉语、法语、西班牙语等 25 种母语背景英语学习者语料。详情可参见语料库主页：https://uclouvain.be/en/research-institutes/ilc/cecl/icle.html。跟朗文学习者语料库的建库目的相似，剑桥学习者语料库的建设也是为了帮助出版社编辑外语学习词典、外语教材和教辅。该语料库收集全世界不同母语背景的学习者参加剑桥大学各种英语作为第二语言考试（Cambridge ESOL English Exams）的语料，是目前世界上最大的学习者语料库，到目前为止收集了 217 个国家和地区 148 种不同母语背景的学习者 20 多万份考试材料，而且语料还在不断增加。该语料库对学习者的语言偏误和第一语言、国籍、英语水平、年级、年龄、性别和考试日期等信息进行了详细的标注。该语料库目前提供未标注的简版"剑桥学习者开放语料库"（Open Cambridge Learner Corpus）供网上检索，网址为：https://www.sketchengine.eu/cambridge-learner-corpus/。

此外，莱文大学英语语料库研究中心（Centre for English Corpus Linguistics）团队，广泛收集学习者语料库信息，建立了"全世界学习者语料库"（Learner Corpora Around the World）列表，研究者可以从中找到自己感兴趣的信息，网址如下：https://uclouvain.be/en/research-institutes/ilc/cecl/learner-corpora-around-the-world.html。

(2) 国内的情况。我国外语界于 20 世纪 90 年代开始逐渐重视学习者语料库建设,影响较大的有广东外语外贸大学桂诗春和上海交通大学杨惠中负责联合开发的中国学习者英语语料库(Chinese Learner English Corpus,简称 CLEC)及南京大学/北京外国语大学文秋芳、王立非、梁茂成等开发的中国学生英语口笔语语料库(Spoken and Written English Corpus of Chinese Learners,简称 SWECCL)等。NLEC 是国家社科基金"九五"规划项目,语料库光盘版 2003 年由上海外语教育出版社出版(桂诗春、杨惠中,2003)。该语料库收集了包括中学生、大学英语四级和六级、专业英语低年级和高年级在内的五种学习者语料 100 多万词,并对语言偏误进行标注。其目的就是观察各类学生的英语特征和语言偏误情况,希望通过定量和定性方法对中国学习者英语作出较为精确的描写,为我国英语教学提供有用的反馈信息。SWECCL 包括口语子库和笔语子库,语料库的 1.0 版和 2.0 版分别于 2005 年和 2008 年出版(文秋芳、王立非、梁茂成,2005;文秋芳、梁茂成、晏小琴,2008)。1.0 版的口语子库包含 1 141 位全国英语专业四级口试考生 11 410 多分钟的语音资料和转写文本,笔语子库包含 3 880 篇学生英语作文文本,共计 1 255 347 个形符;作文涉及 16 个不同题目,所有文本采用 CLAWS4 进行词性赋码。2.0 版口语子库包括 78 万词的全新语料,源于 2003—2006 年全国英语专业四级口语考试,文本按照不同任务类型切分,语音文件采用 mp3 格式保存;笔语子库包括 120 万词的全新语料,源于高校扩招以来的学生作文,包含 27 个不同题目的英语议论文和说明文;配有多种自主开发的研究工具,包括用于从总库中抽取子库的 Sub-corpus Generato、可以快速提取多种语言特征的 PatCount、专门用于分析类联接的 Colligator 等。

2. 汉语中介语料库的建设情况。

从 20 世纪 90 年代开始,中国对外汉语教学界开始建设外国人学习汉语的中介语语料库。北京语言学院 1995 年建成的汉语中介语料库系统是第一个汉语学习者语料库,该系统于1992年底立项,历时近三年完成。该语料库从北京语言学院等9所中国高校收集了96个国家和地区的1 635位外国学生成篇成段的汉语作文或练习材料5 774篇,共计3 528 988字。以这些语料为抽样总体,根据抽样方案进行抽样,最后抽取了740位作者写作的1 731篇共计1 041 274字的语料样本,并对这些语料按照字、词、句、篇等不同层次进行加工和标注。除了语料标注以外,语料库还记录了学习者性别、年龄、国籍、第一语言、话题类型、语料长度、写作时间等23项语料属性。在该语料库的建设过程中,课题组还设计了一个由语篇选择、检索、输出、浏览、帮助等五个基本模块组成的语料检索系统,实现了对语料在字、词、句、篇等不同层次上自由检索。汉语中介语语料库系统的研制成功,填补了汉语中介语语料库研究方面的空白,是我国基于汉语学习者语料库研究的基础性工程,标志着我国对外汉语教学领域的语言学习理论研究开始进入以学习者语料为基础的实证研究阶段。

由于语料库语言学和基于语料库的研究方法日益受到学界的重视,近年来,不少大学或研究机构已建成或者正在建设一批不同类型的汉语中介语语料库,如北京语言大学的HSK动态作文语料库和全球汉语中介语语料库、南京师范大学的外国留学生偏误信息语料库、鲁东大学的多层偏误标注的汉语中介语语料库、中山大学的汉字偏误中介语语料库、暨南大学的留学生中介语语料库、香港中文大学的语言习得汉口口语语料库、南京大学的汉语中介语口语语料库,等等。目前提供在线开放检索的汉语中介语语料库有:

北京语言大学HSK动态作文语料库。HSK动态作文语料库是母语非汉语的外国人参加高等汉语水平考试(HSK高等)作文考试的答卷语料库,收集了1992—2005年的部分外国考生的作文答卷。语料库1.0版收入语料10 740篇,约400万字,于2006年12月上线。2008年7月,经修改补充,语料库1.1版语料总数达到11 569篇,共计

第七章 基于学习者语料库研究与基于大规模数据库研究

424万字。目前版本为2.0版,网址为:http://hsk.blcu.edu.cn/Login。

暨南大学华文学院留学生书面语语料库和口语语料库。这两个语料库主要收集了在华学习汉语的东南亚华裔留学生的汉语作文语料和口语语料,口语语料库包括转写的文本语料和对应的语音文档。书面语语料库的网址为:https://huayu.jnu.edu.cn/corpus3/Search.aspx,口语语料库的网址为:https://huayu.jnu.edu.cn/corpus5/Default.aspx。

中山大学留学生汉字偏误语料库。该语料库分为汉字偏误标注版和字词句偏误标注版两个入口。字词句偏误标注版包含分词和词性标注,偏误标注包括错别字、词汇、语法等各种偏误,大约44万字。汉字偏误标注版只有错别字标注的语料,也可供用户进行一般的词汇搜索,同时可供对汉字偏误进行分析研究。该语料库网址为:http://cilc.sysu.edu.cn/。

南京大学汉语中介语口语语料库。该语料库包括外国学生独白式的口语语料,汉语母语者与外国学生的对话语料,外国学生之间的对话语料,学习者背景信息数据以及口语语料库中部分学习者的语言学能、学习动机、学习策略、学习焦虑、纠错反馈信念等方面的联动数据。目前已开放共享的为学习者独白式口语语料。该语料库网址为:http://yuliaoku.hanyu123.cn/nju。

福建师范大学汉语中介语语料库。该语料库以东南亚汉语中介语语料库为基础,语料收录范围(汉语学习者)包括:海外教育学院的留学生、来华培训的国外本土教师、福建师大印尼菲律宾孔子学院的学生等。语料来源以亚洲(东盟国家居多)汉语学习者为主,当前可按字符串、偏误标记查询,提供与全球汉语中介语语料库相同及兼容的标注检索。该语料库网址为:http://yuliaoku.hanyu123.cn/iccs/。

北京语言大学全球汉语中介语语料库(汉语中介语语料库建设与应用综合平台)。该语料库是北京语言大学联合国内外十几家单位集体攻关建设而成,设计总规模5 000万字,含熟语料2 200万字,集笔语语料库、口语语料库、多模态语料库于一体。截至2021年11月6日，库存原始语料2 367万多字，多个层面的标注语料合计约1.26亿字。其中笔语标注语料9 493万多字，口语标注语料1 955万多字，视频标注语料1 144万多字。另有供对比研究用的中学生汉语母语者的作文生语料137万字。语料标注内容包括汉字、词汇、短语、句子和句子成分、语篇、语体、辞格、标点符号、口语语料库和视频语料的语音标注、视频语料的体态语标注等10个层面。检索方式有字符串一般检索、分类标注检索、离合词检索、特定条件检索、词语搭配检索、按词性检索、词语对比检索、重叠结构检索、按句末标点检索等9种。库中有许多可供用户参考的实用统计信息，以及一个应用户要求而专门开发的分词统计工具。这些内容与功能可以为基于语料库的汉语教学与相关研究提供便利条件。全球库采取"搭积木式"/"滚雪球式"的动态建设策略，语料仍在持续增加与标注，系统具有实时统计功能，库存生语料与标注语料的相关数据会随语料的增加而动态更新。该语料库网址为：http://qqk.blcu.edu.cn/#/login。

台湾师范大学华语学习者口语语料库。该语料库以英语、日语、韩语为母语的学习者为主，收录超过77万字口语语料，包括语音和转写文字。通过料库平台的检索功能，可以用字词检索学习者口语表达及偏误情况，也可以听到真实的音频语料。该语料库网址为：http://140.122.110.34/mp3c/。

台湾师范大学华语学习者书面语语料库。该语料库涵盖40多种不同母语背景、不同能力学习者写作测验及短文练习语料，约300万字。其中三分之一语料人工标注了偏误，可进行偏误检索及分析。该语料库网址为：http://kitty.2y.idv.tw/~hjchen/cwrite-mtc/main.cgi。

通过汉语中介语语料库建设实践的锻炼，以及围绕各项研究课题所需研究团队的组建，专业学术研讨会的定期召开，相关学术刊物所给予的支持，汉语中介语语料库建设和研究逐渐形成了一支比较稳定的专业学术队伍，成为了一个充满活力的学术领域。例如，为了共同探讨汉语中介语口语语料库的建设、应用和研究，促进海内外相关领域专家、学者之间的交流与合作，进一步推动汉语中介语语料库建设与基于语料库的汉语教学研究的发展，北京语言大学、南京师范大学、南京大学、福建师范大学、扬州大学、鲁东大学和美国莱斯大学等高校已经联合召开了六届汉语中介语语料库建设与应用国际学术讨论会，以及三届汉语中介语口语语料库建设与应用国际研讨会。通过这些有组织的定期学术研讨，学界在汉语中介语语料库的建库目标、语料采集、语料标注、检索使用等方面取得了一定的共识，为推动语料库建设及共建共享奠定了重要基础。

二、分析学习者语言的工具和方法

（一）分析学习者语言的软件工具

基于学习者语料库的研究是建立在大量语料数据基础上的实证研究，理想的情况是借助现成的语料库和检索工具能够从中提取到可满足特定研究的语料或数据，但由于语料库的建库目的和研究目的并不总是一致，为了满足特定研究需要，研究者常常会自建一些小型语料库。语料库的建设是一项系统性工程，一般来说，会涉及语料的收集、加工、检索等多个环节，为了满足这些环节的工作需要，研究者们设计了不少诸如语料收集工具、语料加工工具、语料检索和分析工具等软件来辅助相关工作。目前英语语料处理方面的软件比较多、比较成熟，例如，赋码和标注加工工具有 TAGGER、CLAWS、ICTCLAS 等；语料处理和检索工具有 Antconc、WordSmith Tools、ConcAPP、Monoconc 等；此外还有一些特别的电脑键击记录工具，如 Keystroke Inputlog 等。汉语语料处理方面的软件相对少一些，公开发行或者共享的软件不多。下面介绍几款可在网上免费下载、可用于汉语语料检索和分析的软件，有兴趣的研究者可以使用这些软件自建小型汉语学习者语料库，并进行语料检索和分析。

1. Dimsum 软件。Dimsum 本是一款为外国学生学习汉语设计的中文阅读辅助工具，可以帮助外国学生查阅汉语生词的发音和意义，如图 7.1。不过该软件的工具栏里带有自动分词和字频、词频统计工具，如果需要进行简单的语料库字频、词频统计（如图 7.2），该软件简便易用。有兴趣的读者可以到下面的网址下载安装：http://www.mandarintools.com/dimsum.html。

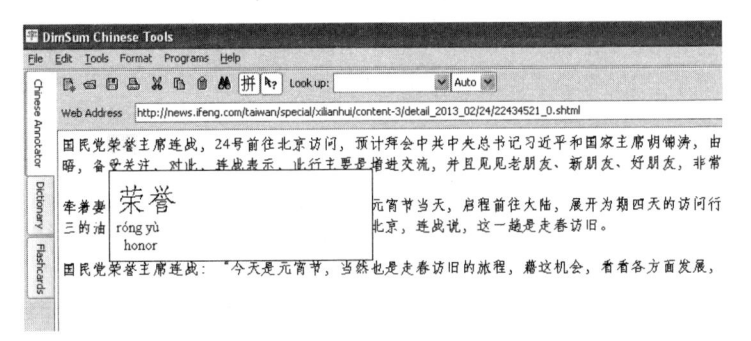

图 7.1　Dimsum 生词辅助界面

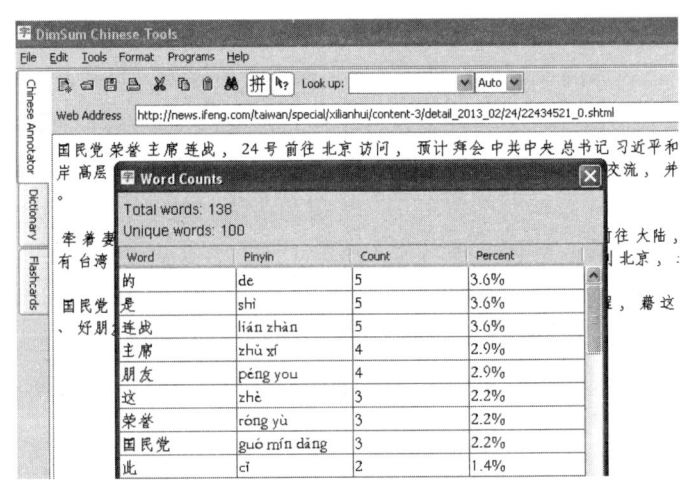

图 7.2　Dimsum 词频统计

第七章　基于学习者语料库研究与基于大规模数据库研究

2．HyConc 语料处理软件。该软件由中国传媒大学程南昌设计制作，2006 年投入使用，2007 年获得国家版权，是一个免费共享的中文语料处理软件。经过多次反复修改，HyConc 已发展到 3.9.9 版。该软件全面支持 unicode，具有规模处理真实文本的能力，可以对目录下文件夹及子文件夹内所有 txt 文本进行穷尽式的读取，可以对上亿的语料进行处理。软件的主要功能包括：（1）检索含有某个关键词语的句子，同时可按关键词语左右 1—6 位排序。（2）成批检索含有多个关键词语的句子。（3）可以一次批量检索多达 20 个关键词的句子。（4）智能识别多种形式的重叠形式，并且把含有重叠形式的句子检索出来。（5）正则表达式检索，替换。（6）对汉语或者类似于汉语的语料进行字频统计，对英语或者类似于英语的语料进行词频统计。（7）对标注词性的语料可以进行词频统计，可以检索多种形式的搭配，比如：动词+名词等。（8）可以对语料进行字种、词种覆盖率统计。（9）对多语平行语料检索，可以检索一对一、一对多的平行语料。（10）此外还有其他的一些功能，如批量文本预处理、编辑文本、分割文本、删除句子及排序、批量读取文本等。

图 7.3 是 HyConc 语料处理软件的主页面和中文检索菜单。

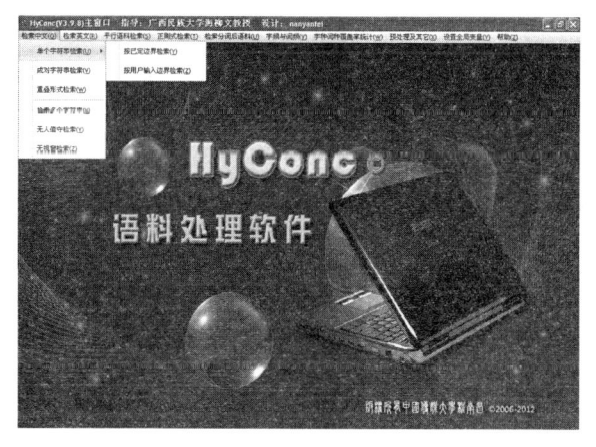

图 7.3　HyConc 检索主界面

3．Praat 软件。Praat 是一个免费的语音处理软件，由荷兰阿姆斯特丹大学人文学院语音科学研究所的 Paul Boersma、David Weenink 两位教授设计。它是一款跨平台的多功能语音学专业软件，可对数字化的语音信号进行分析、标注、处理及合成，同时生成各种语图和文字报表，可较好地用于汉语中介语语音数据的处理分析。图 7.4 是 Praat 软件处理的主页面，感兴趣的研究者可以到软件官方网站下载使用：http://www.fon.hum.uva.nl/praat/。

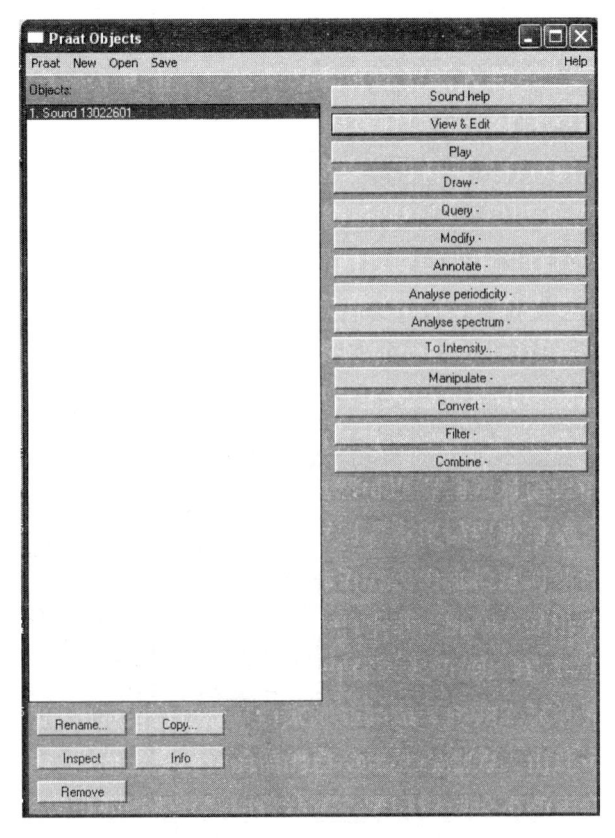

图 7.4　Praat 处理主页面

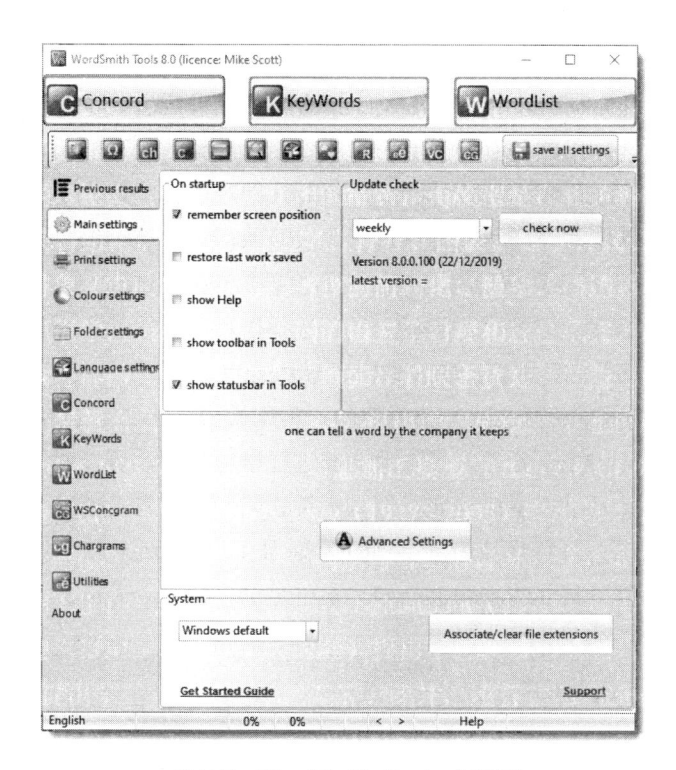

第七章　基于学习者语料库研究与基于大规模数据库研究

图 7.5　WordSmith Tools 主界面

4．WordSmith Tools。WordSmith Tools 由英国利物浦大学 Mike Scott 设计，自开发以来经过几次升级，功能不断完善。该软件是语料库研究常用工具之一，是一款功能强大的语料库检索工具，不仅适用于各种大、中、小型语料库，更适用于各类自建语料库，如专业学术语料库、外语教学语料库等，并附有功能齐全的语料库统计工具。主要具备三大功能：检索（Concord）、单词列表（WordList）、主题词（KeyWords）统计。检索功能是 WordSmith 最主要、最常用的功能，主要作用是查询和统计某个或某些词或短语在指定文本中出现的频数。单词列表功能主要用来创建语料库中词汇使用频率列表，确定哪些词或词块（clusters）是最常用的、哪些词或词块是相对不常用的。主题词功能是研究文本内容和文本语言特征差异的重要手段，主题词指频率显著高于或显著低于参照语料库中对应词的频率的那些词。通过主题词功能，我们可以把一个语料库（即观察语料库）中的词频与参照语料库中的对应词的词频进行比较，从而确定这个语料库与参照语料库之间在词频方面是否存在显著差异。WordSmith Tools 可以处理很多种语言，但需在工具栏主界面选择语言。该软件是一款商业软件，软件网址为：https://lexically.net/wordsmith/。

5. AntConc。这是一款免费的语料库检索分析工具，2002 年由 Laurence Anthony 开发。该软件能够进行语料检索，可以对词语检索实现索引并且可以生成词表，拥有字符编码颜色设置功能，可以对所有数据情况进行排序或者对数排序，而且可以进行窗口跨度的调整，具体有索引工具（Concordance）、索引定位（Concordance Plot）、文

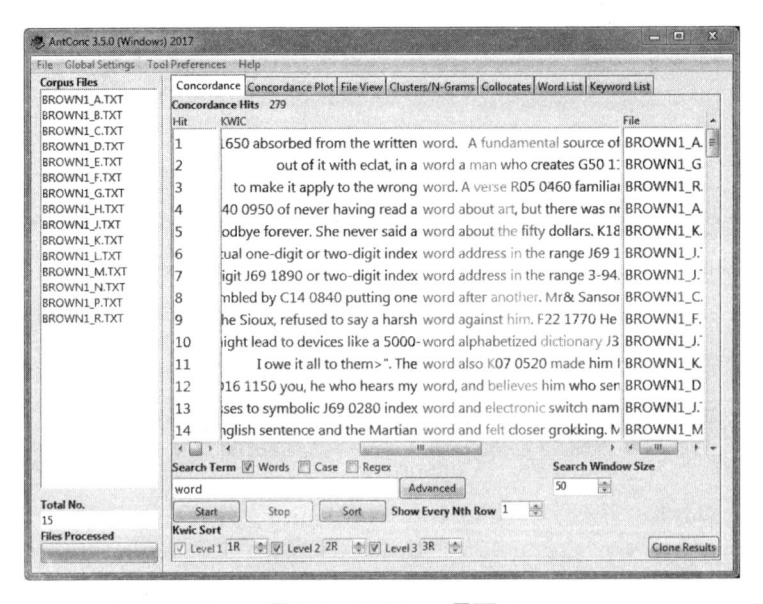

图 7.6　AntConc 界面

件查看（File View）、词丛（Clusters）/N 元模式（N-Gram）、搭配（Collocates）、词语列表（Word List）、关键词列表（Keyword List）等功能。每个工具都可以点击工具窗口上各自的选项卡或者使用功能键 F1 至 F7 打开。该软件可以处理汉语语料，但必须经过分词处理，词语之间以空格隔开，这样才能被软件有效识别和提取。因此，想使用该软件处理汉语语料，必须先用汉语分词软件对文本进行空格分词处理。图 7.6 是 AntConc 的界面。

6．#LancsBox。这是英国兰卡斯特大学语料库语言学研究中心开发的新一代语料库分析软件，可读取多语种多格式语料，具有强大检索和统计功能，支持智能检索和基于词类的精细化检索。其最大特色是可视化，作为核心功能的"搭配图解"突破了传统语料库软件只能提取搭配词对的限制，通过多层次拓展搭配网络，显示传统搭配方法难以展现的搭配关系。该软件的主要功能模块包括语料库管

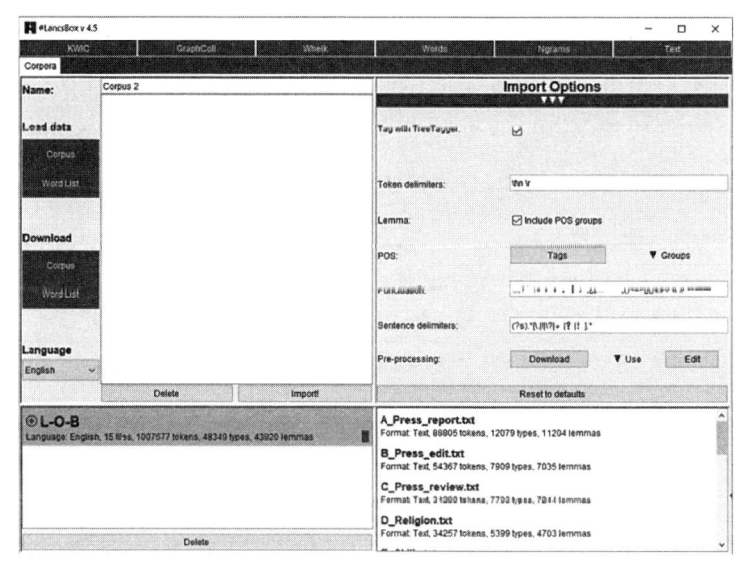

图 7.7 #LancsBox 主界面

理（Corpora）、语料检索（KWIC）、搭配词提取及搭配词图/网络可视化（GraphColl）、检索词项在语料库中的分布（Whelk）、词频分析和关键词提取及可视化（Words）、词块分析和关键词块提取及可视化（Ngrams）、显示检索词项的全部语境信息（Text）等。图7.7是#LancsBox主界面。该软件免费共享，下载网址为：http://corpora.lancs.ac.uk/lancsbox/。

除上述软件以外，像美国卡耐基梅隆大学的Brian MacWhinney教授主持的国际儿童口语语料库（CHILDES）所用的文本赋码系统CHAT、语料分析程序CLAN等，均可从网上免费获取（https://childes.talkbank.org/），只是这些程序对初学者来说使用起来较为复杂。

（二）基于学习者语料的习得研究

学习者产出的书面和口头数据一向是二语习得研究的关键资源。Myles & Mitchell（2004:173）认为，"二语习得研究除了清晰的理论框架以外，最宝贵的资源是可使用的高质量数据"。崔希亮、张宝林（2011）也指出，汉语中介语语料库在对外汉语教学相关研究中发挥了巨大作用，作为基于大规模真实文本分析方法所依托的基础工程，作为国际汉语教学研究的基础性平台，高质量的汉语中介语语料库的建设需求日益凸显。

二语习得研究与学习者语料库建设存在密切的互动关系。一方面，学习者语料库的出现大大便利了二语习得研究，利用学习者语料库提供的大规模语料有助于深入揭示二语发展规律，建设学习者语料库可有效促进二语习得研究；另一方面，二语习得理论为设计高质量的学习者语料库提供了有力支撑，二语习得研究的需要大大推动了学习者语料库的建设力度，二语习得研究方法的发展则对学习者语料库的建设水平提出了更高的要求。例如，在学习者语料库建设的早期阶段，主要关注的是描写而非解释，这一阶段的学习者语料库基本上是相对简单的共时语料集合。不过这种状况已逐渐发生变化,近年来,学习者语料库建设开始重视以二语习得理论作为设计的基础,并在建设目标中更自觉地追求能有效服务于二语习得研究。

由于得到了汉语中介语语料库的有力支撑,最近一二十年来,基于汉语中介语语料库的研究得到较快发展,取得了不少成果。《汉语中介语语料库建设与应用国际学术讨论会论文选集》(第一届至第五届)集中展示了汉语中介语语料库建设与应用研究的最新成果;一批基于汉语中介语语料库的二语习得研究著作也陆续出版,如赵金铭等《基于中介语语料库的汉语句法研究》(2008)、张博等《基于中介语语料库的汉语词汇专题研究》(2008)、肖奚强等《外国学生汉语句式学习难度及分级排序研究》(2009)、张宝林等《基于语料库的外国人汉语句式习得研究》(2014)等;另外,《语言文字应用》《世界汉语教学》《语言教学与研究》等学术期刊也相继发表了一批本领域的高质量论文。

(三)分析学习者语言的常用方法

1. 偏误分析。有些学者把第二语言习得研究的起点上溯到20世纪50年代的对比分析研究,但早期的对比分析只是通过对比学习者的母语系统和目的语系统,运用迁移理论来预测第二语言习得的难点和易产生的错误,并不直接把学习者的语言作为分析对象。偏误分析则首次真正从语言习得本身的角度,而不是作为一般语言理论或学习理论的附属品,分析和解释了学习者第二语言的发展。根据 Corder (1975),实施偏误分析主要包括收集学习者语言样本、鉴别偏误、描述偏误、解释偏误和偏误评价五个步骤。20世纪80年代中期,鲁健骥(1984)首先把偏误分析方法和中介语理论引入汉语二语习得研究,二十多年来偏误分析在对外汉语教学界受到了普遍的重视,产生了一批研究成果,涵盖了语音、词语、语法、语篇、语用和汉字等各个方面。早期的偏误分析采用零散的语料作为分析的对象,后期的偏误分析从大规模语料库中提取语料，分析结论更全面可靠。

2. 频率分析。迄今为止，汉语二语习得研究中偏误分析的研究成果数量最多，不过，其缺点也显而易见：只分析学习者语言的错误部分，对学习者语言的正确部分则弃置不谈。"偏误分析的最大弱点在于只研究中介语的偏误部分，而且是横切面式的静态分析，并未研究中介语的正确部分。其结果，只能了解学习者未掌握的部分，而不能了解学习者已掌握的部分。这就割裂了中介语体系，看不到中介语的全貌及其动态的发展轨迹。"（刘珣，2000：202）频率分析是研究中介语表现的一种主要方法，与偏误分析只研究语言偏误不同，频率分析关注学习者语言中各种特征的使用频率，既研究中介语的错误部分，也研究正确部分，是研究学习者语言表现、习得顺序和发展过程的常用分析方法。频率分析的常规实施程序如下：（1）选择需要调查的语言变量；（2）根据时间长度大致相等的不同发展时期划分学习者语言数据；（3）分析数据鉴别所选语言变量的用例；（4）分析所有的话语鉴别学习者用来实现该语言变量所采用的不同形式；（5）统计学习者在各个时期使用的每一种形式的频率；（6）通过鉴别在各个发展时期占优势的语言形式来决定习得的阶段。频率分析包括使用频率和正确使用频率等分析。频率分析法通过对学习者语言特征的正误情况进行统计和分析，来描述和解释语言表现、习得顺序和习得过程，特别是基于正确使用频率的习得顺序和发展过程研究。例如，在汉语二语习得顺序研究中常用的"正确使用相对频率法"和"蕴含量表法"都是建立在频率分析法的基础上。与只关注中介语偏误情况的偏误分析相比，频率分析是一种进步，不过仍是一种比较简单的中介语表现分析方法，由于其测量指标比较单一，仍不足以全面地描述中介语的特征和规律。

3. 功能分析。包括两种范式：形式—功能分析、功能—形式分析。（1）形式—功能分析指选择某个特定的形式进行分析，然后研究

第七章 基于学习者语料库研究与基于大规模数据库研究

这一形式在学习者语言样本中所表达的具体意义。其分析过程大致包括四个步骤:选择要调查的语言形式、收集包含该语言形式的样本并鉴别出该语言形式使用的所有场合、鉴别由该形式实施的各种功能、统计每一种功能的运用频率。这样就可以看到在学习者语言的某个发展点上,由该语言形式所实现的占优势的功能是什么。(2)功能—形式分析指选择某项功能,然后在学习者语言样本中鉴别用来表达该功能的形式。其分析过程大致包括四个步骤:确定要调查的语言功能、收集运用该功能的学习者语言样本、鉴别用来实现该功能的不同语言形式、统计每一种形式的使用频率。这样就可以发现在学习者语言的某个特定发展阶段,为了实现该语言功能所使用的占优势的形式是什么,以及随着时间的推移它们所发生的变化。

4.互动分析。互动分析的目的是确定学习者的语言互动中哪些特征有助于二语习得,通常关注参与者互动的以下三个方面:意义协商、交际策略和错误处理。互动分析的一般程序如下:(1)确定互动中的某个方面或某项特征作为研究对象;(2)从收集到的学习者语言样本中鉴别出含有该研究对象的所有实例;(3)确立分析该研究对象的描述框架,描述框架中的每一个范畴都要有可操作性以便可靠地从数据中鉴别出来;(4)鉴别每一个范畴的用例数量;(5)根据所获得的数据进行讨论。在对学习者的互动行为以及互动行为中的哪些特征影响第二语言习得的研究中,互动分析起着重要的作用,从这个意义上说,互动分析是我们深入理解语言互动如何有助于语言习得的有力工具。

5.会话分析。会话分析可以视为互动分析的一种,不仅能让我们了解学习者在互动中怎样运用语言,而且能阐明学习者怎样在互动中学习语言。会话分析的主要对象是互动中的交谈(talk-in-interaction),特别是用来完成日常会话的那些方法和程序。互动中的交谈主要包括三种组织形式:话轮转换、衔接顺序和话轮修复。会话分析的一般程序如下：(1) 选择一段会话进行分析；(2) 描述这段会话中行为的特征；(3) 考察说话者怎样选择和传递他们的语言行为；(4) 考察为了理解对方的语言行为并继续会话，话轮转换是如何组织准备的；(5) 考察为了向对方暗示平等与不平等的话语交际系统中的某种身份、角色或关系，说话者采用了什么样的话语行为方式；(6) 把前面的分析放在一起进行讨论。

6. 中介语对比分析。这是比利时鲁汶大学教授 Granger（1996）提出的一种基于学习者语料库的中介语分析方法。根据 Granger 的中介语对比分析模型，这种分析方法包括两个方面的比较：一是中介语与目标语的比较，以揭示二者之间的异同，反映中介语的多用、少用和误用等使用特征，这是中介语对比分析的核心部分；二是不同母语背景的中介语语料的比较，以反映不同母语背景的学习者的语言输出情况，揭示不同学习者群体的中介语使用特征。在提出上述分析理论和方法的同时，Granger 领导创建英语学习者国际语料库（International Corpus of Learner English），开启了相关实践研究。近年来，这种方法开始进入汉语二语习得研究领域，并取得了一些研究成果（邢红兵、辛鑫，2013）。不过，作为早期的中介语对比分析法，这种方法也存在一些缺陷。对此，Granger（2015）进行了反思和总结：既未考虑到由于功能变量和地域变量对参照语的多样性的影响，也未能考虑任务变量、学习者个体变量等对中介语变体的影响。针对这些缺陷，Granger 提出了中介语对比分析 2.0 模型。

7. 中介语多元对比分析（CIA2.0）。在 Granger 提出的早期中介语对比分析模型里，主要是中介语与目标语的比较、不同母语背景的中介语之间的比较。之后，学界在此基础上继续探索，中介语对比进一步扩展到相同母语背景的不同水平中介语的比较，学习者母语与中介语的比较，学习者母语、中介语和目标语三者之间的比较，不同任务条件下的中介语比较，相同学习者不同纵向发展阶段的中介语比较，学习者口语与书面语语料比较，双语或多语环境下学习者母语或传承语（Heritage Language）与第二语言发展的比较，等等，中介语对比分析发展成为多因素、多层面、多角度的多元比较分析。由于中介语是一个高变量，受多种多样的语言、情境和个体因素的影响，中介语的变异性非常突出。为了弥补早期中介语对比分析的缺陷，Granger（2015：17）提出了中介语对比分析2.0模型（图7.8），突出强调中介语和参照语（reference language）的变异性，以及该模型的多元互动对比特征，是中介语对比分析的新发展。我们将它称为"中介语多元对比分析"。

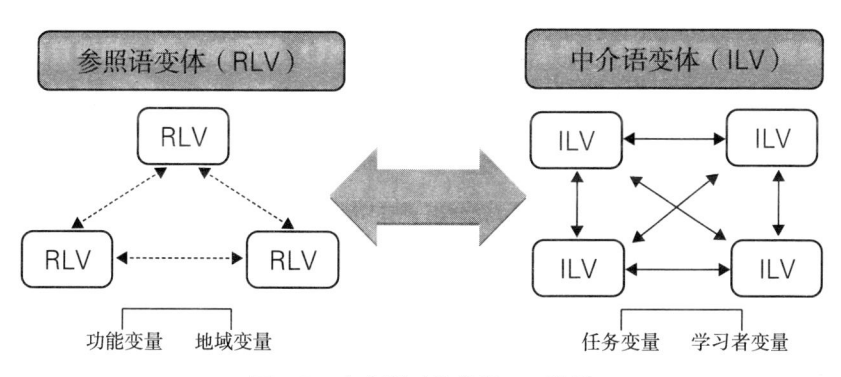

图 7.8　中介语对比分析 2.0 模型

8. 二语多维表现分析。也叫"三性"分析或"四性"分析。从最初借鉴自母语习得研究中开发的语法复杂性、准确性测量标准（Hunt，1965；Brown，1973），到后来的流利性标准，早期的研究侧重于单一维度。Skehan（1998）提出，把复杂度、准确度和流利度结合起来，作为描述二语表现的三个基本维度：确立了 CAF 三维体形式特征分析法。20 世纪 90 年代以来，该分析方法逐渐发展出一套针对学习者语言表现的测量指标，并形成了相对可靠实用的操作框架。在此基础上，一些学者就如何完善多维表现分析法提出了补充思考。例如，文秋芳、胡健（2010）提出在"三性"的基础上，需增加一项多样性，与复杂性、准确性和流利性一起组成"四性"分析。多维表现分析通过采用综合测量框架可以更全面地展现学习者语言的面貌，并有利于揭示中介语系统多维互动发展的规律。目前汉语二语习得研究中单维表现分析较多，多维表现分析较少。由于建库时设计目标的局限，迄今已建成的汉语中介语语料库仍难以全面支持多维表现分析。

9. 二语动态发展分析。传统的二语习得研究或多或少把学习者语言发展视为连续渐变的线性发展过程，而新兴的动态系统理论（Larsen-Freeman，1997；Van Geert，2008；Larsen-Freeman & Cameron，2008）认为，学习者语言是一个复杂、动态的发展过程，发展过程充满了非线性的变异和变化现象。二语动态发展分析将学习者的语言发展变化作为核心内容，追踪学习者语言发展的非线性动态轨迹，描述发展中的各种变异特征。二语动态发展研究基本上都采用纵向历时设计，采用"移动极值图表"（moving min-max graph）、"相变"（phase transition）等方法来描述学习者语言的发展变化，该分析方法对于揭示二语发展的非线性变化过程和变异特征具有很强的解释力。不过，要广泛运用这种历时动态发展分析方法，需要大量中介语纵向发展语料的支持。

10. 学习者个体因素与语言表现的相关分析。学习者的语言系统是一个动态发展系统，其发展从来都不是一种孤立的语言现象，发展过程受到各种内外因素的影响。只有通过分析语言变量与各种内外因素之间的复杂互动，才能比较全面真实地揭示汉语二语习得特征和发展规律。为了研究学习者语言表现与影响因素的互动规律，除了需要得到大规模中介语语料支撑，也需要获得影响中介语发展的各种变量的信息。在采集中介语语料的同时，除了补充学习者的性别、年龄、国籍、母语背景、汉语水平等常用的学习者元数据以外，在条件允许的情况下，还可以选择一些重要的学习者个体因素变量，分门别类进

第七章 基于学习者语料库研究与基于大规模数据库研究

行问卷或实验采集,如学习动机、学习信念、学习策略、语言学能、认知风格、身份认同、情感焦虑等。通过学习者个体因素与语言表现的相关分析,可深入研究学习者个体因素对中介语形成和发展的影响。

11. 各种社会语言学因素与语言表现的互动分析。二语习得研究的首要目标是描述和解释哪些因素影响学习者语言的发展及其变异和变化,从而制定有效的教学和学习策略,提供最好的帮助来促进语言学习,改善语言表现、提高语言水平。除了要加强学习者个体因素与语言表现的相关分析以外,也要重视各种社会语言学因素与语言表现(特别是中介语的变异性)的互动分析。在采集中介语语料的同时,可以选择一些重要的社会交际因素,如交际参与者、交际情境、交际目的、表达方式、文本类型、输入频率、任务类型、反馈方式等,进行定向采集。通过社会交际因素与语言表现的相关分析,可深入研究学习者语言变异表现及其影响因素之间的发展规律。

12. 多模态二语话语分析或互动分析。模态是指"人类通过感官(如视觉、听觉、触觉等)跟外部环境(如人、机器、物件、动物等)之间的互动方式"(顾曰国,2013)。人类与外界的交互是多模态的,学习者语言能力是在多模态交互中建构和发展的。多模态分析可探讨二语发展与非语言要素之间的互动关系。例如,利用多模态视频语料,包含经过转写、处理与标注的语言文本及与文本紧密关联的音视频数据,分析二语表达过程中学习者的手势、姿势、目光、表情及场景等非语言符号与二语之间的互动关系。此外,从文本、声音、图像等多模态视角分析二语人机互动以及二语语音识别、手势识别、情感识别等方面的应用研究也日益受到重视。

13. 双语或多语发展分析。我们生活在一个多语世界,双语或多语存在于同一个国家的情景很普遍,世界上有大量人口在多语言家庭、社区和社会中生活和学习,很多国家的教育都发生在多语背景下,双语或多语人是未来社会的发展趋势。描述和解释双语环境中的语言互动规律、个人双语或多语能力的发展,以及超语言技能（translanguaging）的培养,日益成为学界关注的焦点。由于缺少多语环境下的多语发展语料,个人多语能力的发展、多语的产生和理解、多语与认知的关系等方面的研究很不够。以往二语习得领域有较多研究分析过一语对二语的迁移,而二语对一语的反向迁移则研究很少,二语、三语等非母语之间互相产生的语际影响研究也十分缺乏。此外,海外华裔汉语学习者的华语传承语与所在地区主导语言或其他语言之间多语能力的互动发展状况和规律也亟须加强研究。

14. 学习者网络二语交际能力及其发展分析。随着宽带无线移动通信技术的进一步发展和 Web 应用技术的不断创新,我们正处在一个全新的信息时代,网络世界日益与现实世界交互重叠在一起,人们的生产方式、生活方式和学习方式正在发生深刻变化。为了适应网络时代的学习和生活,学习者网络二语能力及其发展开始受到关注。可利用学习者网络交际语料,如通过网络聊天室、微信、QQ、博客、多人在线游戏、MOOCs 课程等收集到的学习者语料,分析学习者网络二语交际能力及其发展,或分析线上线下二语互动发展规律。

以上介绍的是分析学习者语言的一些常见方法,总之,学习者语料库可以为学习者语言分析研究提供极为丰富的数据资源,汉语学习者语料库将在国际汉语教学和研究中发挥越来越重要的作用。

三、实例解析

（一）实例简介

本研究实例名为"任务构思条件对汉语二语口语产出中词汇丰富性的影响"（曹贤文、田鑫,2020）,实例从南京大学汉语中介语语料库中抽取适当语料,以任务构思条件为变量,探索了任务前构思（有准备时间）和在线构思（无准备时间）两种情况下,汉语二语口语产出中词汇丰富性的具体表现和历时三个月的发展变化。研究结果显示,任务构思条件对汉语二语口语词汇丰富性各项测量指标产生的影响不均衡、差异较大,最显著的影响表现在词汇变化度方面,同时对口语表达质量也有比较明显的影响;从纵向发展来看,经过一学期的学习,两种任务构思条件下学习者的口语产出长度、词汇准确性和口语表达质量均有显著提高。

(二)实例研究设计

1. 研究问题。

(1)任务前构思与在线构思两种条件下学习者口语产出的词汇丰富性具有哪些特点?

(2)任务构思条件对口语表达质量有何影响?

(3)学习者在学期初和学期末两个时间点内汉语口语词汇丰富性的发展有何特点?

2. 被试与分组。

本次实验选取了南京大学中级汉语(下)两个平行班共 36 名留学生作为被试。参照美国外语教学学会(ACTFL)制定的口语水平测试(OPI)标准,学期之初这些学生的汉语口语水平大约在中级高等(Intermediate High)水平,经过一个学期的学习,有望达到高级初等(Advanced Low)水平。这些学生被随机分成两组:任务前构思组和在线构思组,每组各 18 人。任务前构思组的被试拿到测试诱导题后有五分钟的思考准备时间,并可在给定的白纸上整理思路。五分钟后将白纸收回,再进行口头表达。在线构思组的被试拿到题目后没有构思时间,要求看懂题目后立即表达。两组被试均有五分钟的口头表达时间。

3. 任务诱导题。

学期初和学期末两次实验所用的口语任务题分别为:

(1)期初测试题:请介绍你的一位朋友,如外貌、爱好、性格,以及跟你的相同点和不同点等。

(2)期末测试题:请介绍你的一位家人,如外貌、爱好、性格,以及跟你的相同点和不同点等。

上述任务题主要包含了描述、评论和比较三项功能，根据美国外语教学学会制定的口语水平测试（OPI）标准，这三项功能都是口语表达能力从中级向高级发展过程中，重点考察的内容。此外，该话题贴近生活，范围较大且内容不枯燥，保证被试有话可说；同时，两次语料收集的题目类似，以保证任务难度的一致性。

4. 语料收集和处理。

两组被试分别安排在语言实验室统一录音，学期初和学期末各收集一次语料，剔除只参加过一次录音的被试，最终任务前构思组和在线构思组各有 15 名被试完成了期初和期末两次测试，一共 30 名被试的 60 份语料进入分析处理。30 名被试中男生 6 人，女生 24 人，分别来自亚美尼亚、美国、意大利、俄罗斯、德国、韩国、日本、西班牙、乌克兰、乌兹别克斯坦和捷克等 11 个国家，年龄在 17—28 岁。为保护被试的个人信息，我们给每个人编了代号。

关于口语语料处理，首先，使用讯飞语音转录软件将语料转成文字，转录完成后进行人工核对。然后，利用 Praat 软件对被试的整体表达时间、停顿次数和停顿时间进行统计。接着人工对语料进行标注和分析，最后使用 SPSS24 软件进行统计分析。

（三）实例主要分析方法和研究结论

1. 词汇变化度。

口语产出词汇的变化度（lexical variation），指的是语言表达用词是否富于变化，用于衡量学习者语言产出用词的丰富程度，主要考察所使用的词汇重复率高低，词汇重复率越低，则说明用词范围更广，词汇变化度更高。词汇变化度测量方法有多种，其中最经典的测量方法是 Johnson（1944）最早提出的"类符形符比"（type and token ratio，TTR）。该方法的缺点是不适合较长的文本内容分析，由于语料越长，重复出现的词语会越多，类符和形符的比值就会越小，因此无法真实地反映被试实际的词汇变化度。

鉴于此,一些学者提出了更为复杂的测量公式,较为著名的是 Dugast(1978)提出的"Uber index"公式:$U=(\log Tokens)^2/(\log Tokens-\log Types)$,以及 Wolfe-Quintero, Inagaki & Kim(1998)提出的"类符数 × 类符数 ÷ 形符数"的计算公式。本研究将采用"Uber index"和"类符数 × 类符数 ÷ 形符数"两项指标来测量词汇变化度,分别得出"U值"和"变化度值"。

2. 词汇复杂度。

对于如何测量词汇复杂度,学者们提出了许多测量方法。Read(2000)认为,词汇复杂性应该反映适合话题内容的低频词汇在文本中所占的比例,比如使用技术名词、术语和其他特点的词来精确传达内容,而不是选择日常的普通词汇。Skehan(2009)提出用 Lambda 来反映词语难度,具体做法是将文本内容以 10 个词语为单位进行划分,再根据词表计算出每 10 词所包含的高级词数量,接着对每组进行分类计算,统计出的系数为 Lambda。曹贤文、邓素娟(2012),吴继峰(2016),王艺璇(2017)等则根据《汉语水平词汇与汉字等级大纲》中不同等级词汇及超纲词的使用比例,特别是高级水平词汇与总词汇之比来测量。

本研究继续采用这一方法来测量词汇复杂度。由于《汉语水平词汇与汉字等级大纲》制定的时间较早,我们采用《汉语国际教育用音节汉字词汇等级划分》来测量不同等级词汇的分布。《汉语国际教育用音节汉字词汇等级划分》中普及化词汇 2 245 个、中级词汇 3 211 个、高级词汇 4 175 个、高级附录词汇 1 461 个。我们把《汉语国际教育用音节汉字词汇等级划分》未收录词列为超纲词,将其中的高级词汇、高级附录词汇和超纲词合称为高级词。通过分析学习者的高级词汇占比来衡量词汇复杂度,高级词占总词数的比例越高,则词汇复杂度越高。

3. 词汇密度。

词汇密度（lexical density）指文本中实词数占总词数的比例。由于实词的含义较之虚词更为具体，所承载的内容更加丰富，实词数占总词数的比例越高，则说明文本内容的词汇密度更大，传递的信息更加丰富。关于词汇密度的测量，目前学界主要有两种计算方法：一种是 Ure（1971）的计算公式：词汇密度＝实词数÷总词数；另一种则是 Halliday（1985）的计算公式：词汇密度＝实词数÷小句总数。不同研究者根据自身不同的研究问题和研究角度，也会对上述两种公式进行调整或细化。例如，黄立、钱旭菁（2003）将词汇密度定义为"实词数÷总的正确词数"；吴继峰（2016）将 Ure（1971）的公式细化，分别按照实词形符（token）数和实词类符（type）数统计了词汇密度，并采用 Halliday（1985）的公式对词汇密度进行计算。本研究将借鉴吴继峰（2016）的计算方法，分别统计三种词汇密度值[①]。

4. 词汇错误率。

Engber（1995）提出词汇错误包括词的形式错误和选词错误两类，语法和句法错误不计在内。词的形式错误反映在汉语口语中，对应的是词的声、韵、调三个部分。本研究中被试存在比较普遍的声调不够标准的问题，如果将所有不标准的声调都囊括在内，则失去了统计分析意义，因此本研究不把声调不准这一类情况统计在内。选词错误指的是学习者未能正确使用词语来传递信息，具体包括生造词、与话题无关的错误词汇、近义词的使用错误、词汇搭配错误、词汇位置错误、词汇的冗余或漏用、词性误用等方面。本研究中的词汇错误率为被试口语输出的词汇错误总数占总词数的百分比，数值越大，则错误率越高。

---

① 本研究中对实词的划分，依据黄伯荣、廖序东主编（2011）的分类，范围包括名词、动词、形容词、副词、区别词、数词、量词、代词、叹词、拟声词。

5. 口语表达评分。

Astika（1993）通过使用 ESL Composition Profile 软件，在考察词汇、内容、语言使用、结构和策略对成绩的影响时，发现词汇因素能够解释总体分数变异的 83.75%。这说明词汇对二语表达质量起重要影响。本研究参考新汉语水平口语考试（HSKK）的评分标准，拟定了自己的评分标准。并由两位多年从事国际汉语教学工作的教师独立进行评分，学生的最终成绩取两位教师评分的平均值。经过 Spearman 相关性分析，两位教师评分的相关性达到 0.873，说明这两位教师评分的内部一致性非常高，具有较高信度。

6. 研究结论。

通过对两组被试在学期初和学期末两次测试中的口语产出语料的考察，在词汇丰富性四类测量指标和口语表达评分上的量化数据统计，分析结果显示了在任务前构思和在线构思两种情况下，两组被试在汉语二语口语产出中词汇丰富性的具体表现和发展变化：首先，任务构思条件对汉语二语口语词汇丰富性各项测量指标产生的影响不均衡、差异较大，最显著的影响表现在词汇变化度方面，同时对口语表达质量也有比较明显的影响；其次，从纵向发展来看，经过一学期的学习，两种任务构思条件下学习者的口语产出长度、词汇准确性和口语表达质量均有显著提高，而词汇多样性、词汇密度和词汇复杂性方面虽然也呈提高的趋势，不过未达到显著水平。

第二节 基于大规模数据库研究

一、基于数据库的应用语言学研究概述

（一）数据和数据库的概念及特征

1. 数据。

数据有广义和狭义之分，传统上的狭义数据指进行各种统计、计

算、科学研究或技术设计等所依据的数值。随着计算机技术的发展，数据的范畴越来越广，所有可用电子计算机加工处理的符号都是数据。早期的计算机主要用于科学计算，加工的对象主要是表示数值的数字。现代计算机的应用越来越广，能加工处理的对象包括数字、文字、符号、图像、音频、视频、文件，等等。李宇明（2020）指出，"所有能输入计算机并被计算机程序处理的符号，都可称之为数据，包括数字、文字、符号、语音、图像、视频，等等"。在可供计算机处理的人类观察世界所形成的数据中，80%都是语言数据。语言数据主要包括语言的符号系统、语言负载的信息、由语言延伸的各种符号与代码，以及生活、艺术与科学技术符号等四类。其中，前两类是自然语言数据，后两类是人工语言数据。

数据是数据时代的关键资源，"数据是新的燃料"（吴雅威、张向先，2019），以数据为基础的智能技术正持续推动着科技和社会向前发展。不论是个人、组织还是国家，未来最成功的可能就是那些能够利用数据资源实现有形或无形资产最大化的个体或集体。党的十九届四中全会《中共中央关于坚持和完善中国特色社会主义制度 推进国家治理体系和治理能力现代化若干重大问题的决定》指出，"健全劳动、资本、土地、知识、技术、管理、数据等生产要素由市场评价贡献、按贡献决定报酬的机制"，数据被国家正式确定为一种重要的生产要素，标志着我国进入了"数据时代"。

在信息技术的推动下，数据已逐渐具备了生产要素性质，数据的价值日益凸显，数据的获取、分析、共享和应用在科学研究中也变得更加重要。当前，科学研究范式发生了巨大变化，在科学研究活动中，越来越多地利用技术工具对各类研究对象开展数据监测、收集和分析活动，产生大量的科学数据成果，这些数据的集合就成为了各种各样的数据库。

2. 数据库。

数据库是按数据结构来存储和管理数据的计算机软件系统，是

第七章　基于学习者语料库研究与基于大规模数据库研究

"存放在计算机存储器中,按照一定格式编成的相互关联的各种数据的集合"(《现代汉语词典》第7版),是有组织的、统一管理的、可共享的、存储在计算机内的大量数据的集合。一般来说,数据库的容量很大,可以存放百万条、千万条甚至亿万条数据,当然这些数据不是随意地存放在数据库中,而是有组织地按照一定的规则来存贮,以便进行有效查询。因此,数据库的概念包括两层意思:第一,数据库是存放数据的"仓库",里面存放着需要管理的大量数据。第二,数据库包含着管理数据的方法和技术,能够对里面的数据进行有效存放、组织、维护、控制和利用,数据由数据库管理系统统一管理和控制。

数据库产生于20世纪60年代,依据以数据模型为核心的数据库技术的发展,先后经历了层次数据库、网状数据库、关系数据库和非关系数据库等多个发展阶段。层次数据库和网状数据库是第一代数据库,它们具有以下几个共同特点:支持外模式、模式和内模式构成的三级模式体系结构,用存取路径来表示数据之间的联系,有独立的数据定义语言来描述数据库的三级模式及相互映像,数据查询和数据操纵语言是一次一个记录的导航式过程化语言(王珊、萨帅煊,2014)。当前广泛使用的数据库主要是关系型数据库和非关系型数据库。

关系型数据库(rational database)是数据库发展到第二个阶段的标志。关系型数据库采用关系模型来组织数据,以行和列的形式存储数据,一系列的行和列构成表,一组表组成了数据库。关系型数据库和常见的表格比较相似,数据库中表与表之间有很多复杂的关联关系。用户通过查询来检索数据库中的数据,而查询是一个用于限定数据库中某些区域的执行代码。关系模型可以简单理解为二维表格模型,一个关系型数据库就是由二维表及其之间的关系组成的一个数据组织。关系型数据库很多,大都遵循"结构化查询语言"(Structured Query Language,SQL)标准。SQL是为操作数据库而开发的一种语言，它可以对数据库里的表进行操作，常见的操作有查询、新增、更新、删除、求和、排序等。因此，关系型数据库对于结构化数据的处理更合适，如学生成绩、经济收入等，这样的数据一般需要使用结构化查询。

传统的关系型数据库采用表格的储存方式，数据以行和列的方式存储，可靠性和稳定性比较高，读取和查询简单方便，缺点是存入数据后，如果需要修改数据表的结构就会很困难，而且随着数据表数量的增加，数据管理会越来越复杂。随着大数据时代的到来，数据来源日益广泛，数据类型更加丰富多样，除了结构化数据，还包括各种半结构化和非结构化数据，对类型多样数据的处理和分析更加复杂多样，需要大量节点组成集群系统，用户对数据库操作和查询的速度也提出了更高的要求，因此，高并发、高效率的海量数据访问，以及高扩展性和可用性等方面的新要求，使得关系型数据库越来越无法满足需要，于是越来越多的非关系型数据库开始出现。

非关系型数据库，一般被称为 NoSQL（Not only SQL）数据库。随着互联网 web2.0 网站的兴起，传统的关系型数据库在处理超大规模和高并发的大数据方面显得力不从心。如何对大数据进行有效处理，既保证读取速度快，又保证写入性能高，需要考虑采用横向扩展的方式，通过大量节点的并行处理获得高性能，并放松对数据 ACID 一致性约束，允许暂时出现不一致的情况，最终接受一致性。非关系型数据库顺应发展需要应运而生，解决了大规模数据集合多重数据种类带来的挑战，特别是类型多样的大数据的管理、处理和分析难题。NoSQL 数据库结构相对简单，在大规模数据下的读写性能好，可满足随时存储自定义数据格式需求，非常适用于大数据处理工作。根据应用目标的不同，出现了多种不同的 NoSQL 数据库，其共同特点都是去掉关系数据库的关系型特性，适合追求速度和可扩展性、业务多变的应用场景。

第七章 基于学习者语料库研究与基于大规模数据库研究

(二)应用语言学研究中的数据库

数据库的种类非常多,随着信息技术的发展,未来会更加丰富。从应用语言学实证研究来说,使用比较多的是以下四类数据库:以提供各种调查统计数字、数值为核心的调查统计数据库,以提供科学文献信息为核心的科学文献数据库,以储存语言文本和音频为核心的语言资源库,以及为满足各种专门目的而建设的专题数据库。下面分别介绍,并附带列举应用语言学研究可能涉及的一些数据库。

1. 调查统计数据库。

(1)应用语言学领域的调查统计数据库。许多国际组织,如联合国、世界经合组织、欧盟委员会、欧洲研究理事会、科学国际联盟、国际科学技术数据委员会、国际科学理事会世界数据系统等多个国际组织、研究机构、研究资助机构、出版商等利益相关者都制定了科学数据开放共享政策,在这些政策的推动下,不少科学数据开放共享平台纷纷建立。近年来,随着云计算、移动互联网、物联网、人工智能、区块链等新一代信息技术的广泛应用,我国也越来越重视数据共享问题,在国家《促进大数据发展行动纲要》等政策推动下,我国数据开放共享工作深入推进,取得了一定成果。不过单就语言方面的数据库来说,除了语言资源库以外,专门的语言调查统计数据库不多,目前开放共享的很少。下面的共享数据库具有一定的代表性。

美国国际语言研究中心(SIL International)发布的《世界民族语言志》(*Ethnologue*)提供了世界上七千多种语言的详细信息,例如,各语言使用人口数量和分布,各语言的活力,各国和地区的语言多样性指数,等等。该数据库网址为:https://www.ethnologue.com/。

美国现代语言学会建设的数据库,包括美国语言地图数据库以及美国大学外语课程注册人数、美国大学修读语言文学作为第二专业的人数以及美国基础教育阶段开设外语的学校数量等数据库。该数据资源网址为:https://www.mla.org/Resources/Research。

美国应用语言学中心建设的数据库，包括美国沉浸式语言项目数据库、美国双语教学项目数据库、美国传承语项目数据库和外语测试目录库等，该数据资源网址为：https://www.cal.org/resource-center/databases-directories。

语言"自动相似度判断程序数据库"（Automated Similarity Judgment Program Database），由德国马克斯·普朗克演化人类学研究所开发和维护，包含了世界上绝大多数语言的 40 个核心词汇，可以通过比较单词列表来获得词汇距离，从而对语言进行分类并推断语言间的距离。该数据库网址为：https://asjp.clld.org/。

"英语熟练度指数"（English Proficiency Index）数据库，英孚教育（Education First）根据每年来自全球数百万名应试者的测试数据，发布一份报告对 100 多个国家和地区的英语熟练度进行评估。该数据资源网址为：https://www.ef.com/wwen/epi/。

除了这些共享数据库外，还有很多经过大型调查汇总的语言数据集，有些数据集已正式出版，可以视为一种纸质形态的数据库，其中的数据也可以提取进行研究，例如，《中国语言地图集》《中国语言生活状况报告》《来华留学生简明统计》《孔子学院发展报告》等。

（2）国内综合调查数据库。除了专门聚焦于语言调查的统计数据库以外，不少综合社会调查数据库中也会涉及语言、语言能力和语言教育等有关的信息，我们也可以利用这些数据库中的相关数据进行应用语言学研究。从目前的情况来看，这些综合调查数据库尤其在语言经济学、语言政治学、语言教育学以及语言政策与规划等方面的研究中得到比较广泛的应用。共享的综合调查数据库比较多，下面先列举国内四个有代表性的以供参考。

中国学术调查数据资料库（Chinese National Survey Data Archive，CNSDA），是由中国人民大学中国调查与数据中心（National Survey Research Center，NSRC）负责执行的经济与社会数据共享平台，网址为 http://cnsda.ruc.edu.cn。该数据资源平台以我国首个社会调查数据库——中国社会调查开放数据库（Chinese Social Survey Open Database，CSSOD）以及中国人民大学科学研究基金"数据高地项目"资助下的各项大型追踪项目和横断面调查项目数据为基础，广泛收集在中国大陆所进行的各类抽样调查的原始数据及相关资料，对收集到的数据与资料按国际标准进行清洗、处理、档案化、标准化和国际化，通过建设一个在线数据共享平台实现科学研究数据的开放与共享，并在数据库建设过程中研发数据管理、存储、开发的新技术，发展既适应中国特点且与国际接轨的调查数据存档协议，以提高我国科研数据的生命周期和利用率，增加科学项目投入的产出和效益，应对科学研究数据骤增所带来的机遇与挑战，服务于科学研究和政府决策。上述数据平台获取数据资源的调查之一——中国综合社会调查（Chinese General Social Survey，CGSS）是我国第一个全国性、综合性、连续性的大型社会调查项目，通过全面、系统地收集社会、社区、家庭、个人多个层次的数据，旨在总结中国社会变迁的趋势，探讨具有重大科学和现实意义的议题，推动国内社会科学研究的开放与共享，并为国际比较研究提供数据资料。自 2003 年该项目执行以来，其数据被广泛地应用于科研、教学和政府决策之中，已成为研究中国社会最重要的数据来源之一。除了发布中国综合社会调查数据以外，该平台还提供"中国教育追踪调查""网民社会意识调查"等调查数据。

中国家庭动态跟踪调查（Chinese Family Panel Studies，CFPS）数据库。中国家庭动态跟踪调查是北京大学中国社会科学调查中心（ISSS）实施的一项大型跟踪调查，旨在通过跟踪搜集个体、家庭、社区三个层次的数据，反映中国社会、经济、人口、教育和健康的变迁，为学术研究和决策提供数据。该数据库网址为：http://isss.pku.edu.cn/cfps/。

国家统计局的数据平台。发布全国和各地各个时段的各种统计信息，包括《中国统计年鉴》等，是权威的国家统计数据平台，上面也有世界各国官方统计网站的链接。该平台网址为：http://www.stats.gov.cn/。

中国互联网数据平台。该平台由中国互联网络信息中心（CNNIC）发起并运行，采用固定样本组（Panel）的研究方法，通过调查客户端实时、连续采集中国网民样本的互联网使用行为数据，并对数据进行统计分析，从而客观、及时地反映中国互联网发展状况的多个层面（宏观与微观），为互联网行业参与者提供多方面决策支持，该平台网址为：http://www.cnidp.cn/。

此外，在中国知网等平台上也可以找到《中国教育统计年鉴》等调查统计数据信息。

（3）国外综合调查数据库。联合国及相关部门的各类统计数据库。联合国网站不仅提供世界各国的社会经济发展相关的统计指标，同时还出版各种研究报告，部分研究报告已被翻译成中文。例如，联合国统计司汇编和发布的全球各种统计数据，网址为：https://unstats.un.org/home/；联合国开发计划署发布的人类发展报告和人类发展指数等数据，网址为：http://hdr.undp.org/en/data；联合国经济社会事务部发布的世界经济与社会调查报告，网址为：https://www.un.org/development/desa/dpad/document_gem/wess-report/。

世界银行各类统计数据及调查指数集。世界银行有关社会经济发展方面的指标十分齐全，与联合国的统计指标各有所长，世界银行开放数据中心提供全球发展数据，其网址为：https://data.worldbank.org/。此外还包括一些专题研究报告和数据，如社会资本（social capital）、治理（governance）等。

经济合作与发展组织的统计数据。经合组织网站上发布各种经济社会类指标、研究报告和工作论文，数量庞大、领域广泛，例如，该组织发布的"OECD Factbook"就是一份动态全面的年度统计报告，显示了其成员国和其他主要国家的重要统计数据，包括各国人口、宏观经济、能源、环境、公共财政、生活质量、劳动力市场、教育等多个领域的统计数据和报告，报告显示的每个指标，都有解释性文字，每个表都带有指向 Excel 电子表格的链接，使用户可以下载获取数据。其网址为：https://data.oecd.org/。

世界经济论坛发布的全球调查分析数据。世界经济论坛成立于 1971 年，是一个非营利性基金会，总部设在瑞士日内瓦，每年都发布"全球竞争力报告"等一系列大型调查分析数据。其网址为：https://cn.weforum.org/reports。

国际社会科学项目调查数据集。国际社会科学项目（International Social Science Program，ISSP）是一项跨国合作计划，对与社会科学相关的各种主题进行年度调查。该项目于 1984 年成立，成员国涵盖数十个国家和地区，调查每年进行一次，各年度调查内容侧重点有所不同，有些研究主题每隔几年做一次重复调查，以了解其变化状况。其网址为：www.issp.org。

美国中央情报局数据集。美国中央情报局（CIA）提供的《世界概况》（*The World Factbook*）是年度出版物，涉及全世界各国的历史背景、地理环境、人口统计、政治、经济、社会、教育等多方面的统计信息，非常丰富。该机构对各国的统计数据和信息都快速更新，而且在线共享，供公众和学者参考研究之用。其网址为：https://www.ciaworldfactbook.us/。

除此之外，美国国家教育统计中心提供的各种联邦教育数据以及部分国际教育比较数据，网址为：https://nces.ed.gov/datatools/；全球互联网数据统计平台提供全球及各国网民人数及在总人口中的比例等数据，网址为：https://www.internetworldstats.com/stats.htm，等等，都可以参考。

2. 科学文献数据库。

随着人类科研活动的激增，海量科研数据已成为越来越重要的学术资源，以提供科学文献、学术信息为核心的科学文献数据库应运而生。

(1) Web of Science。科睿唯安（Clarivate Analytics）开发的信息服务平台，支持自然科学、社会科学、艺术与人文学科的文献检索，数据来源于期刊、图书、专利、会议录、网络资源等，是目前全球最大、最知名的科学文献数据平台。用户可以同时对该平台上已订购的所有数据库进行跨库检索，或选择其中的某个数据库进行单库检索。例如 Web of Science 核心合集（Web of Science Core Collection，WOSCC）是目前世界上极有影响的多学科的学术文献文摘索引数据库，包含十个子库，其中的 SCIE（Science Citation Index Expanded）、SSCI（Social Sciences Citation Index）和 A & HCI（Arts & Humanities Citation Index）三个期刊引文子数据库为学界熟知，这三个期刊引文子数据库的数据来源于自然科学、社会科学、艺术及人文科学等多学科领域的超过 1.2 万种期刊。利用引文数据库，用户不仅可以用主题、著者、刊名、著者地址等进行检索，还可以用被引文献的著者和来源进行检索。网址为：http://apps.webofknowledge.com/。

(2) 中国知网。始建于 1999 年 6 月，已经发展成为集期刊杂志、博士学位论文、硕士学位论文、会议论文、报纸、工具书、年鉴、专利、标准、国学、海外文献资源为一体的，具有国际领先水平的网络出版平台，面向海内外读者提供中国学术文献、外文文献、学位论文、报纸、会议、年鉴、工具书等各类资源统一检索、统一导航、在线阅读和下载服务。中心网站的日更新文献量达 5 万篇以上，其中综合性数据库为中国期刊全文数据库、中国博士学位论文数据库、中国优秀硕士学位论文全文数据库、中国重要报纸全文数据库和中国重要会议文论全文数据库。每个数据库都提供初级检索、高级检索和专业检索三种检索功能。网址为：https://www.cnki.net/。

除了上述学术文献平台，还有很多科学文献数据平台，中文的如万方数据知识平台、超星数字图书馆等；外文的如 EBSCO、ProQuest、Springer Link、Taylor & Francis Online、Wiley Online 等。

3．语言资源库。

语言是人类重要的文化资源乃至经济资源，上一节介绍的语料库就是典型的语言资源库。人类对语言资源的认识是比较晚近的事情，中国开始使用"语言资源"概念是在 20 世纪 80 年代，最先由邱质朴（1981）提出。近年来，学界对语言资源的认识日益深入，对语言资源的规划和保护越来越重视，兴起了包括语料库在内的语言资源库的建设热潮。上一节介绍过的语料库本节不再讨论，下面列举几个在语言资源库建设方面积极投入的机构和工程。

（1）美国国家语言资源中心。1990 年，美国联邦教育部与美国夏威夷大学、乔治·华盛顿大学和圣地亚哥州立大学合作建立了首批三个国际语言资源中心（LRC），以响应对外语专业知识和能力不断增长的需求。三十余年来，美国国家语言资源中心不断更替和扩大，目前，根据美国《高等教育法》第六章内容，联邦教育部继续为 16 个国家语言资源中心提供支持，并建立了一个全国性资源网络，以促进和改善美国外语教学，网址为：https://nflrc.org/。按照建设的先后顺序，目前受到美国教育部资助的 16 个国家语言资源中心分别为：夏威夷大学的国家外语资源中心（National Foreign Language Resource Center）、俄亥俄州立大学的国家东亚语言资源中心（National East Asian Language Resource Center）、印第安纳大学的国家非洲语言资源中心（National African Language Resource Center）、宾夕法尼亚州立大学的高级语言能力教育和研究中心 Center for Advanced Language Proficiency Education and Research）、俄勒冈大学的应用第二语言研究中心（Center for Applied Second Language Studies）、印第安纳大学的中亚地区语言中心（Center for Languages of the Central Asian Region）、亚利桑那大学的文化、语言和素养教育资源中心（Center for Educational Resources in Culture, Language and Literacy）、加州大学洛杉矶分校的国家传承语资源中心（National Heritage Language Resource Center）、杜克大学的斯拉夫语和欧亚语言资源中心（Slavic and Eurasian Language Resource Center）、德州大学奥斯汀分校的开放式教育资源和语言学习中心（Center for Open Educational Resources and Language Learning）、乔治敦大学应用语言学中心的测评和评估语言资源中心（Assessment and Evaluation Language Resource Center）、佐治亚州立大学的城市语言教学与研究中心（Center for Urban Language Teaching and Research）、加州州立大学富勒顿分校的国家亚洲语言资源中心（National Resource Center for Asian Languages）、堪萨斯大学的开放语言资源中心（Open Language Resource Center）、马里兰大学的提升研究和语言学习的职业教育中心（Professionals in Education Advancing Research and Language Learning）、犹他大学的第二语言教学与研究中心（Second Language Teaching and Research Center）。

（2）中国国家语委科研机构。为了促进对我国语言国情有更多定量了解，对国家语言资源进行动态分析和管理，并运用现代化手段加以处理和利用，提高汉语在世界上的影响力，自2004年开始，教育部语言文字信息管理司陆续与多家高校共建国家语言资源监测与研究中心及相关科研机构，迄今为止，共建设了24家科研机构，并建设了1个科研机构管理平台，网址为：http://yyzk.ywky.edu.cn/ltt/center!listCenterPage.do。按照建设的先后顺序，目前受到国家语委资助的科研机构分别为：

第七章 基于学习者语料库研究与基于大规模数据库研究

表 7.1　国家语委科研机构

序号	机构名称	依托单位
1	国家语言资源监测与研究平面媒体中心	北京语言大学
2	国家语言资源监测与研究有声媒体中心	中国传媒大学
3	国家语言资源监测与研究网络媒体中心	华中师范大学
4	国家语言资源监测与研究教育教材中心	厦门大学
5	海外华语研究中心	暨南大学
6	中国文字整理与规范研究中心	北京师范大学
7	中国文字字体设计与研究中心	北京大学
8	汉语辞书研究中心	鲁东大学
9	中国语言战略研究中心	南京大学
10	国家语言资源监测与研究少数民族语言中心	中央民族大学
11	中国外语战略研究中心	上海外国语大学
12	中国语言文字规范标准研究中心	北京语言大学
13	国家语言文字政策研究中心	上海市教育科学研究院
14	中国语情与社会发展研究中心	武汉大学
15	国家语言能力发展研究中心	北京外国语大学
16	中国语言资源保护研究中心	北京语言大学
17	中国语言资源开发应用中心	商务印书馆
18	中国语言智能研究中心	首都师范大学
19	新疆多语种信息技术研究中心	新疆大学
20	国家语委国际合作与交流中心	北京语言大学
21	汉字文明传承传播与教育研究中心	郑州大学
22	国家语言服务与粤港澳大湾区语言研究中心	广州大学
23	丝路语言文化研究中心	泉州师范学院
24	中国东北亚语言研究中心	大连外国语大学

（3）美国语言资源联盟（The Linguistic Data Consortium，LDC）。语言资源联盟成立于1992年，是由大学、图书馆、公司和政府研究实验室组成的开放性协会，由宾夕法尼亚大学主持，美国国防部高级

计划研究署（The Advanced Research Projects Agency）和美国国家科学基金会提供了资助，其目标是解决语言技术研究和开发中面临的关键数据短缺问题。最初，语言资源联盟的主要作用是作为语言资源的存储库和分发点，经过多年发展，逐渐成长为一个创建和分配各种语言资源的组织。通过提供资源和贡献组织专业知识，语言资源联盟还支持赞助研究计划和基于语言的技术评估。网址为：https://www.ldc.upenn.edu/。

（4）中国中文语言资源联盟。中文语言资源联盟是由中国中文信息学会语言资源建设和管理工作委员会发起，由中文语言资源建设和管理领域的科技工作者自愿组成的学术性、公益性、非营利性的社会团体。中文语言资源联盟的目标是建成能代表当今中文信息处理国际水平的、通用的语言信息与知识库，具有完整性、权威性、系统性和开放性的特点，涵盖中文信息处理各个层面上所需要的语言语音资源，包括词典、各种语音语言语料库、工具等。在建立和收集语言资源的基础上，形成一套统一的系列化的标准和规范，推荐给需要的机构或研发人员。网址为：http://www.chineseldc.org/cldcTest.html。

（5）中国语言资源保护工程。这是在原中国语言资源有声数据库建设的基础上，教育部和国家语委领导实施的一项特大型语言文化类国家工程。工程自2015年起开始实行，具体工作由中国语言资源保护研究中心组织开展，内容主要包括汉语方言调查、民族语言调查、文献典藏、采录展示平台建设等方面。中国语言资源保护工程的目标是利用现代化技术手段，收集记录汉语方言、民族语言和口头文化的实态语料，进行科学整理和加工，建成大规模、可持续增长的多媒体语言资源库。中国语言资源保护工程采录展示平台是中国语言资源保护工程的重要组成部分。其主要任务是在汉语方言资源调查保存和少数民族语言资源调查保存两个项目的基础上完成所有语言资源的数字化、存储管理、整理分析和应用展示等方面的工作，并利用互联网面向社会大众采集语言资源，展现中国语言魅力。平台利用地理信息系统和非结构化数据库等先进技术实现对语言资源调查多媒体数据的存储管理，高效查询以及专业化、学术化的数据分析。网址为：https://zhongguoyuyan.cn/。

（6）北京语言大学语言资源高精尖创新中心。该中心正式成立于 2016 年 5 月 25 日，是经北京市教委认定并依托北京语言大学进行建设的实体科研机构。该中心以服务国家和首都发展战略为导向，立足北京、辐射全国、放眼全球，协同国内外有关高校、科研院所、社会团体和企业机构，通过创新体制机制、汇聚全球人才、激发创新活力，着力建设以语言资源库、语言文化博物馆和"语言通"智能服务三大工程为基础，集科研创新、学科孵化、产业服务、人才汇聚与培养、国际交流与合作为一体的综合性创新平台。网址为：http://yuyanziyuan.blcu.edu.cn/。

除了上述资源平台，参与语言资源建设的机构和项目还很多，如联合国教科文组织编制的《世界语言报告》、欧洲语言资源联盟（European Language Resource Association）、跨欧洲语言资源基础建设学会（Trans-European Language Resources Infrastructure）、国际性非政府组织"语界"（Terralingua）、全球语言监测机构（Global Language Monitor）等。

4. 专题数据库。

专题数据库是以某一特定学科、领域、人物、事件、主题或问题为对象而建构起来的专门性数据资源集。专题数据库通常是针对用户信息需求，聚焦某一专题，进行信息收集、分析、处理和存储，并按一定的标准和规范将其数字化，具有专业领域信息集中全面等优点。例如，解密后的数字化美国国家安全档案（Digital National Security Archive）数据库等。专题数据库可以根据任何专题信息的需要建设，类型极其丰富，本书不做具体介绍。

二、应用语言学中基于数据库的研究方法

（一）传统的统计分析

应用语言学实证研究对数据库的使用，除了上一节讨论的基于语料库的研究以外，目前主要还是对由数值型数据组成的传统数据库的使用，尤其是根据大规模调查或统计资料所建的数据库的使用。基于这类数据库的实证研究主要采用本书前半部分所述的常规统计分析方法，一般分析过程是，首先确定研究目的和研究假设，然后从相关数据库中提取所需数据，采用聚类分析、相关分析、回归分析等方法，进行分析研究。

基于数据库的研究可以使用研究者自己调查获得的资料所建的数据集（库），也可以是利用已有数据库。我们平常所采集的调查数据，按照一定的格式编排起来储存在电脑中，组成的电子数据集合就是一个初级数据库。在外语界和国际中文教育界都有过采用大规模调查自建数据库进行统计分析研究的样例。例如，北京外国语大学于20世纪80年代末和90年代初主持了"中国高校英语本科教育调查"和"中国英语本科学生素质调查"两项大规模调查，根据这两项调查采集的数据集，项目组对我国英语教育的教师队伍情况、教学质量、教学管理、课程设置、教材的使用与编写、学生素质等问题进行了仔细分析，发表了两项著名的调查报告（刘润清、吴一安，2000）。北京语言学院于20世纪90年代初主持了一项"外国人学习与使用汉语情况调查"，根据这项大规模调查采集的数据集进行研究，发布了《外国人学习与使用汉语情况调查研究报告》（高彦德、李国强、郭旭，1993），为我们了解使用汉语工作的外国人和正在学习汉语的外国学生的自然状况，汉语学习目的、经历，汉语听说读写译各项技能以及汉语学习需求等提供了丰富信息。

在二语研究界，研究者常常利用学习者语料库进行研究。除了语料库以外，已建成的其他类型的共享数据库很少，因此，二语习得和

第七章 基于学习者语料库研究与基于大规模数据库研究

教学研究者一般利用自己调查建立的数据集进行研究，有时也采用已有研究中的数据进行验证研究或回溯性综合研究。例如，Granena & Long（2013）根据已有二语习得研究数据集，进行相关性分析和回归分析，认为学习者首次真正接触第二语言的年龄，是用来解释最终二语习得状态的最大变量，一般可解释30%左右的变异；同时，预测力最强的第二个变量是语言学能，一般可解释10%—20%的变异。

在应用语言学领域，从语料库以外的数据库中抽取数据所做的实证研究，通常集中在语言经济学、语言政治学、语言教育学以及语言政策与规划等领域。例如，王辉、陈阳（2019）根据《2018全球安全指数排名》《2016—2017全球竞争力报告》和孔子学院全球分布等数据库中的人口、教育、经济等大数据，多视角分析了孔子学院在"一带一路"上的分布状况和存在问题，对"一带一路"相关国家孔子学院发展布局提出对策和建议。刘国辉、张卫国（2017）利用中国综合社会调查的微观数据，采用计量方法对中国外语习得的影响因素进行多元回归分析，研究结果显示，除性别、年龄等个体因素外，语言社会环境和经济激励等外部因素正在深刻地影响着当前中国人的外语习得。

相对而言，语言经济学领域基于数据库的研究较多，尤其是在分析作为劳动力资本之一的语言能力与收入之间的关系时，可以从不少综合社会调查数据库中提取相关数据。例如，张卫国（2020）采用2013年和2015年中国综合社会调查的数据，通过建立回归模型，从经济、健康和精神三个维度对普通话的减贫效应及其作用机制进行了分析，统计结果显示，普通话能力对经济贫困、健康贫困和精神贫困均具有减贫效果。曹贤文、张璟玮（2020）采用世界民族语言志和联合国开发计划署等机构统计的世界各国数据，对语言多样性与经济社会发展多项指标之间的相关性进行统计分析。统计结果发现，语言多样性与国家经济社会发展指数之间存在分段相关关系，人均国民收入

17 000美元为相关关系的拐点，在人均国民收入低于拐点的中低收入国家，语言多样性与人均国民收入之间整体呈显著负相关性趋势；相反地，拐点之上的高收入国家则呈现出显著性正相关趋势。李宇明、王春辉（2019）采用母语人口、第二语言人口、官方语言、文字类型、网民数量及互联网文本量、语言的经济实力等语言工具参数，以及语言的文化功能参数，提出了世界语言功能分类参项体系，对于促进世界范围内各种语言相关数据的收集、分析及利用具有积极意义。

（二）文献计量分析

文献计量分析是利用科学文献数据库进行研究的一种方法，它以文献计量特征为研究对象，采用数学计量方法，研究文献数据的分布特征和变化规律。文献计量分析最初是在国外兴起的，随着我国科技论文与引文数据库、中国科学引文数据库、中国社会科学引文索引数据库等一批数据库的建设和开放使用，文献计量分析在应用语言学领域的运用也越来越广泛。

文献计量分析通过对相关文献的统计研究，可以评价和预测某一领域或专题的研究水平、发展特点及变化趋势，检测某一研究课题的发展过程、吸引力和前沿性，测定某种选题的适当性和关联性，分析特定研究人员或机构的研究成就和耦合关联特征，以及某种研究方法的效果等。特别是通过统计应用语言学某一领域或专题的文献数量及其变化情况，来分析研究该领域或专题的发展和趋势，是采用文献计量分析的基本方法。根据这一方法，对各年份文献数量的统计，可以得出文献量的年份分布曲线图，根据分布曲线图可以比较直观地显示出某个领域或课题的诞生、发展、成熟、衰落的整个历史过程，可以为研究学科、领域或专题发展的特点和规律提供定量依据。

下面我们以应用语言学研究中的"偏误分析"为例，采用文献计量方法分析该研究课题的发展过程和趋势。中国社会科学引文索引数据库（CSSCI）是由南京大学中国社会科学研究评价中心开发研制的

第七章 基于学习者语料库研究与基于大规模数据库研究

数据库,用来检索中文人文社会科学领域的论文收录和被引用情况,具有较高的学术权威性和影响力,故我们以该数据库作为数据来源进行研究。首先,登录中国知网在线数据库,选择"学术期刊"→"高级检索",点选其中的 CSSCI 来源期刊,在文献检索栏选择"主题"→"偏误分析",然后点击"检索"按钮,如图 7.9。

图 7.9 CSSCI"偏误分析"文献检索

检索后,共得到 182 条文献,剔除统计学研究、社会学研究、经济学研究等领域的文献 10 篇,得到应用语言学领域主题为"偏误分析"的文献 172 篇,主要数据见表 7.2。表中数据显示,在 CSSCI 目标期刊发表的"偏误分析"文献总数为 172 篇,引用的总参考文献数为 1 444,上述 172 篇论文被引证的总被引数为 8 427。

表 7.2 CSSCI"偏误分析"检索文献指标分析

文献数	总参考数	总被引数	总下载数	篇均参考数	篇均被引数	篇均下载数	下载被引比
172	1 444	8 427	249 463	8.4	48.99	1 450.37	0.03

根据上述数据，我们采用时间序列分析法进一步分析"发表文献""参考文献"和"引证文献"的总体趋势。数据显示，从20世纪90年代后期，CSSCI数据库开始建设并收录论文，2007年前，CSSCI目标期刊每年发表"偏误分析"的论文较少，只有个位数；2007—2015年，是发文量较多的时期，虽然每年发文量有波动，不过平均每年达到了10篇左右；2015年以后，发文量呈逐渐减少趋势。从引用的参考文献的发表时间更能反映"偏误分析"在国内外发展的总体趋势，自科德1975年在《语言学习》(*Language Learning*)发表《偏误分析、中介语和二语习得》(Corder，1975)一文之后，一直到1991年，引用的参考文献呈波动缓慢上升趋势，从1991年到2007年上升趋势更加明显，2007年以后则呈现较快下降的趋势，参见图7.10。以上数据表明，"偏误分析"研究已经彻底成熟，出现了明显的衰落趋势。

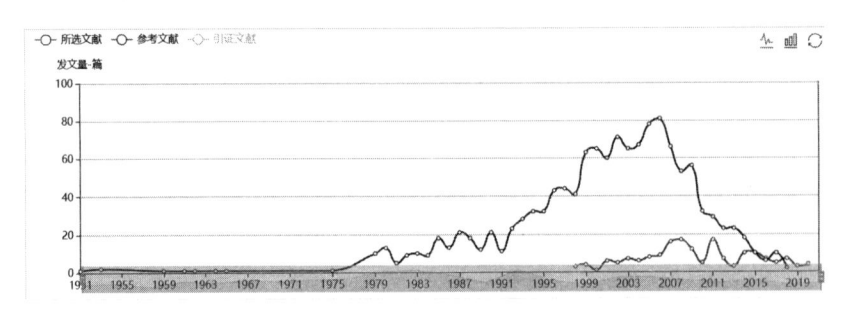

图 7.10　CSSCI"偏误分析"主题下发表文献与参考文献趋势图

再从引证文献来看，上述172篇CSSCI论文在中国知网收录文献中的被引情况，从2003年后出现快速增长，2011年后出现平台期，2020年开始下降，说明这些论文仍然具有一定的影响，参见图7.11。

文献计量的工具可分为两类，一类为文献数据库附带的计量工具，例如，国际上的Web of Science、Engineering Index（EI），国内

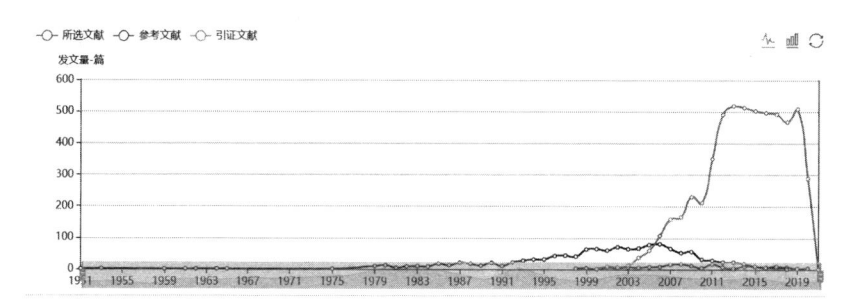

图 7.11 CSSCI"偏误分析"主题下发表文献、参考文献和引证文献趋势图

的中国知网（CNKI）、中国科学引文数据库（CSCD）、中文社会科学引文索引（CSSCI）等，这些数据库都附带有统计功能，其中 Web of Science 附带的计量工具发展比较早，功能比较强大。近年来，中国知网等数据库加大了附带计量工具的开发，相关功能日益丰富。另一类是为文献计量专门设计的通用软件，如 Bibexcel、CiteSpace、HistCite、Wordsmith 等。其中 Wordsmith 是词频统计工具，主要用于词频统计；HistCite 是 SCI 创建者加菲尔德博士开发的引文编年软件，仅支持 Web of Science 数据库格式；Bibexcel 是由瑞典科学计量学家 Olle Persson 教授开发的计量学软件，其支持的数据格式也是 Web of Science 数据库；CiteSpace 是由美国德雷赛尔大学（Drexel University）信息科学与技术学院的陈超美博士用 Java 开发的一款软件，该软件用于分析科学文献的趋势和模式，尤其以可视化为特色，能够查找领域发展历史的关键点，特别是领域发展的转折点、起中心作用的关键点，从而发现领域发展的新动态和新趋势。

（三）知识图谱可视化分析

知识图谱的概念可追溯到 20 世纪 60 年代提出的语义网络，作为一种知识表示形式，它由相互连接的节点和线条组成，节点表示概念或对象，线条表示节点之间的关系。知识图谱与语义网络在表现形式上相似，不过语义网络侧重于描述概念之间的关系，而知识图谱侧重于描述实体之间的关系（黄恒琪、于娟、廖晓等，2019）。近年来，知识图谱技术进展迅速，"知识图谱技术与各行业的深度融合已经成为一个重要趋势"（肖仰华，2018）。科学知识图谱是在对科学知识进行科学计量分析的基础上，由相关绘图工具绘制而成，可揭示科学知识的发展进程和结构关系（岳晓旭、袁军鹏、高继平，2014）。

随着大数据时代的到来，科学文献呈爆炸式增长，科研人员在进行相关主题的文献检索时，检索系统通常会返回成千上万条结果，海量的信息与人们有限的时间、稀缺的注意力之间的矛盾日益尖锐。围绕这一问题，国内外学者纷纷基于文献计量学的理论和方法开发知识图谱可视化软件，如 Bibexcel、Citespace、VOSviewer、Histcite 等，通过数据挖掘、信息处理和知识计量，将大量非直观的、抽象的数据与信息绘制成可视化的知识图谱，揭示知识领域的动态发展规律，因此，知识图谱可视化分析也可以视为从传统的文献计量分析中发展出来的一种新方法。随着可视化分析的工具和方法日益成熟，科研人员在分析知识结构、探索研究热点与前沿的过程中越来越依赖可视化软件的定量分析。

目前知识图谱的绘制工具可分为两大类：通用软件和专用软件。通用软件，如 SPSS 具有完整的数据输入、编辑、统计分析、报表和图形绘制等功能，图形绘制中常用到多维尺度分析、因子分析和聚类分析。专门软件，如文献计量软件 Bibexcel 和 Histcite、图谱绘制分析软件 CiteSpace 和 VOSviewer、文本挖掘软件 TDA 等，通过这些软件可以对特定的文献数据集进行词频统计、文献共被引、作者合作、关键词共现以及时间序列等相关分析，并将分析结果以恰当的图形展示出来。在这些软件中，CiteSpace 是专门用于科学知识图谱绘制的免费软件，可用于追踪研究领域热点和发展趋势，了解研究领域的研究前沿及演进关键路径、重要文献、作者及机构等，可用于对 ISI（WOS）、CNKI 和 CSSCI 等多种文献数据库进行分析（岳晓旭、袁军鹏、高继平等，2014），很受学界欢迎。下面我们以 CiteSpace 为例，简介一下知识图谱分析软件的使用。

1. 下载并安装 CiteSpace。

（1）下载 CiteSpace。登录网站 http://cluster.cis.drexel.edu/~cchen/citespace/download/，进行简单注册，下载最新的 CiteSpace 免费版本。

（2）Java 环境调试。安装 CiteSpace 前，要预先安装 Java。

（3）安装 CiteSpace。点击已下载的最新 CiteSpace 安装文件（如 CiteSpace5.7.R4），按照安装提示进行安装。安装过程叫能因为与 Java 等的配置问题会出现一些小麻烦，安装程序会自动检测处理，只需按照提示调试。

（4）打开 CiteSpace。解压 CiteSpace 运行软件包（如 5.7.R4），找到运行程序 CiteSpaceV，双击打开 StartCiteSpace_Windows.bat 文件，随后在出现的命令窗口中输入数字"2"，代表使用中文版本，之后弹出界面底端点击"Agree"即可开始运行软件。如图 7.12。

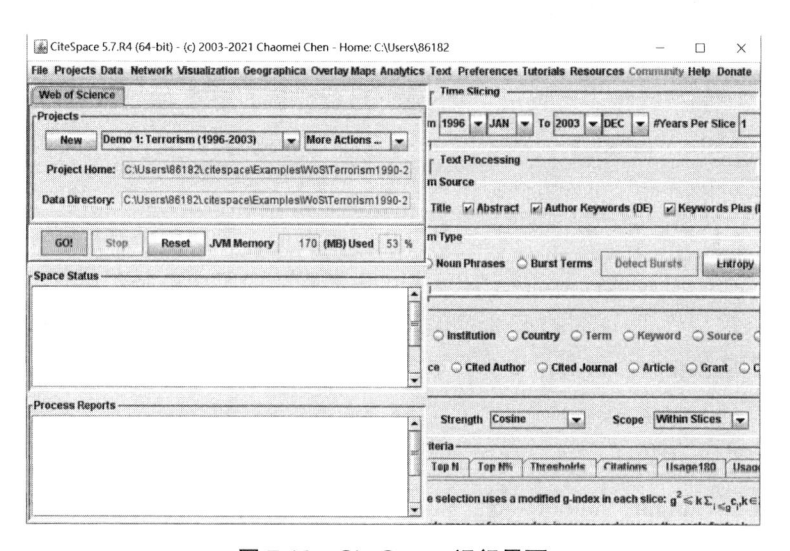

图 7.12　CiteSpace 运行界面

2．数据采集、保存和格式转换。

知识图谱分析需要利用数据库采集数据，不同数据库的格式有一定差异。CiteSpace 分析的数据是以 Web of Science（WoS）的格式为基础的，从 WoS 下载的数据 CiteSpace 可以直接读取和分析；从其他数据库收集的数据（例如 CNKI），一般要经过转换，成为 WoS 的数据格式才能分析。下面我们以 CNKI 学术期刊数据库为例，通过检索主题词"中介语研究"来说明一下数据采集、保存和格式转换步骤。

（1）进入 CNKI 学术期刊数据库检索界面，点击"高级检索"，在"主题"栏输入"中介语研究"，点击"检索"。

（2）检索显示，共找到 2 032 条数据。我们只分析中文数据，点击页面标签栏中的"中文"，剩下 2 013 条数据。由于 CNKI 每页可显示的最大结果数为 50 条，CNKI 规定一次可选择导出的最大数据量是 500 条，因此若需导出这 2 013 条数据，可将每页显示结果数选为 50，勾选"全选"本页全部 50 条数据，接着点击"下一页"，勾选"第二页"全部数据，直至勾选满 500 条数据为止。

（3）选择好文献后点击"导出与分析"→"导出文献"，CNKI 导出文献的格式很多，使用 CiteSpace 进行分析的格式为"Refworks"，选择"Refworks"→"导出"→"保存"下载为 txt 文件。按照上述办法可以分批导出 500 条以上的数据。

（4）需要注意几个问题：CiteSpace 对输入的文件名称有特别要求，下载时将文件命名为"download_XX"，或者下载后将文件名称改为这一格式；CNKI 检索的结果中包含新闻、会议通知等非论文文献，如要剔除，可以在下载前不要勾选，也可以下载后手工删除。

（5）从 CNKI 下载的不能直接用 CiteSpace 进行分析，需要将下载数据进行格式转换。使用 CiteSpace 软件一共需要提前建立四个文件夹——input、output、data 和 project。其中 input 用于存放从知网下载的 txt 原始数据，output 用于存储转换后的数据。

(6) 运行 CiteSpace，选择功能区菜单栏的"Data"→"Import/Export"，进入数据格式转换界面，此处需转换的数据为 CNKI 格式，因此点击"CNKI"标签，进入数据转化界面。在"Input Directory"右侧点击"Browse"选择原始数据所在文件夹，在"Output Directory"右侧点击"Browse"选择输出文件夹，然后点击"CNKI Format Conversion"图标，文件转换完成并保存在输出文件夹中。如图 7.13。

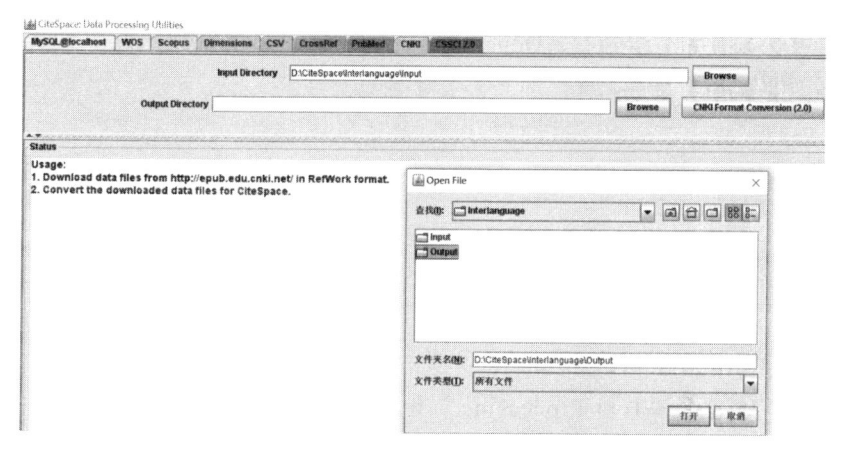

图 7.13 CiteSpace 文件格式转换

(7) 在数据转换结束后，将 output 文件夹中的 txt 文档复制粘贴至 data 文件夹中，作为软件分析的数据，然后回到主界面新建项目进行数据分析。在 CiteSpace 操作界面的 Project 项目功能和参数区单击"New"即可新建一个项目，设置好项目名称，"Project Home"是软件分析后存储结果的位置，选择刚刚建立的四个文件夹中的"project"，"Data Directory"是用于存储软件分析数据的位置，选择放入转换后数据的"data"文件夹，"Data Source"选择 WoS、CSSCI 或 CNKI 等，其余数据保持默认，点击"Save"进行项目信息保存，即可新建一个项目，然后开始使用软件各功能对数据进行分析处理。

3. CiteSpace 的界面和分析。

CiteSpace 的功能界面主要分为两类：功能与参数设置区，以及对分析结果的可视化界面。

（1）功能区菜单栏。包括 File（文件）、Project（项目）、Data（数据）、Network（网络）、Visualization（可视化）、Geographical（地理化）、Overlay Maps（图层叠加）、Analytics（分析）、Text（文本）、Preference（偏好）、Tutorials（教程）、Resource（资源）、Community（社区）、Help（帮助）、Donate（捐赠），点击每一个功能标签，可运行相关功能。如图 7.14。

图 7.14　CiteSpace 功能区菜单栏

（2）功能参数区。在菜单栏下面有一系列的功能和参数设置区，包括"Project"项目功能和参数区、"Time Slicing"时区分割功能和参数区、"Text Processing"文本处理功能和参数区、"Network Configuration"网络配置功能和参数区（"Note Types"网络类型、"Links"网络节点的关联强度、"Selection Criteria"提取节点阈值的选择）、"Pruning"网络剪裁参数和功能区、"Visualization"可视化参数和功能区，以及"Space Status"数据分析状态与"Process Report"过程区，前者显示在相应参数设置下每个时间切片上的网络分布情况，后者显示在数据处理中的动态过程及网络处理后的整体参数。

（3）分析和处理。通过选择上述功能和参数对相关数据进行处理和分析，可以利用空间形态形象地表现学科、领域、专业、个人文献或作者间相互关系，展示学术研究中的学科网络结构和变化动态。同时，通过引文分析、共作者分析、共现分析等方法发现学科内和子学科间的联系，掌握学术研究的热点问题，预测学科的发展方向。这里不展开具体分析，有兴趣的读者可以参阅李杰、陈超美（2017）等文献。

（四）数据挖掘

如今，大数据时代下的科学研究与科技创新越来越依赖于科学数据。21世纪以来，大数据成为数字时代的生产要素和战略资源，是驱动创新的重要因素。继科学实验、理论推演、计算机仿真之后，海量数据的剧增，直接推动了科学研究的第四种范式——数据密集型科学（data-intensive science）的形成与发展，科学数据全面成为科学研究的基础设施和工具。数据挖掘指利用人工智能、机器学习、模式识别、统计学、数据库、可视化技术等，借助数据库中的大量数据，从中挖掘出隐含的、先前未知的并有潜在价值的信息的过程。从某种意义上说，本节前面所述的三种分析方法亦可视为数据挖掘的基础方法。

数据挖掘、存储、处理的技术和设备在近十年来飞速发展，带动了以统计为主要研究方法的一批自然学科飞速发展。与此同时，基于数据的材料和新技术也为人文社会领域的研究者提供了新的思路，学术界掀起了一股"数字人文"浪潮，新的技术和方法纷纷进入传统的人文学科，一个以大数据为学科重要分析基础的时代已经到来。语言学作为近年来发展迅速的一门学科，其很多特点十分契合大数据时代的研究方法，基于数据技术的研究方法正成为语言学研究方法中的关键组成部分（曹贤文等，2020）。首先，数据技术发展到现在，不论硬件还是软件，都已经具备了满足语言学科研究需求的能力。举例来说，如果确有需要，在较短的时间内建立一个上亿词级的语料库已不再是从前那样困难的事情。一方面，可通过网络爬虫工具有目的性地在网络上抽取所需数据，一旦参数设定周密，剩下的语料抽取工作就可完全交由爬虫工具来做，只是付出一些时间成本；另一方面，可通过整合各个大数据公司资源获取语料，如谷歌、百度等搜索引擎类，搜狗、讯飞等输入法类，维基百科等百科类以及微博、微信等社交类网络公司在主营业务开展的过程中也获取了各学术研究机构无法企及的语料规模。其次，基于数据技术的研究方法已经显露出其优于并可能颠覆传统研究方法的特性。以谷歌为例，谷歌的工程师们就曾在《自然》杂志上发表过一篇令公共卫生官员和计算机科学家感到震惊的论文，其通过对来自全球每天30亿条的搜索语言指令以4.5亿个数学模型加以处理，成功预测了流感的发源地和传播过程，且相比疾控中心的一两周的信息滞后性，它是即时的。再次，语言学研究有强烈的数据研究需求。语言学是一个朝阳学科，而基于数据技术的研究方法正可以有针对性地通过数据挖掘获得相应的研究资料；语言学的经济学特征日益明显，与经济、产业发展的关系日益密切，正可以利用现有的经济学模型和数据计量方式；语言学发展形势迅猛，新问题不断出现，正急需开发针对不同问题的高拟合度模型进行预测以供决策参考。

由此看来，问题已经不是基于数据技术的研究方法是否适用于语言学科研究，而是语言学科的研究者如何接纳和顺应基于大数据分析所引发的研究范式的变化，在新的时代继续推动语言学研究方法的发展和创新。由于本书主要内容是聚焦于应用语言学实证研究领域中的一般量化分析方法，数据挖掘所涉及的专门计算机知识和技术超出了本书讨论的范围，本节只介绍可用于汉语浅层文本特征分析和挖掘的几个实用平台。

1. 汉语阅读分级指难针。由周小兵担任学术顾问，金檀、陆小飞、林筠、李百川研发，旨在为国际汉语教师提供阅读文本的难度定级与智能改编，共包含"文本定级""词语标注"和"字词档案"三个核心模块。在文本定级中，该工具以《汉语国际教育用音节汉字词汇等级划分》与《国际汉语教学通用课程大纲》为定级参考标准，通过算法生成文本难度值，为文本难度提供数值结果。在词语标注中，该工具通过算法生成词汇难度，对文本中的词语和句子进行划分和标注，具体包括：自动分词、自动标词、自动划句、自动计频和自动链接。在字词档案中，该工具可基于《汉语国际教育用音节汉字词汇等级划分》，分别对汉字/词语的频率、等级与比例进行统计，并显示结果（金檀、陆小飞、林筠等，2018）。该工具提供免费在线服务，网址为：https://www.languagedata.net/editor/。

2．文本可读性指标自动化分析系统。台湾师范大学宋耀廷团队主持研发，该系统提供各语言层次的文本特征指针量化数据分析，可应用在教科书、电子书、网页文本的难度分级与评估，也可以诊断书写文章的难度问题。系统能够自动且快速处理大量文本，并能同时分析文本的词汇、句法、语义、文章凝聚性等四大类共70余项文本特征，并可提供教材分级和内容评估参考。该系统提供免费在线服务，网址为：http://www.chinesereadability.net/CRIE/?LANG=CHT。

3．国际汉语教材编写指南。这是孔子学院总部集合海内外近百位专家，引入科学领域"分类标定"的研究方法，历时三年，依托大数据和数字处理技术打造的包含最新科研成果、丰富语料、权威课程标准、智能化开发工具、量化教材评估体系于一体的大型实用网络应用平台。该平台融编写种类、热点素材、实用资源和评价工具四大板块于一体，旨在为汉语教学研究者提供参考和评价依据，为一线教学工作者提供便捷的指导和服务。网址为：http://www.cltguides.com/main.action。

三、实例解析

（一）实例简介

本研究实例名为"语言多样性与社会经济发展的相关性再认识"（曹贤文、张璟玮，2020）。本研究实例采用世界民族语言志和联合国开发计划署等机构统计的世界各国数据，对语言多样性与经济社会发展多项指标之间的相关性进行统计分析。统计结果发现，语言多样性与国家经济社会发展指数之间确实存在一定的关联，但并非"费什曼－普尔假说"（Fishman-Pool Hypothesis）所指出的负相关关系，而是分段相关关系。本研究发现，人均国民收入 17 000 美元为相关关系的拐点。人均国民收入低于 17 000 美元的中低收入国家语言多样性与人均国民收入之间的整体呈显著负相关性趋势；相反，拐点之上的高收入国家则呈现出显著性正相关趋势。根据这一结果，"费什曼－普尔假说"与 Fishman（1991）研究之间的矛盾得到了比较合理的解释。不过，语言多样性与国家经济社会发展指数之间的相关性体现的只是一种概率性趋势，不是一种因果关系。除了关注语言与经济发展之间的关系，我们更要关注语言与教育和生活质量等社会发展因素之间的互动，以及关注国家能否制定积极政策进行有效管理，综合考虑政治、经济、教育、文化和社会发展各因素与国家通用语推广和公民语言能力提高的协同发展。

（二）实例研究设计

Pool（1969）根据研究得出过一项结论："一个语言极其繁杂的国家总是不发达的或半发达的，而一个发达的国家总是具有高度的语言统一性。因此，语言统一性是经济发展的必要的但不是充分的条件，经济发展是语言统一性的充分的但不是必要的条件。"这一结论后来被称为"费什曼－普尔假说"。数十年来，该假说引起了学界的关注和讨论，鉴于语言多样性和世界政治经济格局出现的新变化，本研究打算根据最新的全球统计数据，对语言多样性与国家发展的相关性进行重新检验。

1. 国家经济社会发展指数。

Pool（1969）的研究是把人均国民生产总值（GDP）作为经济发展指标。Nettle（2000）认为，采用购买力平价计算的人均国民生产总值更能体现一个国家国民的实际生活水平。笔者赞同 Nettle 的观点，本研究采用更能体现国民实际生活质量的指标——按购买力平价计算的人均国民收入（GNI）作为衡量经济发展的指标，同时我们采用联合国开发计划署（UNDP）提出的人类发展指数（Human Development Index，HDI）作为衡量经济社会综合发展水平的指标。该指数采用"预期寿命、教育水平和生活质量"三项基础变量，按照一定的计算方法，得出综合指标，是目前最权威的衡量各国经济社会发展水平的指标。本研究采用联合国开发计划署发布的 2017 年统计数据，包括人类发展指数、平均预期寿命、平均教育时间、平均预期教育时间和以购买力平价计算的人均国民收入一共五种数据。在联合国开发计划署发布的 2017 年统计报告中总共包括 189 个国家和地区的上述五种统计数据，我们穷尽性地纳入这 189 个国家和地区的数据。

2. 语言多样性指数。

语言多样性是指语言数量和语言分布的多样化程度，一般包括所用语言的丰富度和均匀度两个方面。语言的丰富度是指区域内不同语言的数量，语言的均匀度是指区域内各语言使用人口的分布（Greenberg，1956）。此外，也有学者认为，语言多样性还包括语言种属的多样性和结构形态的多样性（Nettle，1999；肖自辉、范俊军，2018）。目前，测量语言多样性指标主要分为两种，一种是由 Greenberg（1956）提出的语言多样性指数（Linguistic Diversity Index，LDI），一种是 Harmon & Loh（2010）提出的语言多样性指数（Index of Linguistic Diversity，ILD）。

Greenberg（1956）提出了八种计量模式来计算语言多样性指数（LDI），最基本的方法是，在某个地区随机选择两个人，统计这两个人说不同母语的概率，如果该地区每个人都有相同的母语，其概率为 0，如果任何两个人都没有相同的母语，其概率为 1，因此，根据这种方法计算出来的指数值介于 0—1。Greenberg 提出的语言多样性指数是一种截面式共时计算方法，Harmon & Loh（2010）则提出了计算语言多样性指数（ILD）的另一种方法，该方法通过计算不同年份全球各个语言使用人口分别占全球人口的比例平均数的变化，来反映语言多样性的历时变化,因此,这是一种反映语言多样性历时变化的计算方法。Harmon & Loh（2010）采用这种方法分析了1970—2005年全球语言多样性的变化,他们把1970年的多样性指数设置为1,此后每年指数的增减,可显示语言多样性的增减。根据他们的统计,2005年全球语言多样性指数为0.8,说明25年间语言多样性下降了20%。

美国国际语言研究中心（SIL International）发布的《世界民族语言志》（*Ethnologue*）提供了世界语言的数量,各语言使用人口数量和分布,并从2000年第14版开始计算出世界各国和地区的语言多样性指数。该指数采用了Greenberg（1956）的语言多样性指数计算方法（LDI）,这也是目前计算语言多样性最受认可的方法。

为了与同一年度的世界各国经济、教育、生活质量等社会发展指数进行比较,我们根据联合国开发计划署统计的189个国家和地区名单,从《世界民族语言志》2017年统计的语言多样性指数中选取这些国家和地区的语言多样性指数（Simons & Fennig, 2017）,然后将这两组数据合并,并根据国家名称对应起来,其中,马尔代夫和海地两个国家的语言多样性数据不全,最后得到两组数据一一对应的187个国家（地区）样本进入统计分析。

（三）实例主要分析方法和研究结论

1. 语言多样性与国家经济社会发展指数的基本描述统计。

我们把187个国家的数据整理之后,采用SPSS25进行分析,各变量的基本描述统计数据列于表7.3。

表7.3 主要研究变量的基本描述统计

	样本量	最小值	最大值	平均值	标准差
语言多样性	187	0.000	0.988	0.45	0.30
人均国民收入（2011PPP$）	187	663	116 818	18 137.79	19 706.15
平均预期寿命（岁）	187	52.2	84.1	72.12	7.67
平均预期教育时间（年）	187	4.9	22.9	13.26	2.95

第七章 基于学习者语料库研究与基于大规模数据库研究

续表

	样本量	最小值	最大值	平均值	标准差
平均教育时间（年）	187	1.5	14.1	8.58	3.10
人类发展指数（HDI）	187	0.35	0.95	0.71	0.15

上表统计数据显示，语言多样性最小值为 0，最大值为 0.988；人均国民收入最小值为 663 美元，最大值为 116 818 美元；平均预期寿命最小值为 52.2 岁，最大值为 84.1 岁；平均预期教育时间最小值为 4.9 年，最大值为 22.9 年；平均教育时间最小值为 1.5 年，最大值为 14.1 年；人类发展指数最小值为 0.35，最大值为 0.95。

2. 语言多样性与国家经济社会发展指数之间的相关性。

接着，我们对语言多样性与国家经济社会发展各变量之间的相关性进行分析。在分析前，经对各变量数据的正态分布检验，发现除了平均教育时间的数据呈正态分布以外，其他变量的数据都是非正态分布，因此，我们采用斯皮尔曼（Spearman）相关系数来检验各变量之间的相关性，统计数据见表 7.4。

表 7.4 语言多样性与五项国家经济社会发展指数之间的相关性
（斯皮尔曼相关性检验）

	人均国民收入	平均预期寿命	平均预期教育年限	平均教育年限	人类发展指数
相关系数值	−0.356	−0.496	−0.467	−0.411	0.411
P 值	0.000	0.000	0.000	0.000	0.000
样本量	187	187	187	187	187

上表关于语言多样性与国家经济社会发展指数之间的相关性统计数据显示，在 1% 的水平上，语言多样性与人均国民收入之间的相关性显著，两者之间相关性系数为 −0.356，表明两个变量间具有一定程度的相关性，语言多样性越高，人均国民收入越低。语言多样性与

平均预期寿命在 1% 的水平上相关性显著，两者之间相关性系数达到了 -0.496，为语言多样性与其他所考察变量之间相关性系数最高者，数据表明两者之间具有较强的相关性，语言多样性越高，平均预期寿命越短。同样，语言多样性与平均预期教育时间、平均教育时间、人类发展指数三个变量之间均在 1% 的水平上相关性显著，而且两者之间相关性系数均在 -0.4 至 -0.5 之间，均显示出较强的相关性，即语言多样性越高，平均预期教育时间和平均教育时间越短，人类发展指数越低。该结果与 Fishman（1968）、Pool（1969）、Nettle（2000）的研究结论基本一致。

3. 语言多样性与人均国民收入之关系再分析。

由上面的分析可知，语言多样性与国家经济社会发展指数之间确实存在一些反比关系，一定程度上验证了 Fishman（1968）、Pool（1969）、Nettle（2000）的研究结果，但仔细观察后发现，数据并不严格支持"费什曼－普尔假说"，而是有很多例外。而且从相关性系数的大小来看，语言多样性与人均国民收入之间的相关性，不仅低于语言多样性与其他国家经济社会发展指数之间的相关性，也远低于其他指数之间的相关性。为了进一步揭示语言多样性与人均国民收入之间关系，我们选取语言多样性作为纵轴，人均国民收入作为横轴，绘成散点图，在图 7.15 中直观呈现二者之间的分布关系。

观察图 7.15 可以发现，语言多样性与人均国民收入之间的确并非简单的线性关系。虽然前述相关分析结果总体上跟 Fishman（1968）、Pool（1969）、Nettle（2000）的研究结论一致，即各国语言多样性与经济发展水平呈出一定的负相关趋势，一个国家语言多样性越低、语言同质性越强，经济越发达。但图 7.15 中右上方的国家数据（语言多样性高且人均国民收入高）显然并不支持 Pool（1969）的研究结论，Pool（1969）认为，几乎没有语言高度多样化的繁荣国家，"一个语言极其繁杂的国家总是不发达的或半发达的，而一个发达的国家总

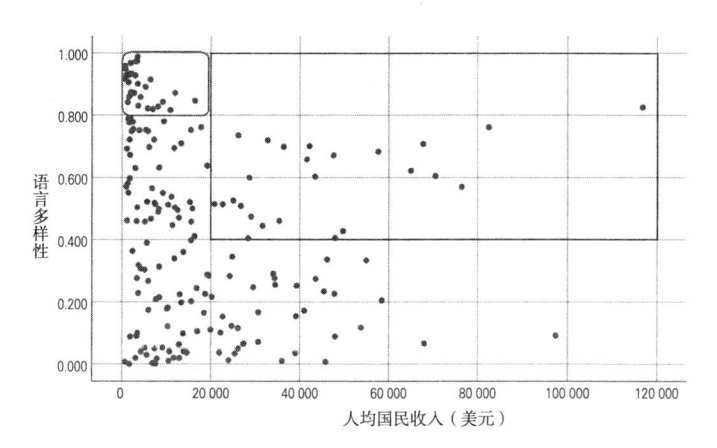

第七章 基于学习者语料库研究与基于大规模数据库研究

图 7.15　语言多样性与人均国民收入散点图

是具有高度的语言统一性"。然而几十年后，出现了相当一部分经济发达且呈现出较高的语言多样性的国家。例如，人均国民收入最高的前五个国家中，除了第二名列支敦士登语言多样性为 0.092 以外，其他四个国家卡塔尔、新加坡、文莱、科威特的语言多样性均在 0.5 以上，人均国民收入最高的卡塔尔的语言多样性高达 0.825，为语言多样性自高至低排名第 28 位的国家。

因此，我们考虑用"拐点假说"来进一步分析数据，即语言多样性和人均国民收入之间可能并非线性相关关系，而是分段相关关系，即存在某个临界值，在临界值两边的相关关系不同：或者一边是负相关，一边是正相关；或者一边是负相关，一边无关。当不分段考虑时，数据会相互抵消以致总体相关性较低。观察图 7.15，我们发现人均国民收入 20 000 美元以下的国家，在语言多样性指标 0.8—1.0 的位置（图 7.15 中左上角圆角方框圈出的位置），呈非常明显的负相关关系；而人均国民收入 20 000 美元以上的国家，在语言多样性指标 0.4—1.0 的位置（图 7.15 右上方直角方框圈出的位置），却呈现出完全相反的正相关关系，所以我们猜测拐点在 20 000 美元附近。

为了验证这一假设,我们以人均国民收入 20 000 美元为界,将 187 个国家分为高收入国家和中低收入国家两类,高收入国家 59 个,中低收入国家 128 个,分别采用斯皮尔曼相关系数来检验两类国家的语言多样性与人均国民收入之间的相关性,统计数据见表 7.5。

表 7.5 高收入与中低收入两类国家的语言多样性与人均国民收入之相关性

	相关系数值	P 值(双尾)	样本量
高收入国家	0.266	0.042	59
中低收入国家	−0.413	0.000	128

由上表可知,中低收入国家语言多样性与人均国民收入之间仍呈现显著负相关,不过令人感兴趣的是,高收入国家语言多样性与人均国民收入之间的相关性出现了完全相反的逆转,呈现出显著正相关关系,由此验证了人均国民收入 20 000 美元的拐点假设。在此拐点之下,中低收入国家语言多样性与人均国民收入之间的相关性仍然符合"费什曼-普尔假说";在此拐点之上,则呈现出与"费什曼-普尔假说"完全相反的趋势。

我们进一步计算 20 000 美元加减 10 000 美元的范围,每距离 1 000 美元设置一个临界值,分别计算低于临界值和高于临界值范围数据中语言多样性与人均国民收入的相关系数。经计算发现,当设置临界值后,低于临界值的语言多样性变量和人均国民收入变量均呈正态分布;高于临界值的人均国民收入变量在去除人均国民收入高于 83 000 美元的两个极值后,数据也呈正态分布。为使数据更为精确,我们选择去除极值后用皮尔逊(Pearson)相关分析。分析结果显示,临界值低于 17 000 美元的国家,经济发展和语言多样性均呈负相关关系;高于 17 000 美元的国家,经济发展和语言多样性均呈正相关关系;当人均国民收入高于 25 000 美元时,经济发展和语言多样性没有显著相关关系。

  总体来说，本研究发现语言多样性与国家经济社会发展指数之间的反比相关性只是一种概率性趋势，从相关系数的强度和散点图的分布可知，这种趋势有很大的弹性空间，并非放之四海而皆准的准则或铁律。通过临界值的分析，语言多样性与国家经济社会发展的负相关关系并不适用于人均国民收入为 17 000 美元以上的国家。以人均国民收入 17 000 美元为拐点，在此拐点之下，中低收入国家语言多样性与人均国民收入之间的整体呈显著负相关性趋势，仍然符合"费什曼－普尔假说"；同时在此拐点之上，其他国家则呈现出显著正相关趋势。此外，分段计算相关系数时，经济发展和语言多样性的负相关系数值高于不分段计算的值，与数据拟合的程度更高，说明"拐点假说"分段计算的相关模型更适合分析语言多样性与人均国民收入之间的关系。因此，本研究发现"费什曼－普尔假说"和 Fishman（1991）之间看似存在矛盾，其实是反映了国家不同经济发展阶段中语言多样性和人均国民收入之间的关系。

思考题

1. 请下载安装 AntConc 软件，并举例说明如何操作该软件分析汉语语料。
2. 请下载安装 #LancsBox 软件，并举例说明如何操作该软件分析汉语语料。
3. 你对分析学习者语言的哪些方法比较感兴趣？请结合汉语学习者语料谈谈如何进行分析。
4. 如何定义数据库？数据库经历了哪些发展阶段？

5. 在与应用语言学研究相关的国内外各种调查统计数据库中，你对哪些数据库比较感兴趣？请谈谈你可以用这些数据库进行哪些方面研究？
6. 请下载安装 CiteSpace 软件，自定一个主题词，从 Web of Science 或 CNKI 学术期刊数据库读取相关文献进行实例分析。

延伸阅读

Granger, S., G. Gilquin, & F. Meunier (Eds.) (2015) *The Cambridge Handbook of Learner Corpus Research.* Cambridge: Cambridge University Press.

李杰、陈超美（2017）《Citespace：科技文本挖掘及可视化》（第 2 版），北京：首都经济贸易大学出版社。

张卫国（2020）普通话能力的减贫效应：基于经济、健康和精神维度的经验分析，《语言文字应用》第 4 期。

第八章
应用语言学实证研究论文写作

研究论文的写作与发表是科学研究过程中的重要一环。一方面，通过论文写作对研究成果进行系统的整理、总结和反思，可以提高研究者的综合分析与表述能力；另一方面，研究者也需要将自己的研究成果以论文等形式，通过学术期刊、学术书籍或学术会议公开发表，才能与其他研究者共享研究成果，从而得到学界的承认和接纳，并促进学术交流和推动科学研究继续向前发展。

第一节 学术论文的特点和基本格式

一、学术论文的定义和特点

（一）定义

在中华人民共和国发布的国家标准（GB 7713—87）《科学技术报告、学位论文和学术论文的编写格式》中，是把学术论文与科学技术报告和学位论文并列作为三种研究成果来定义的。该标准对这三类研究成果的界定分别是：

科学技术报告是描述一项科学技术研究的结果或进展或一项技术研制试验和评价的结果；或是论述某项科学技术问题的现状和发展的文件。

学位论文是表明作者从事科学研究取得创造性的结果或有了新的见解，并以此为内容撰写而成、作为提出申请授予相应的学位时评审用的学术论文。

学术论文是某一学术课题在实验性、理论性或观测性上具有新的科学研究成果或创新见解和知识的科学记录；或是某种已知原理应用于实际中取得新进展的科学总结，用以提供学术会议上宣读、交流或讨论；或在学术刊物上发表；或作其他用途的书面文件。

上述三类研究成果具有密切的联系，但由于研究目的不同，也存在一些差异。科学技术报告是为了把研究结果呈送给科学技术工作主管机构、科学基金会等组织或主持研究的人等，以便有关人员进行判断和评价，并对报告中的结论和建议提出修正意见。学位论文是通过该项研究成果证明申请人的学术能力从而获得某个学位，不同的学位论文要求不一样：（1）学士学位论文应能表明作者确已较好地掌握了本门学科的基础理论、专门知识和基本技能，并具有从事科学研究工作或担负专门技术工作的初步能力；（2）硕士学位论文应能表明作者确已在本门学科上掌握了坚实的基础理论和系统的专门知识，并对所研究课题有新的见解，有从事科学研究工作或独立担负专门技术工作的能力；（3）博士学位论文应能表明作者确已在本门学科上掌握了坚实宽广的基础理论和系统深入的专门知识，并具有独立从事科学研究工作的能力，在科学或专门技术上作出了创造性的成果。而学术论文则突出强调创新性，目的是推动科学研究的发展，因此，"应提供新的科技信息，其内容应有所发现、有所发明、有所创造、有所前进，而不是重复、模仿、抄袭前人的工作"。

（二）特点

与其他类型的文体相比，学术论文具有学术性、创新性、科学性、理论性和规范性等特点。

1. 学术性。学术论文是以科学领域里某一专业性问题作为研究对象，其研究的内容富有明显的专业性，也就是说，学术论文是作者运用系统的专业知识，去论证或解决专业性很强的学术问题，这种内容上的专业性和学术性是学术论文和一般议论文最重要的区别所在。第一，是否具有学术价值，是评价学术论文质量的公认标准。第二，学术论文主要是写给同行看的，所以不在乎其他人是否看得懂，因此，专业术语和专业性图表符号等专业学术性表达形式用得较多。第三，学术论文是学术研究的结晶，而不是一般的"学术体会"，因此，不是某些现象的直录、材料的罗列或事件经过的描述，而是对某一学科领域学术性问题的探索和科学规律的揭示。

2．创新性。创新性被视为衡量学术论文价值高低的重要标准。科学研究不是对已有研究的简单重复，而是要就如何解决某一专业领域的理论问题或实践问题进行创造性研究，得出新的发现、新的观点、新的理论、新的方法或新的结论。开展应用语言学实证研究尤其要重视理论新、方法新、材料新这三个要点。创新性是学术论文的生命和灵魂，一篇论文如果没有创新之处，它就毫无价值。学术论文的创新，主要表现在：开拓现有研究未曾涉及的领域，填补空白；补充现有研究的不足或遗漏之处，阐明自己的新发现；纠正现有研究的失误，推翻错误的结论；发表与众不同的看法，提出新的独到见解；根据已有资料进行创造性概括综合等。

3．科学性。开展学术研究、写作学术论文的目的，在于揭示事物发展的客观规律，探求客观真理，从而促进科学的繁荣和发展，这就决定了学术论文必须具有科学性。所谓科学性，指研究的立论科学，论据充分，论证严密，数据真实可靠，资料翔实，技术和方法的可重复性高，结果的可比性和逻辑性强。学术论文要做到科学性，首先是研究态度的科学性，这就是客观记录科研数据，尊重事实、实事求是的态度。其次是要采用科学的研究方法，从大量的材料出发，通过分析材料并进行严密而富有逻辑性的科学论证得出结论。绝不能先有结论，再临时凑点材料去论证，而要以严肃的态度、严谨的学风、严密的方法开展学术研究。

4．理论性。学术论文不能停留于事实、现象的罗列，而是要在一定的理论高度来观察和分析带有学术价值的问题，引述各种事实或道理来论证自己的新发现、新见解，向学术界表述自己研究的新成果。学术论文需要立足于一定的学科理论系统，不能只是材料的罗列，应对大量事实、材料进行分析和研究，并用一定的学术理论来贯穿和升华。没有理论支持的论文，只能囿于事实材料的堆积，不能从一般现象中发现问题的本质。

5．规范性。学术论文非常强调规范性，规范性是对论文结构、语言表述等方面的严格要求，例如，标题怎么写，摘要怎么写，关键词怎么写，引言怎么写，研究设计怎么写，数据分析怎么做，等等，都有一定之规。因此，撰写学术论文必须表达准确、行文规范、结构严谨、文字通顺，在语言文字、学科术语、计量单位、论文格式等方面尽量达到规范性要求。

二、学术论文的基本结构和格式

（一）基本结构

1．国家标准的规定。《科学技术报告、学位论文和学术论文的编写格式》规定科学技术报告和学术论文的基本结构由前置部分、主体部分、附录部分（必要时）和结尾部分（必要时）组成。

（1）前置部分包括封面，声明及说明，题名页，前言，摘要（中、英文），关键词，目次页，插图和附表清单（必要时），符号、标志、缩略词、首字母缩写、计量单位、名词、术语等的解释表（必要时）。

（2）主体部分包括绪论、正文、结论、致谢、参考文献表。

（3）附录部分包括必要的各种附录。

第八章 应用语言学实证研究论文写作

（4）结尾部分包括索引和封底。

上述国家标准是针对各种科学技术报告、学术论文和学位论文所作的普遍性规定，内容非常翔实。

2．期刊论文的一般结构。单就一般的学术论文来说，比如，在标准的学术刊物上发表的学术论文主要包括如下部分：

（1）题目

（2）作者姓名

（3）作者单位名称、所在城市、邮政编码

（4）中文摘要

（5）中文关键词

（6）中图分类号、文献标识码和文章编号（非必须项，一般由刊物编辑部填写）

（7）正文

（8）注释（非必须项）

（9）参考文献

（10）附录（非必须项）

（11）英文题目

（12）汉语拼音的作者姓名

（13）作者单位英文名称

（14）英文摘要

（15）英文关键词

（二）写作格式

1．标题。《科学技术报告、学位论文和学术论文的编写格式》规定："题名是以最恰当、最简明的词语反映报告、论文中最重要的特定内容的逻辑组合。题名所用每一词语必须考虑到有助于选定关键词和编制题录、索引等二次文献可以提供检索的特定实用信息。题名应该避免使用不常用的缩略词、首字母缩写字、字符、代号和公式等。题名一般不宜超过 20 字。报告、论文用作国外交流，应有外文（多用英文）题名。外文题名一般不宜超过 10 个实词。"

2．作者署名和单位。论文署名一般不超过 5 个，如果有多名作者，按贡献大小排序。署名位于题名之下，独占一行正中的位置；在另一行正中位置标明单位、地址和邮政编码。

3．论文摘要。摘要是全文的高度浓缩，是文章内容缩略而准确的表达形式。期刊学术论文摘要通常在 100—300 字。摘要一般采取不加注释和评论的直述方式，简明扼要地介绍文章主要内容，应用语言学实证研究论文摘要通常包括三个方面：研究问题或目的，研究设计或方法，研究结果和发现。

4．关键词。关键词是学术论文的文献检索标识，是表达文献主题概念的有代表性的词或词组。关键词是从论文的题目、标题和正文中选取出来的。每篇论文应选取 3—8 个词作为关键词，并尽量选用《汉语主题词表》中提供的规范词。

5．引言。引言也称前言、导言、序言或绪论等。引言属于整篇论文的引论部分，一般包括以下内容：研究的理由、目的、背景，现有研究成果述评，理论依据和实验基础，预期的结果及其在相关领域里的地位、作用和意义等。《科学技术报告、学术论文和学位论文编写格式》规定，引言（或绪论）简要说明研究工作的目的、范围、相关领域的已有工作和知识空白、理论基础和分析、研究设想、研究方法和实验设计、预期结果和意义等。并要求引言应言简意赅，不要与摘要雷同，不要成为摘要的注释。期刊学术论文的引言不可冗长，内容选择不必过于分散、琐碎，措辞要精练。引言的篇幅需视整篇论文篇幅的大小及论文内容的需要来确定，长的可达七八百字，甚至千字左右，短的可不足百字。

6．正文。正文是学术论文的核心部分，占主要篇幅。如果说引言是提出问题，正文则是分析问题和解决问题。这部分内容是作者研究成果的学术性和创造性的集中表现，它决定着论文写作的成败和学术、技术水平的高低。因此，要求这一部分内容充实，论据充分、可靠，论证有力，主题明确。实证研究论文的正文部分都应包括研究的对象、方法、结果和讨论这四大部分，具体来说包括调查对象、实验和观测方法、仪器设备、实验和观测结果、编码原理和统计方法、数据资料、经过加工整理的图表、形成的论点和得出的结论等内容。

7．结论。结论是对论文的最终的和总体的高度总结，是正文本论的最终的必然逻辑发展，也是整篇论文的归宿和作者认识上的升华。结论不应是正文中各段小结的简单重复，它应该以正文中得到的数据分析为依据，准确、完整、明确、精练地指出以下内容：由对研究对象进行考察或实验得到的结果所揭示的原理及其普遍性；研究中有无发现例外或本论文难以解释和解决的问题；与先前已发表过的研究成果的异同；本论文在理论上和实用上的意义及价值；进一步深入研究本课题的建议等。

8．附注。附注是对论文中某些内容进行补充说明或解释的文字。目的是在不影响正文行文的情况下，让别人对文章中特定的语词、引义或某种内容有进一步的了解。附注方式通常包括尾注（在论文最后列出标注条目和内容）、脚注（在当前页面的下方标注）和夹注（在行文当中说明，主要用于列举引用文献）。

9．参考文献。参考文献是学术论文的必要组成部分。凡是文中引用了他人的材料、数据、论点等内容，均应标明出处。列出参考文献表明了对他人研究成果的尊重，也说明作者真实的科学态度，还有利于他人对这类参考资料的查询。不同的出版物，对参考文献的格式有各种不同的要求，参考文献的基本格式内容包括：作者姓名，书籍或论文名称，出版地点，出版者，出版时间，或版本、期、卷号数，页码等项。

10．附录。附录是论文的附件，不是论文必要的组成部分。在不增加正文部分的篇幅和不影响论文主体内容叙述连贯性的前提下,可以把学术论文研究中使用的比较长的实验和测试材料,问卷调查表,详细的原始数据,实验观察记录,详尽的推导、演算、证明或解释和说明,以及其他不宜放入正文中的资料等列于附录之中,以便参考和查证。

第二节 应用语言学实证研究论文写作技巧和示例

一、论文题目、摘要和关键词写作技巧

（一）题目

论文题目是对论文内容的高度概括,好的标题既能迅速吸引读者的注意,也能使读者透过它窥及论文核心内容。一个好的题目应该具有以下三个特点：

1. 贴切具体。论文题目首先要切合论文的内容,表达论文的中心思想或核心问题,即标题要体现内容,内容能说明标题,做到互相照应、文题相符,防止给人"文不对题"的印象。除了文题要相互对应以外,题目的大小也要适当,不能太抽象笼统,而应当明确具体,能反应出研究的方法、内容和创新之处。例如,"对外汉语词汇丰富性研究"这个题目就比较笼统,"任务构思条件对汉语二语口语产出中词汇丰富性的影响研究"就比较具体。

2. 精练简明。好的题目,应当精练简明,不要繁杂冗长。确定题目是一个去杂取精的过程,在初步确定题目后,要反复推敲,试着删掉多余的词,如"关于""探索""分析"等常可删除。通过反复推敲和修改,用高度概括、简明扼要的词汇充分表达文章的内容,不要用模棱两可、含糊笼统的词语,以免模糊文章的主题。另外,题目的长短要适中,太短不易使读者了解文章的内容,太长使人抓不住中

心。如果需要，除主标题以外，可加限定性或解释性的副标题。

3．新颖醒目。论文题目如果新颖醒目、精湛传神、富有吸引力，就会使人读后产生要立刻读下去的欲望。新颖鲜明的题目，就其外在形式而言，具有较强的视觉冲击力；就其内在内容而言，能起到开拓思路、引发联想的作用，将读者带入一个独特的视角，领略新的"风景"。此外，论文的创新性，即所研究的新理论、新技术、新方法等创新之处及特点，应尽可能在题目上体现出来，读后使人留下深刻印象。例如，"美国学生习得'把'字句的研究"若改为"美国学生习得'把'字句的纵向追踪研究"，一个"纵向追踪"就体现出了本项研究的特点和新颖之处。

（二）摘要

摘要是以概括、简洁的语言总结正文全部内容的概要，简明扼要地指出研究背景、研究问题、研究方法、主要发现及其意义等内容。"研究问题＋研究方法＋研究发现"可视为应用语言学实证研究论文摘要的三要素，用一句话来概括，就是"采用什么方法对什么问题进行研究，有了什么研究发现"。如果需要特别突出研究问题的必要性或重要性，可以在前面再加上研究背景；如果要特别突出研究发现的价值和意义，可以在后面再加上研究意义，即"（研究背景＋）研究问题＋研究方法＋研究发现（＋研究意义）"模式。

撰写学术论文的摘要还应注意以下四点：（1）短。行文要简短扼要，只用几个句子就能概括反映出论文的主要内容，学术论文摘要字数在100—300字，一般用一段话完成。（2）精。内容准确精练，主要介绍创新点内容，是论文全文浓缩的精华，忌写成罗列文章内容的提纲。（3）全。内容完整、结构严谨、逻辑性强，读者不借助于正文就能了解全文内容。（4）不加评论。摘要一般采取直述方式，以第三人称方式撰写，对论文内容进行忠实介绍，即不加评论，图表和文献索引等内容一般都不应放入摘要。论文摘要通常在完成全文后放到最后写,或先写个初稿,最后再定稿。

【示例1】

已有研究发现,互动中的反馈能够有效促进二语习得,不过对于反馈后的语言修正与语言习得之间的关系学界仍缺乏足够的了解。本文以汉语二语师生互动中的重铸和诱导反馈为例,对学习者的语言修正与形式学习的关系进行了实验研究,实验结果显示:(1)汉语二语互动中的语言修正明显有利于语言形式的学习;(2)与重铸反馈条件下由他人提供的修正相比,诱导反馈条件下学习者自己生成的修正对促进语言形式的学习具有更为持久的影响;(3)掺入修正比重复修正更有利于促进学习者中介语的发展。(曹贤文、牟蕾,2013a)

(三)关键词

关键词是为文献索引与检索方便而从文中选取或归纳的能反映文章主题概念或最主要内容(信息)的词或词组。选择关键词应具有代表性、专指性、规范性和可检索性。一般表达同一范畴相关概念的关键词相对集中,意义联系紧密的关键词相对靠拢。一般反映文章最核心内容的关键词在前,其他关键词在后;或者反映论文研究目的、对象、范围、方法、过程等内容的关键词在前,揭示研究结果、意义、价值的关键词在后。

二、如何撰写引言和文献综述

(一)引言的撰写

引言的作用在于提出写作缘起、综述研究背景、点出研究空白、简述研究课题及其意义和主要内容。引言要清楚地说明研究的动机,界定研究的领域,将研究的问题放到一个较大的背景中进行阐述,揭示研究该问题的价值和意义。引言是对论文基本特征的简介,不能把它写成文摘,也忌篇幅过长,以免头重脚轻。

在学位论文中,"引言"和"文献综述"是互相独立的两个部分,但在期刊论文中,"引言"常包括两个部分,即问题的提出(或缘起)和发展现状(或文献评述)。期刊论文的引言一般不宜太长,无须进行详尽的文献综述,只需要就研究的问题对现有的相关研究成果进行简明扼要的评述即可。

【示例2】

有效教学(effective teaching)研究是当前国内外课堂教学研究的重要课题。有效教学指的是"符合教学规律、有效果、有效益、有效率的教学"(姚利民,2005),是"为了提高教师的工作效益、强化过程评价和目标管理的一种现代教学理念"(崔允漷,2001)。它研究的核心问题是对教学效益的探究,即什么样的教学是有效的,是高效、低效还是无效的?教学的有效性通常涉及三个方面的因素:教师的教、学生的学和师生之间的互动。其中,教师的教学行为是影响并决定学生学习效果和教学质量的重要因素,因此,有效教学研究格外重视研究教师的课堂教学行为,研究教师教学行为的有效性是有效教学和"有效教师"(effective teacher)研究的主要方式(姚利民,2005)。

在对外汉语教学界,针对课堂教学及其有效性进行研究也受到了越来越多的重视。孙德坤(1992)很早就提出要重视开展课堂教学活动的专门研究,认为"要首先调查课堂上教师和学生的实际表现,这些表现的前因和后果,以便确定哪些因素对教学效果产生影响以及产生什么样的影响,从而帮助我们去控制这些因素"。李泉(2003)从宏观上归纳了课堂教学和教师研究的三个角度,即"实际如何如何"的实然性调查研究、"应该如何如何"的应然性研究和"不该如何如何"的否然性研究。崔永华(2004)强调了行动研究在对外汉语课堂教学研究中的重要作用,认为"教师行动研究是提高对外汉语教学的教学水平和教师业务水平的一条重要途径"。杨惠元(2004)指出跟教学质量直接相关的因素是教师的"课堂教学意识"和"教学行为",对外汉语教师"研究课堂教学主要是研究自己如何教——明确教学意识,规范教学行为"。这些注重研究课堂教学中的实际问题从而提高教学效果的主张不但加深了我们对对外汉语课堂教学研究的理论认识,也推动了以对外汉语教师和课堂教学活动为调查对象的一系列实证研究的展开。其中比较突出的有丁安琪(2006a,2006b,2007)和徐彩华等(徐彩华、程伟民,2007;徐彩华,2009)的系列实证研究。丁文调查了对外汉语教师和留学生对16种课堂活动有效性的看法,并分析了个体差异因素对评价课堂活动有效性的影响;徐文则调查了专家型和新手型对外汉语教师对教学效能感的自我评价,并考察了对外汉语教师教学效能感的特点。

丁、徐两项系列研究分别以课堂活动的有效性和教师的教学效能感为研究对象,其调查结果和研究结论对我们深入理解有效教学在对外汉语课堂教学中的表现、作用和评价很有启发。如前所述,在有效教学研究中,教师行为的有效性是重要的研究内容。在丁安琪(2006a,2006b,2007),徐彩华、程伟民(2007),徐彩华(2009)等研究中,虽然课堂活动的有效性和教师的教学效能感与教师行为的有效性之间在内容上存在部分交叉之处,但由于研究对象和研究焦点的不同,教师行为的有效性问题未曾得到专门的讨论。到目前为止,我们也没有看到专门以对外汉语教师行为的有效性作为调查对象的实证研究成果。

研究教师行为的有效性可以采取各种方法,其中最有效、最常见的办法是调查教学的直接参与者教师和学生的评价。关于这方面的研究,国外第二语言教学界已经有了一些重要的进展。例如,Bell(2005)根据第二语言教学的研究成果,归纳了80项"有效外语教师"的行为和态度,然后调查了457位外语教师对这80项行为和态度的看法,并根据调查结果分析了这些行为和态度能否得到专业教师普遍认可的具体情况。Bell(2005)的调查加深了我们对"有效外语教师行为"的了解,不过他只是从单一角度调查了教师的评价,学生的评价如何则不得而知。为了更加全面地反映教学过程中师生双方的看法，Brown（2009）从教师和学生两个角度进行了一个更为平衡的调查。Brown 的这项调查以外语教师和学生对"有效外语教师行为"的评价作为主要内容，通过对调查结果的分析，发现教师和学生喜欢的教师行为并不一致，尤其在"目的语使用""错误纠正"和"团体学习"等部分的评价存在明显差异，因此 Brown 提出外语教师和学生应该互相沟通对教师行为有效性的看法，以增进彼此间的了解。

Bell（2005）和 Brown（2009）的研究是针对国外外语教学的情况进行的，我们认为在对外汉语教学研究中也有必要展开类似的调查，通过实证研究了解对外汉语教师和留学生对"有效教师行为"的看法，并通过对调查结果的分析，了解教师和学生的评价是否存在差异，如果有差异，具体表现在哪些方面？教师和学生的评价对我们改进教学有哪些启发？为了回答这些问题，我们打算针对对外汉语教师和外国留学生对"有效教师行为"的评价进行一次专门的调查。（曹贤文、王智，2010）

（二）文献综述

文献综述是对所研究课题已有知识成果所进行的总结和评价，它建立在现有研究的基础上，通过综述该课题的研究现状，客观地分析国内外学者与该课题相关的研究成果，并指出仍存在的问题或可进一步探索的空间。例如，哪些人研究了哪些课题，从什么角度进行研究，用什么方法进行研究，研究取得了哪些成果，现有的研究还存在什么问题或忽视了什么问题，还有哪些问题没有解决，等等，从而引出本课题拟针对什么问题进行研究，以及采取什么方法如何解决所存在问题等。

新手研究者在文献综述时常见的问题有：（1）文献梳理不全面，文献数量少，遗漏了很多重要文献。文献综述应针对研究课题，对国内外文献做穷尽式搜集和梳理，尤其是与课题有关的重要文献一定要收集完整。(2) 只有罗列，缺乏概括。文献综述不能只是罗列文献，经验不足的研究者常把别人文献中的原话，特别是论文摘要原文抄录下来，呈现的只是一串别人学术成果的摘录，没有自己的观点和评价。(3) 只有述，没有评。只有流水账似的记述，缺乏对所述文献的贡献和不足进行恰当的评价，而文献综述重在述评结合。(4) 述评与课题错位，或述与评之间错位。常见问题是述评超越中心论题的范围，或者文献评论脱离了所引述文献的内容。文献综述的关键是要结合所研究课题对已有研究成果进行评价，客观总结和评述已有研究的长处和不足，从中找到自己新的研究点，并在此基础上提出本课题有待创新之处，如理论视角创新、研究内容创新、研究方法创新，等等。

另外，在学位论文中，文献综述占据比较重要的位置，在全文中所占比重较大；不过在一些期刊论文中，文献综述常跟引言合在一起，参见"示例 2"。

三、如何撰写正文

正文是论文的主体部分，包括提出问题、分析问题和解决问题的全过程。正文的写作可以按照研究工作的进程展开，也可以按照事物或问题的内在联系展开。正文一般要划分为若干部分，各部分之间具有明确的逻辑关系，而且各部分层次分明、脉络清晰。应用语言学实证研究论文的正文通常包括三个部分：研究方法（或实验设计）、研究结果、结果讨论。每个部分由几个逻辑段落组成，每个逻辑段落又包含几个自然段落。一般情况下，每个逻辑段落前都会加注分标题，读者通过浏览逻辑段落的分标题可以领会逻辑段落之间的逻辑关系，从而掌握论文的整体结构。

（一）研究设计/方法

研究设计，也叫研究方法，主要用来描述研究的操作框架，通常包括四个方面的内容：研究对象（包括研究时间及地点）、研究材料或工具、研究过程、分析方法。对于应用语言学实证研究，研究者必须将研究对象、资料来源、所用方法、实验或调查等数据收集与分析过程清晰地表述出来，以便读者可以据此评估该研究的效度和信度，并让感兴趣的研究者能够进行重复验证研究。

1．研究对象。需要对研究对象进行界定，要清楚地介绍研究对象的范围和研究对象的选择及其构成。此外，对于调查或实验研究的时间及地点等也要进行说明。

2．研究材料或工具。研究所需的材料或工具是什么，如何保证其信度和效度需要描述清楚。在介绍研究材料和工具时，应使用专业术语。

3．研究过程。要清楚地说明研究的实施过程，具体的操作步骤和方法，以及实施过程中特别要注意的事项等。研究过程的说明中特别重要的是具体、准确地描述本研究采取的数据收集方式和收集过程。

4．分析方法。要清楚地说明研究资料处理、整理与分析过程中所采用的方法技术，如列举所用的分析软件和规范的分析程序等。

【示例3】

实验设计

1．参与者。

本研究的被试是从南京大学海外教育学院汉语初（下）班选取的60名外国学生。在分班测试中，这些学生的汉语水平处于相同分数段内，因此被划分到初（下）年级。该年级共4个班，100多人，我们只随机选取了其中的60名。60名被试按照国别随机分为两组，每组30人，实验组使用"熟词＋生词"的双词词组学习法，对照组使用生词独立学习法。实验组被试分别来自澳大利亚（5人）、巴西（2人）、丹麦（1人）、德国（3人）、法国（3人）、韩国（4人）、美国（3人）、西班牙（2人）、希腊（2人）、意大利（2人）、印度（1人）、英国（2人），对照组被试分别来自澳大利亚（5人）、奥地利（1人）、波兰（2人）、德国（4人）、俄罗斯（2人）、法国（4人）、韩国（4人）、美国（3人）、墨西哥（1人）、葡萄牙（2人）、英国（2人）。在实验过程中，对照组中有2名被试未能参加延时后测，因此被排除；实验组中有1名被试的即时后测答卷存在一些漏答题项，这名被试也被排除。在最终统计分析时，为了保持两组人数的平衡，我们又随机排除了实验组中的1名被试。因此，本实验进入分析的有效被试总人数为56人，实验组和对照组各28人。

2. 实验材料的选取和设计过程。

根据实验整体设计，材料的选取分为以下六个阶段：

（1）初步选词：从《汉语水平词汇与汉字等级大纲》（国家汉语水平考试委员会办公室考试中心，2001）丁级词中选取被试未学过的、比较常用的双音节实词100个，作为本次实验的候选目标词。

（2）生词分类：由于生词中的生字个数对于词汇学习的影响也是本文要探究的中心问题，因此我们根据学生所学课本（马箭飞主编，2005）中出现的汉字，初步将上述100个生词分成三类：A类（不包含生字）共30个、B类（包含1个生字）共27个、C类（包含2个生字）共43个。

（3）对不含生字的A类生词进行透明度测试：

表1 词汇透明度测试结果

词汇	均分	词汇	均分	词汇	均分
打发	4.00	发火	3.04	家常	2.50
处方	3.88	能手	3.00	包办	2.42
公关	3.88	把手	2.92	看望	2.15
问世	3.85	病号	2.81	出动	2.08
车床	3.38	见识	2.73	本钱	2.04

续表

词汇	均分	词汇	均分	词汇	均分
眼色	3.38	收买	2.62	好客	1.96
老成	3.23	才干	2.58	高贵	1.92
留心	3.23	后台	2.54	外表	1.50
对手	3.19	前景	2.54	到期	1.46
丢人	3.04	确保	2.54	回收	1.46

注：表格中词汇按得分由高到低顺序排列，均四舍五入保留小数点后2位。

由于A类生词中的两个组成汉字都是被试已经学过的，为了确保被试不能由已学的两个汉字直接提取生词的词义，我们请南京大学汉语国际教育专业的26名中国本科生和研究生对这30个词语进行语义透明度评分。每个词分为完全透明、基本透明、半透明、基本不透明和完全不透明五个等级，分别计1—5分。透明度判断统计结果见表1，表中词语按照透明度由低到高顺序排列（得分高即透明度低），然后将透明度较低的如"打发""处方"等16个词留作下一轮筛选。

（4）筛选出目标词与提示词的搭配组合：从被试已学课本中选择合适的词语与上述A、B、C三类候选目标词搭配，词语组合需要满足以下两个条件：形式上结构稳定；内容上语义通顺。根据这些条件从三类候选词中每类筛选出10个生词，与熟词组成30个词组。

（5）同水平汉语学习者试测：随机抽取了与本实验被试在相同汉语水平班级就读的两名外国学生进行试测，以确定本实验所用材料中的生词被试没有学过，提示词已学过，且三类生词中的生字个数与预期一致。然后根据测试结果和对两位参加试测同学的访谈，进一步调整实验材料，从原A、B、C每组材料中删除了不符合实验要求的词和词组各两个。最终确定了三组实验材料每组8个共24个生词，以及与提示词搭配后形成的24个双词词组，见表2。

表2　选词结果

A类词/词组（0个生字）	B类词/词组（1个生字）	C类词/词组（2个生字）
把手/门的把手	爱惜/爱惜身体	慈祥/慈祥的老人
病号/医院的病号	繁重/繁重的工作	粗鲁/粗鲁的司机
车床/工厂的车床	高档/高档衣服	枯燥/枯燥的电影
打发/打发时间	回避/回避问题	疲惫/疲惫的医生
发火/老板发火	图案/好看的图案	抛弃/抛弃家人
老成/老成的弟弟	淘气/淘气的小孩	储蓄/银行储蓄
留心/留心坏人	柔和/柔和的灯光	搭配/颜色搭配
能手/工作能手	延期/比赛延期	雕塑/城市的雕塑

注：为了区别，B、C类词中未学的生字用下划线标出。

（6）实验所用生词表、词组表和测试卷的制作：根据上面确定的生词和词组，制作生词表和词组表以便分别用于对照组和实验组的实验学习。为避免生词顺序对词义记忆带来的影响，我们将选出的24个生词随机排列，并标明词性、汉语拼音、中文解释以及英文/韩文解释；词组也以相同的顺序排列并标明与之对应的词性、汉语拼音、中文解释以及英文或韩文解释。因实验后测时，需要被试回忆词或词组的词义，故生词表、词组表上的外文解释采用了加粗的视觉输入突显形式。

制作实验后测试卷时，将生词的顺序再次打乱（词组顺序与生词顺序相同）。测试卷中包含测试指导以及24个生词或24个双词词组。测试选项设置参考了 Paribakht & Wesche（1993）的词汇知识量表并根据本次实验的具体情况进行了改动。测试指导用中文以及英文/韩文撰写，测试的生词或词组只给出汉字，后面的四个选项分别用英语或韩语呈现。每个生词或词组下方有四个选项，分别为：

A. 我不认识这个词/词组

B. 我认识这个词/词组但忘记它的意义了

C. 我认为这个词/词组的意思可能是_____（给出同义词

或解释)

D. 我能确定这个词/词组的意思是_____(给出同义词或解释)

被试必须且只能选择四个选项中的一个,若选择了C或D选项,则要在相应位置写出词或词组的意思,意思可用汉语、英语或韩语表达。

3. 实验实施过程。

实验组和对照组的学习和后测分开进行,实验组采用双词组合学习法,对照组采用生词独立学习法,实验组的学习和后测材料为词组表和词组测试卷,对照组的学习和后测材料为词汇表和词语测试卷,对记忆效果的测量和评分都以是否能正确填写生词的词义作为唯一标准。实验实施过程包括生词或词组学习、即时后测和延时后测三个部分。

(1) 生词或词组学习。首先向被试简单介绍实验的目的和过程,然后发放生词或词组表,发放生词或词组表时注意被试母语背景,将韩文版发放给韩国学生,英文版发放给其他国家学生。告诉被试只需要记住表中的生词或词组的形式和意义,实验过程中不许讨论或使用词典。在学习过程中,先由施测者领读,被试跟读表中生词或词组,每个生词或词组各领读、跟读三遍。由于实验组领读、跟读的是词组而不是词,每个词组读的时间比词要稍长一点,为了保持两组学习时间一致,对照组在对每一个词领读和跟读后,停顿的时间稍长一点,这样两组领读、跟读的总时间均保持为3分钟。然后给被试12分钟的时间自由记忆生词或词组。

(2) 即时后测。将生词或者词组表收回,发放测试卷(同样根据被试的母语背景分别发放英文版或韩文版),并简单介绍评分规则,选择A、B两项不得分,选择C或D项要求写出生词的意义②,如果生词的词义完全正确得2分,生词的词义部分正确得1分,错误不得分。然后给被试 12 分钟时间填答测试卷并收回。

（3）延时后测。在不预先通知被试的情况下，间隔一周后进行延时后测，测试过程和评分标准同即时后测。

4. 测试评分。

测试卷共 24 个词/词组，每个满分 2 分，总分 48 分。具体评分标准如下：

（1）以能否正确回答生词的意义作为测量记忆效果的评分内容。本实验要考察的是两种学习方法对于生词记忆效果的影响，我们以学习者能否正确回答生词的意义作为测量记忆效果的依据。不管是实验组还是对照组，测试时如果生词的意义回答完全正确则得 2 分，对生词的意义回答部分正确得 1 分，回答错误不得分。例如，将"慈祥"的词义答为"good"、将"繁重"的词义答为"hard"，因为部分正确均得 1 分。

（2）A—D 四个选项的评分标准③选择 A 或 B 项均不得分。选择 C 或 D 项，并写出正确词义得 2 分；若未写出词义或将词义写错，均不得分；若写出的词义部分正确则得 1 分。测试结束后，主试按照以上评分标准对所有被试的即时后测和延时后测试卷进行统一评分及校对，然后采用统计分析软件 SPSS 对数据进行统计分析。（曹贤文、周明芳，2015）

（二）研究结果

研究结果通常是以表格或图表形式出现的统计数据和分析结果，是支持研究结论的关键性证据，论文的所有结论都由此得出，所有讨论都由此引发。本部分要把研究过程中观察到的现象和采集到的数据等信息进行有效的筛选和整理，然后借助相关分析软件得出研究结果，并进行分析、比较和推理。

在呈现研究结果时要注意下列事项：（1）不要简单呈现和罗列研究过程中记录的数据，而要对这些数据信息进行加工和扬弃，并且科学地、准确地表达。（2）在使用统计软件进行分析时要注意选择合适的分析方法，绝不能误用统计分析方法，否则由此得出的研究结果就站不住脚；另外，除了使用描述性统计方法以外，如有条件应该多用推断性统计方法。（3）为了使呈现的研究结果更具有条理性和直观性，避免过多的文字描述而导致阅读和理解上的困难。应该尽可能采用图表形式一个接一个逐项呈现，再加以文字进行简单描述和解释每项结果意味着什么。（4）在论文写作过程中不能把SPSS统计分析的输出数据都原封不动地复制到论文中。由于SPSS输出数据较多，常常会给出一些多余的信息，报告结果时只需选取有用的必要信息，同时也可以根据需要对输出数据表进行编辑。

（三）结果讨论

对统计结果所出现的量化数据要进一步加以分析讨论才有意义，不能对调查结果只是略作叙述，并附上一大堆数字。应该进一步探讨，为什么会形成此结果，此结果显示出哪些意义。结果讨论可以独立作为一个部分，在学术论文实际写作中，有很多研究者把"结果讨论"与前面的"研究结果"合在一起，称作"结果与讨论"合并分析；也有研究者把"讨论"与后面的"结论或结语"放在一个部分。是分开还是合并，一方面取决于作者的喜好，另一方面也跟文章的篇幅和研究问题有关，作者可以根据具体情况灵活掌握。

结果讨论部分的中心内容是结合研究背景和研究目的对研究结果进行深入的解释和评论，为什么会出现这种结果？结果是意料之中还是意料之外，原因是什么？跟以往的研究结果相比，本研究结果有何异同，为什么？根据本研究结果可以推导出什么结论？或者对于实际的语言学习或教学工作具有哪些启示作用？在分析讨论时，要设法解释研究结果与语言学、语言习得和语言教学原理或已有理论假设之间的内在关系，从而提升研究结果的理论层次或阐发其对于语言教学理论的普遍意义。对研究数据及结论的例外性也要进行讨论，如果研究中有例外的情况或研究结果,以及结论之间有矛盾之处,应坦率地指出,并明确提出尚未解决的问题,如有可能,再提出解决这些问题的设想或建议。如果在讨论结果时,推导出的某些结论通常只是一种可能性,应该使用"可能""似乎"等修饰语进行客观表述,最好少使用强势的断言,切忌过于主观和武断,这样才更符合科学研究的精神。

四、如何撰写结论或结语

结论是在文章结尾时对文章的主要结果、论点进行提炼、概括、归纳与总结。结论应该准确、完整、明确、精练。结论是整个研究的结晶,在结论中要清楚地阐明论文中有哪些自己完成的成果,特别是创新性成果;本研究存在哪些局限,还有哪些需要解决的问题和可能的方向等。结论的主要内容包括:(1)论文研究结果说明了什么问题、解决了什么理论或实际问题;(2)论文对现有研究作了哪些修改、补充发展、实证和否定;(3)论文的不足之处,以及暂时尚难解释或难以解决的问题,指出进一步研究的设想。

【示例4】

本文以问卷调查的方式对比了对外汉语教师和欧美留学生对七类24项"有效教师行为"的评价。调查结果显示,教师组和学生组对24项教师行为的评价中有13项表现出显著性差异,这些差异显示学生更重视学习地道的汉语,期待教师对他们要求更加严格并能及时为他们的学习提供可靠的帮助;而教师对学生的语法错误则表现出较强的容忍性,更倾向采用交际性的教学方法。有关研究(Kern,1995;海春花等,2005)指出,师生双方教学观念上的差异会对师生关系和学生的学习产生负面的影响。为了弥合观念上的差异,使师生双方的认识尽可能一致,从而减少对学习的负面影响,对外汉语教师和留学生之间有必要就"有效教师行为"进行沟通和讨论。特别是教师应该主动了解学生的想法,对于师生双方评价高的有效行为应该努力实施,对于有效性评价低的无效或低效行为,则应该分析原因并在教学中尽量减少或避免采用。我们也希望本调查结果能够为对外汉语教师提供一些参照,让老师们可以对照本调查的结果,反思自己的教学行为,改进教学方式,从而提高教学的有效性,并促进自身专业发展。

本研究调查的对象只限于欧美留学生和对外汉语教师,因此只能反映欧美留学生与对外汉语教师对"有效教师行为"的评价,如果要了解更多语种、更多国别的留学生的看法,还需要进行范围更加广泛的调查,从而得出更加全面的结论。另外,对外汉语教师在教学过程中如何进行决策,如何决定何时、何地、针对何人应该采取什么样的教学行为,不应该采取什么样的教学行为,也需要进行更加深入的调查和分析。对这些问题的进一步探讨将是我们今后努力的方向。(曹贤文、王智,2010)

思考题

1. 与其他类型的文体相比,学术论文具有哪些突出的特点?
2. 请运用实例说明撰写学术论文摘要的基本模式及应注意的问题。
3. 请运用实例说明学术论文引言的基础内容和写作要求。
4. 请选择一篇应用语言学定量研究论文,对其研究设计进行评论。
5. 请就问题4所选研究论文中数据分析结果的呈现特点和相关讨论进行评论。
6. 请运用实例说明学术论文结论或结语的基本内容与写作要求。

延伸阅读

李泉、王雪娇（2022）学位论文写作：汉语国际教育专业硕士人才培养的关键环节，《天津师范大学学报》（社会科学版）第 2 期。

周小兵等（2021）《汉语国际教育研究设计与论文写作》，北京：外语教学与研究出版社。

钱旭菁、张文贤、黄立（2021）《汉语国际教育论文写作教程》，北京：北京大学出版社。

参考文献

鲍 贵（2011）《二语习得研究中的常用统计方法》，北京：外语教学与研究出版社。

毕润成（主编）（2008）《科学研究方法与论文写作》（修订版），北京：科学出版社。

伯克·约翰逊、拉里·克里斯滕森（2015）《教育研究：定量、定性和混合方法》（第4版），马健生等译，重庆：重庆大学出版社。

曹贤文（2009）汉语作为第二语言习得研究中的学习者语言分析方法述评，《汉语学习》第6期。

曹贤文（2013）留学生汉语中介语纵向语料库建设的若干问题，《语言文字应用》第2期。

曹贤文（2020）二语习得研究"需求侧"视角下的汉语学习者语料库建设，《华文教学与研究》第1期。

曹贤文等（2020）《语言多棱镜——跨领域的语言学导引》，北京：外语教学与研究出版社。

曹贤文等（2021）《国际中文教育研究探新》，北京：北京语言大学出版社。

曹贤文、邓素娟（2012）汉语母语和二语书面表现的对比分析——以小学高年级中国学生和大学高年级越南学生的同题汉语作文为例，《华文教学与研究》第2期。

曹贤文、牟 蕾（2013a）重铸和诱导反馈条件下语言修正与形式学习的关系研究，《世界汉语教学》第1期。

曹贤文、牟　蕾（2013b）汉语二语处理中句法启动效应的实验研究，《汉语学习》第4期。

曹贤文、田　鑫（2020）任务构思条件对汉语二语口语产出中词汇丰富性的影响，《汉语学习》第3期。

曹贤文、王　智（2010）对外汉语教师与欧美留学生对"有效教师行为"的评价，《语言教学与研究》第6期。

曹贤文、张璟玮（2020）语言多样性与社会经济发展相关性的再认识，《语言文字应用》第1期。

曹贤文、周明芳（2015）"生词＋熟词"组合学习法与生词独立学习法对汉语生词记忆效果的实验研究，《语言教学与研究》第6期。

陈　默（2020）认同对汉语二语学习者口语复杂度、准确度和流利度的影响，《语言教学与研究》第1期。

陈章太、于根元（2003）应用语言学系列教材总序，见于根元（主编）《应用语言学概论》，北京：商务印书馆。

崔希亮、张宝林（2011）全球汉语学习者语料库建设方案，《语言文字应用》第2期。

戴海崎、张　锋、陈雪枫（主编）（2007）《心理与教育测量》（修订本），广州：暨南大学出版社。

戴维·德沃斯（2008）《社会研究中的研究设计》，郝大海等译，北京：中国人民大学出版社。

戴维·K.希尔德布兰德、加德曼·R.爱沃森、约翰·H.奥尔德里奇等（2005）《社会统计方法与技术》，北京：社会科学文献出版社。

丁安琪、肖　潇（2016）意大利学习者初级汉语口语词汇能力发展研究，《世界汉语教学》第2期。

董　奇（2004）《心理与教育研究方法》（修订版），北京：北京师范大学出版社。

范奕敏、张湘琳、曹玉卿等（2021）小学生阅读障碍行为筛查家长问卷的编制及信效度检验，《心理与行为研究》第4期。

风笑天（2002）《社会调查中的问卷设计》，天津：天津人民出版社。

风笑天（2019）《社会研究方法》（第5版），北京：中国人民大学出版社。

冯丽萍、高晨阳（2020）输入方式及语篇位置对汉语二语学习者句法启动效应的影响研究，《语言教学与研究》第4期。

冯志伟（1999）《应用语言学综论》，广州：广东教育出版社。

冯志伟（2002）中国语料库研究的历史与现状，《中文与计算机学报》第1期。

高彦德、李国强、郭旭（1993）《外国人学习与使用汉语情况调查研究报告》，北京：北京语言学院出版社。

高一虹、李莉春、吕珺（1999）中、西应用语言学研究方法发展趋势，《外语教学与研究》第2期。

顾曰国（2013）论言思情貌整一原则与鲜活话语研究——多模态语料库语言学方法，《当代修辞学》第6期。

桂诗春（1988）《应用语言学》，长沙：湖南教育出版社。

桂诗春（2000）《新编心理语言学》，上海：上海外语教育出版社。

桂诗春（2010）应用语言学思想：缘起、变化和发展，《外语教学与研究》第3期。

桂诗春、宁春岩（1997）《语言学方法论》，北京：外语教学与研究出版社。

桂诗春、杨惠中（2003）《中国学习者英语语料库》，上海：上海外语教育出版社。

郭熙（主编）（2020）《新编应用语言学》，北京：北京大学出版社。

国家汉办、教育部社科司（2010）《汉语国际教育用音节汉字词汇等级划分（国家标准·应用解读本）》，北京：北京语言大学出版社。

胡　荣（主编）（2021）《定量研究方法》，北京：北京大学出版社。

黄伯荣、廖序东（主编）（2011）《现代汉语》（增订四版），北京：高等教育出版社。

黄恒琪、于　娟、廖　晓等（2019）知识图谱研究综述，《计算机系统应用》第 6 期。

黄　立、钱旭菁（2003）第二语言汉语学习者的生成性词汇知识考察——基于看图作文的定量研究，《汉语学习》第 1 期。

黄　伟（2015）多模态汉语中介语语料库建设刍议，《国际汉语教学研究》第 3 期。

江　新、赵　果、黄慧英等（2006）外国学生汉语字词学习的影响因素——兼论《汉语水平大纲》字词的选择与分级，《语言教学与研究》第 2 期。

教育部中外语言交流合作中心（2021）《国际中文教育中文水平等级标准》，北京：北京语言大学出版社。

金　檀（2018）《第二语言口语表现评分研究：建立分数与考生表现之间的联系》，北京：高等教育出版社。

金　檀、陆小飞、林　筠等（2018）汉语阅读分级指难针，广州：语言数据网（languagedata.net/editor）。

李　杰、陈超美（2017）《Citespace：科技文本挖掘及可视化》（第 2 版），北京：首都经济贸易大学出版社。

李　泉、王雪娇（2022）学位论文写作：汉语国际教育专业硕士人才培养的关键环节，《天津师范大学学报》（社会科学版）第 2 期。

李文中（1999）语料库、学习者语料库与外语教学，《外语界》

第 1 期。

李宇明（2020）数据时代与语言产业，《山东师范大学学报》（社会科学版）第 5 期。

李宇明、王春辉（2019）论语言的功能分类，《当代语言学》第 1 期。

梁茂成、李文中、许家金（2010）《语料库应用教程》，北京：外语教学与研究出版社。

廖建玲（2020）《语言测试与评估原理——汉语测评案例与问题》，北京：外语教学与研究出版社。

刘国辉、张卫国（2017）语言环境、经济激励与外语能力的提高：基于语言经济学视角的外语习得影响因素研究，《外语教学理论与实践》第 4 期。

刘润清（1999）《外语教学中的科研方法》，北京：外语教学与研究出版社。

刘润清、吴一安（2000）《中国英语教育研究》，北京：外语教学与研究出版社。

刘　珣（2000）《对外汉语教育学引论》，北京：北京语言文化大学出版社。

刘英林（2021）《国际中文教育中文水平等级标准》的研制与应用，《国际汉语教学研究》第 1 期。

鲁健骥（1984）中介语理论与外国人学习汉语的语音偏误分析，《语言教学与研究》第 3 期。

梅瑞迪斯·高尔、乔伊斯·高尔、沃尔特·博格（2016）《教育研究方法》（第 6 版），徐文林、侯定凯、范皑皑等译，北京：北京大学出版社。

欧洲理事会文化合作教育委员会（2008）《欧洲语言共同参考框架：学习、教学、评估》，刘　骏、傅　荣主译，北京：外语教学与研究出版社。

齐沪扬、陈昌来（主编）（2004）《应用语言学纲要》，上海：复旦大学出版社。

钱旭菁、张文贤、黄　立（2021）《汉语国际教育论文写作教程》，北京：北京大学出版社。

秦晓晴（2009）《外语教学问卷调查法》，北京：外语教学与研究出版社。

秦晓晴、毕　劲（2015）《外语教学定量研究方法及数据分析》，北京：外语教学与研究出版社。

邱皓政（2009）《量化研究与统计分析——SPSS中文视窗版数据分析范例解析》，重庆：重庆大学出版社。

邱均平（2019）《文献计量学》（第2版），北京：科学出版社。

邱质朴（1981）试论语言资源的开发——兼论汉语面向世界问题，《语言教学与研究》第3期。

施家炜（2006）国内汉语第二语言习得研究二十年，《语言教学与研究》第1期。

王　辉、陈　阳（2019）基于大数据的"一带一路"沿线国家孔子学院分布研究，《云南师范大学学报》（对外汉语教学与研究版）第1期。

王佶旻（2012）中级汉语学习者语言能力自评量表的编制与检验，《中国考试》第11期。

王建勤（主编）（2009）《第二语言习得研究》，北京：商务印书馆。

王　敏（2009）语言水平及任务类型对第二语言产出中结构启动的影响，《现代外语》第3期。

王萍丽、江宇豪、李彦霖（2021）语言水平与汉语交际策略使用的相关性研究，《华文教学与研究》第2期。

王　珊、萨师煊（2014）《数据库系统概论》（第 5 版），北京：高等教育出版社。

王思雨、赵　杨（2022）英语母语者对汉语"分裂定指性"的二语习得研究，《语言教学与研究》第 3 期。

王添淼（2017）留学生汉语学习投入现状与影响机制的实证分析，《汉语学习》第 1 期。

王艺璇（2017）汉语二语者词汇丰富性与写作成绩的相关性——兼论测量写作质量的多元线性回归模型及方程，《语言文字应用》第 2 期。

文秋芳（1996）《英语学习策略论》，上海：上海外语教育出版社。

文秋芳、胡　健（2010）《中国大学生英语口语能力发展的规律与特点》，北京：外语教学与研究出版社。

文秋芳、梁茂成、晏小琴（2008）《中国学生英语口笔语语料库 2.0 版》，北京：外语教学与研究出版社。

文秋芳、王立非（2004）二语习得研究方法 35 年：回顾与思考，《外国语》（上海外国语大学学报）第 4 期。

文秋芳、王立非、梁茂成（2005）《中国学生英语口笔语语料库 1.0 版》，北京：外语教学与研究出版社。

文秋芳、俞洪亮、周维杰（2004）《应用语言学：研究方法与论文写作》（中文版），北京：外语教学与研究出版社。

吴继峰（2016）英语母语者汉语写作中的词汇丰富性发展研究，《世界汉语教学》第 1 期。

吴继峰、周　蔚、卢达威（2019）韩语母语者汉语二语写作质量评估研究——以语言特征和内容质量为测量维度，《世界汉语教学》第 1 期。

吴雅威、张向先（2019）国外 Data Commons 平台的调查和分析，

《图书情报工作》第 18 期。

吴勇毅、段伟丽（2016）后方法时代的教师研究：不同认知风格的汉语教师在课堂教学策略运用上的差异，《语言教学与研究》第 2 期。

肖奚强等（2009）《外国学生汉语句式学习难度及分级排序研究》，北京：高等教育出版社。

肖仰华（2018）领域知识图谱落地实践中的问题与对策，复旦大学知识工厂实验室。https://www.sohu.com/a/280006592_100099320. [2021-01-24]。

肖自辉、范俊军（2018）语言生态监测的多样性计量评估模式，《学术研究》第 1 期。

谢　宇（2010）《回归分析》，北京：社会科学文献出版社。

邢红兵、辛　鑫（2013）第二语言词汇习得的中介语对比分析方法，《华文教学与研究》第 2 期。

薛　薇（2017）《SPSS 统计分析方法及应用》（第 4 版），北京：电子工业出版社。

颜　明、肖奚强（2017）论汉语中介语语料库建设的基本问题，《语言文字应用》第 1 期。

杨端和（2004）《语言研究应用 SPSS 软件实例大全》，北京：中国社会科学出版社。

杨维忠、陈胜可、刘　荣（2018）《SPSS 统计分析从入门到精通》（第四版），北京：清华大学出版社。

于根元（主编）（2003）《应用语言学概论》，北京：商务印书馆。

岳晓旭、袁军鹏、高继平等（2014）常用科学知识图谱工具实例对比，《数字图书馆论坛》第 5 期。

张宝林、崔希亮（2015）谈汉语中介语语料库的建设标准，《语言文字应用》第 2 期。

张宝林等（2014）《基于语料库的外国人汉语句式习得研究》，北京：中国书籍出版社。

张　博（2019）汉语第二语言教学实证研究的进展及存在的问题，《国际汉语教学研究》第 4 期。

张　博等（2008）《基于中介语语料库的汉语词汇专题研究》，北京：北京大学出版社。

张厚粲（2005）《实用心理评估》，北京：中国轻工业出版社。

张卫国（2020）普通话能力的减贫效应：基于经济、健康和精神维度的经验分析，《语言文字应用》第 4 期。

张文彤（2017）《SPSS 统计分析基础教程》（第 3 版），北京：高等教育出版社。

张　艳、陈纪梁（2012）言语产出中词汇丰富性的定量测量方法，《外语测试与教学》第 3 期。

张　屹、周平红（2015）《教育研究中定量数据的统计与分析：基于 SPSS 的应用案例解析》，北京：北京大学出版社。

赵金铭等（2008）《基于中介语语料库的汉语句法研究》，北京：北京大学出版社。

郑艳群（2018）汉语教学资源研究的新进展与新认识，《语言文字应用》第 3 期。

周明芳（2016）外国学生语言学能与汉语口语流利性的相关性研究，南京大学硕士学位论文。

周文华（2015）汉语中介语语料库建设的多样性和层次性，《汉语学习》第 6 期。

周小兵等（2021）《汉语国际教育研究设计与论文写作》，北京：外语教学与研究出版社。

周志华（2016）《机器学习》，北京：清华大学出版社。

朱德全（主编）（2016）《教育测量学》，北京：中国人民大学出版社。

朱　宇、胡晓丹（2021）汉语连词在不同学术语域的聚合：多维度定量分析，《语言教学与研究》第 2 期。

Alpert, R. & R. Haber (1960) Anxiety in academic achievement situations. Journal of Abnormal and Social Psychology, 61: 207–215.

Anderson, J.R. (1983) *The Architecture of Cognition.* Cambridge: Harvand University Press.

Astika, G.G. (1993) Analytical assessment of foreign students' writing. *RELC Journal,* 24(1): 61–70.

Bachman, L.F. (1990) *Fundamental Considerations in Language Testing.* Oxford: Oxford University Press.

Borg, W.R. & M.D. Gall (1983) *Educational Research: An Introduction (4th Edition).* New York: Longman Inc.

Brown, H.D. (2007) *Principles of Language Learning and Teaching (5th Edition).* New York: Pearson Education.

Brown, J.D. (1988) *Understanding Research in Second Language Learning.* Cambridge: Cambridge University Press.

Brown, J.D. (2001) *Using Surveys in Language Programs.* Cambridge: Cambridge University.

Brown, J.D. (2004) Research methods for applied linguistics: scope, characteristics, and standards. In A. Davis & C. Elder (Eds.) *The Handbook of Applied Linguistics.* Oxford: Blackwell.

Brown, R. (1973) *A First Language: The Early Stages.* Boston: Harvard University Press.

Canale, M. & M. Swain (1980) Theoretical Bases of Communicative Approaches to Second Language Teaching and Testing. *Applied Linguistics,* 1(1): 1–47.

Carroll, J.B., & S.M. Sapon (1959) *Modern Language Aptitude Test*

(MLAT). New York: Psychology Corporation.

Cheng, Y. (2004) A measure of second language writing anxiety: Scale development and preliminary validation. *Journal of Second Language Writing*, 13(4): 313–335.

Corder, S.P. (1975) Error Analysis, Interlanguage and Second Language Acquisition. *Language Teaching*, 4: 201–218.

Corder, S.P. (1983) *Introducing Applied Linguistics*. Shanghai: Shanghai Foreign Language Education Press.

Creswell, W.J. (2008) *Research Design: Qualitative, Quantitative, and Mixed Methods Approaches (3rd Edition)*. SAGE Publications Inc.

Davies, A. (1990) *Principles of Language Testing*. Blackwell Publishing.

Denscombe, M. (2003) *The Good Research Guide: For Small-scale Social Research Projects*. Berkshire: Open University Press.

Dörnyei, Z. (1990) Conceptualizing Motivation in Foreign Language Learning. *Language Learning*, 40(1): 45–78.

Dörnyei, Z. (2007) *Research Methods in Applied Linguistics: Quantitative, Qualitative and Mixed Methodologies*. Oxford: Oxford University Press.

Dörnyei, Z. (2009) *The Psychology of Second Language Acquisition*. Oxford: Oxford University Press.

Dörnyei, Z. (2010) *Questionnaires in Second Language Research: Construction, Administration, and Processing (2nd Edition)*. London: Routledge.

Dörnyei, Z. (2014) Researching complex dynamic systems: "Retrodictive qualitative modelling" in the language classroom. *Language Teaching*, 47(1): 80–91.

Dugast, D. (1978) Sur quoi se fonde la notion d'étendue théorique du vocabulaire. Français (Le) Moderne Paris, 46(1), 25–32.

Ellis, R. (2008) *The Study of Second Language Acquisition (2nd Edition)*. Oxford: Oxford University Press.

Engber, C. A. (1995) The relationship of lexical proficiency to the quality of ESL composition. Journal of Second Language Writing, 4(2): 139–155.

Fishman, J. (1968) Some Contrasts between Linguistically Homogeneous and Linguistically Heterogeneous Polities. In J. Fishman, C. Ferguson, & J. Das Gupta (Eds.) *Language Problems of Developing Nations.* New York: Wiley: 53–68.

Fishman, J. (1991) An inter-polity perspective on the relationship between the linguistic heterogeneity, civil strife and per capita gross national product. International Journal of Applied Linguistic,1:5–18.

Gardner, R.C. (1985) *Social Psychology and Language Learning: the Role of Attitudes and Motivation.* London: Edward Arnold.

Gardner, R.C. & W.E. Lambert (1959) Motivational variables in second language acquisition. *Canadian Journal of Psychology*, 13: 266–272.

Gass, S. (1988) Integrating research areas: a framework for second language studies. *Applied Linguistics,* 9: 198–217.

Gass, S. & A. Mackey (2006) Input, interaction and output: An overview. *AILA Review,* 19: 3–17.

Gay, L.R. (1996) *Educational Research: Competencies for Analysis and Application (5th Edition).* New Jersey: Merrill.

Giles, H. & J. Byrne (1982) Anintergroup approach to secord language acquisition. *Journal of Multicultural and Multilingual*

Development, 3: 17–40.

Gisela, G. & M. Long (2013) *Sensitive Periods, Language Aptitude, and Ultimate L2 Attainment*. Amsterdam: John Benjamins.

Gorsuch, R.L. (1983) *Factor Analysis (2nd Edition)*. Hillsdale, NJ: Lawrence Erlbaum Associates.

Granger, S. (1996) From CA to CIA and back: An integrated contrastive approach to computerized bilingual and learner corpora. In Aijmer K., B. Altenberg & M. Johansson (Eds.), *Languages in Contrast. Papers from a Symposium on Text-based Cross-linguistic Studies*. Lund: Lund University Press, 37–51.

Granger, S. (2015) Contrastive interlanguage analysis: A reappraisal. *International Journal of Learner Corpus Research*, 1(1): 7–24.

Granger, S., G. Gilquin & F. Meunier (2015) *The Cambridge Handbook of Learner Corpus Research*. Cambridge University Press.

Greenberg, J. H. (1965) The measurement of linguistic diversity. *Language*, 1: 109–115.

Grice, H.P. (1975) Logic and conversation. In P. Cole & J.L. Morgan (Eds.) *Speech Acts*. New York: Academic Press: 41–58.

Halliday, M.A.K. (1985) *Spoken and Written Language*. Victoria: Deakin University Press.

Harmon, D. & J. Loh (2010) The index of linguistic diversity: a new quantitative measure of trends in the status of the world's languages. *Language Documentation & Conservation*, 4: 97–151.

Hatch, E.M. & A. Lazaraton (1991) *The Research Manual: Design and Statistics for Applied Linguistics*. New York: Newbury House.

Horwitz, E. (1985) Using student beliefs about language learning and teaching in the foreign language methods course. *Foreign Language*

Annals, 18(4): 333-340.

Horwitz, E., M. Horwitz & J. Cope (1986) Foreign language classroom anxiety. *The Modern Language Journal,* 70(2): 125-132.

Hunt, K.W. (1965) *Grammatical structures written at three grade levels (NCTE Research Report No. 3).* Urbana, IL: The National Council of Teachers of English.

Hymes, D. H. (1972) On communicative competence. In Pride, J. B. & J. Holmes (Eds.) *Sociolinguistics: Selected Readings.* Harmondsworth: Penguin.

Johnson, W. (1944) Studies in language behavior: A program of research. *Psychological Monographs,* 56(2): 1-15.

Kim, J. (2000) *Foreign Language Listening Anxiety: A Study of Korean Students Learning English.* Austin: University of Texas.

Krashen, S. (1979) The monitor model for second language acquisition. In R. Gingras (Ed.) *Second Language Acquisition and Foreign Language Teaching.* CAL.

Krashen, S. (1982) *Principles and Practice in Second Language Acquisition.* Oxford: Pergamon Press.

Krashen, S. (1985) *The Input Hypothesis: Issues and Implications.* New York: Longman.

Kuiken, F. & I. Vedder (2017) Functional adequacy in L2 writing: Towards a new rating scale. *Language Testing,* 34(3): 321-336.

Lambert, W.E. (1974) Culture and language as factors in learning and education. In F.E. Aboud & R.D. Meade (Eds.) *Cultural Factors in Learning and Education.* Bellingham: Fifth Western Washington Symposium on Learning.

Larsen-Freeman, D. (1997) Chaos/complexity science and second language acquisition. *Applied Linguistics*, 26: 141-165.

Larsen-Freeman, D. & L. Cameron (2008) *Complex Systems and Applied Linguistics*. Oxford: Oxford University Press.

Lazaraton. A. (2005) Quantitative research methods. In E. Hinkel (Ed.) *Handbook of Research in Second Language Teaching and Learning*. Mahwah, NJ: Lawrence Elrbaum, 209-224.

Levelt, W.J.M. (1989) *Speaking: From Intention to Articulation*. Cambridge, Massachusetts: The MIT Press.

Li, C., J.-M. Dewaele & Y. Hu, (2021) Foreign Language Learning Boredom: Conceptualization and Measurement. *Applied Linguistics Review*.

Long, M.H. (1980) *Input, Interaction and Second Language Acquisition*. Unpublished Ph.D. dissertation, UCLA.

Long, M.H. (1981) Input, interaction and second language acquisition. In H. Winitz (Ed.) Native Language and Foreign Language Acquisition. *Annals of the New York Academy of Sciences*, 379: 259-278.

MacIntyre, P & R. Gardner (1994) The subtle effects of language anxiety on cognitive processing in second language. *Language Learning*, 44(2): 283-306.

Mac Whinney, B. (2005) A unified model of language acquisition. In J. Kroll & A. De Groot (Eds.) *Handbook of Bilingualism: Psycholinguistic Approaches*. Oxford: Oxford University Press.

Major, R. (2001) *Foreign Accent*. Amsterdam: John Benjamins.

McLaughlin, B. (1987) *Theories of Second Language Learning*. London: Edward Arnold.

Myles, F. & R. Mitchell, (2004) Using information technology to support empirical SLA reseach. *Journal of Applied Linguistics* 1(2): 169-

196.

Nettle, D. (2000) Linguistic fragmentation and the wealth of nations: The Fishman-Pool hypothesis reexamined. *Economic Development and Cultural Change,* 2: 335–348.

Nettle, D. (1999) *Linguistic Diversity.* Oxford: Oxford University Press.

O'Malley, J. & A. Chamot (1990) *Learning Strategies in Second Language Acquisition.* Cambridge: Cambridge University Press.

Oxford, R. (1990) *Language Learning Strategies：What Every Teacher Should Know.* New York: Newbury House.

Pienemann, M. (1984) Psychological constraints on the teachability of languages. *Studies in Second Language Acquisition,* 6 (2), 186–214.

Pimsleur, P. (1966) *The Pimsleur Language Aptitude Battery.* New York: Harcourt Brace Jovanovich.

Pool, J. (1969) National development and language diversity. *La Monda Lingvo,* 1: 213–230.

Read, J. (2000) *Assessing Vocabulary.* Cambridge: Cambridge University Press.

Richards, J., J. Platt & H. Platt (2000) *Longman Dictionary of Applied Linguistics*（《朗文语言教学及应用语言学辞典》，管燕红译），北京：外语教学与研究出版社。

Saito, Y., E. Horwitz & T. Garza (1999) Foreign language reading anxiety. *Modern Language Journal,* 83(2): 202–218.

Schmidt, R. (1990) The Role of Consciousness in Second Language learning. *Applied Linguistics,* 11: 129–158.

Schumann, J.H. (1978) *The Pidginization Process: A Model for Second Language Acquisition.* Rowley, MA: Newbury House.

Seliger, W. H. & E. Shohamy (1989) *Second Language Research Methods*. Oxford: Oxford University Press.

Shohamy, E., I.G. Or & S. May (2017) *Language Testing and Assessment (3rd Edition)*. Cham, Switzerland: Springer International Publishing.

Simons, G.F. & C.D. Fennig (2017) *Ethnologue: Languages of the World, (Twentieth Edition)*. Dallas, Texas: SIL International.

Skehan, P. (1998) *A Cognitive Approach to Language Learning*. Oxford: Oxford University Press.

Skehan, P. (2009) Modeling second language performance: Integrating complexity, accuracy, fluency, and lexis. *Applied Linguistics*, 30(4): 510–532.

Spielberger, C., R. Gorsuch & R. Lushene (1983) *Manual for State-Trait Anxiety Inventory*. California: Consulting Psychologists Press.

Sudmam, S. (1976) *Applied Sampling*. New York: Academic Press.

Swain, M. (1985) Communicative competence: some roles of comprehensible input and comprehensible output in its development. In S.M. Gass & C.G. Madden (Eds.) *Input in Second Language Acquisition*. Rowley, MA: Newbury House.

Swain, M. (1995) Three functions of output in second language learning. In G. Cook & B. Seidlhofer (Eds.) *Principle and Practice in Applied Linguistics*. Oxford: Oxford University Press.

Swain, M. (2000) The output hypothesis and beyond: Mediating acquisition through collaborative dialogue. In J.P. Lantolf (Eds.) *Sociocultural Theory and Second Language Learning*. Oxford: Oxford University Press, 97–114.

Ure, J. (1971) Lexical density and register differentiation. In G.

Perren & J. Trim (Eds.) *Applications of Linguistics: Selected Papers of the Second International Congress of Applied Linguistics.* Cambridge: Cambridge University Press.

Van Geert, P. (2008) The Dynamic Systems approach in the study of L1 and L2 acquisition: An introduction. *The Modern Language Journal,* 92: 179–199.

Van Patten, B. (2004) *Processing Instruction: Theory, Research, and Commentary.* Mahwah, New Jersey: Lawrence Erlbaum.

VOSviewer: Visualizing Scientific Landscapes. http://www.vosviewer.com/, 2021-01-24.

Wolfe-Quintero, K., S. Inagaki & H. Kim. (1998) *Second Language Development in Writing: Measures of Fluency, Accuracy, and Complexity.* Honolulu, HI: University of Hawaii, Second Language Teaching and Curriculum Center.

Woodrow, L. (2006) Anxiety and speaking English as a second language. *RELC Journal,* 37(3): 308–328.

Xiao, Y. & K. Wong (2014) Exploring heritage language anxiety: a study of Chinese heritage language learners. *The Modern Language Journal,* 98(2): 589–611.